COMPIÈGNE

ET

SES ENVIRONS

COMPIÈGNE. — IMPRIMERIE DE FERDINAND VALLIEZ

PALAIS DE COMPIÈGNE

Façade du côté de la Place

COMPIÈGNE

ET

SES ENVIRONS

Par LÉON EWIG

Illustré de quinze Vues d'après nature
et enrichi de Culs-de-lampe

NOUVELLE ÉDITION

Revue, corrigée et augmentée par l'auteur.

COMPIÈGNE

J. DUBOIS Fils, Libraire-Éditeur,

PLACE DE L'HOTEL-DE-VILLE, 23.

—

1860

I

INTRODUCTION

LA CHAUSSÉE DE BRUNEHAUT

> Une foule active circulait dans ces routes aujourd'hui solitaires.
> VOLNEY, *Les Ruines.*

CHAUSSÉE DE BRUNEHAUT. — RIVIÈRES. — L'AISNE. — L'OISE. — L'AUTOMNE.

A leur arrivée dans les Gaules, les Romains donnèrent le nom de *Silvacum* à cette longue suite de forêts qui s'étendait entre le Laonois et le Parisis, et le nom de Silvanectes aux rares habitants de cette contrée. La partie de l'ancienne province de l'Ile-de-France où est située la forêt de Compiègne, fut comprise dans la division des Gaules que les Romains nommèrent la seconde Belgique.

Longtemps après la conquête des Gaules par les Romains, le *Silvacum* (*) demeura peu peuplé. On est fondé à le croire en voyant l'empereur Maximien-Hercule appeler dans le pays des Silvanectes une colonie d'étrangers qu'il fit venir de la Germanie.

Dans la triste histoire de notre humanité on voit si fréquemment le bien enchaîné au mal et le mal au bien, que, dans leur connexion, il est souvent difficile de distinguer l'un d'avec l'autre; point de plus grand malheur que la conquête pour les vaincus, et cependant avec ses ravages, ses incendies, ses pillages et ses meurtres, la conquête a plus que toute autre chose contribué à la civilisation du monde, parce qu'elle fonde sur des cadavres qui disparaissent, sur des ruines qui s'effacent, des relations de peuple à peuple qui survivent aux fureurs de la guerre. Pour ne point sortir de notre sujet, nous n'en devons citer qu'un seul exemple, et nous le puisons dans l'établissement même de cette colonie, au milieu des Silvanectes.

Agriculteurs et guerriers, ces Germains, que quelques historiens désignent sous le nom de Lètes (**),

---

(*) Du nom de *Silvacum* est venu en langue romane le nom de Servais; et de Silvanectes ou *Silvanecti*, on a fait, par corruption, Senlis, l'ancienne *Augustomagus*.

(**) Le nom de *Lètes* donné à ces étrangers venus dans le *Silvacum* n'est pas un nom de peuple, comme le prétendent quelques anciens

vinrent prendre possession des bénéfices militaires qui leur étaient échus en partage. Ils explorèrent aussitôt le pays, l'interrogèrent en quelque sorte, afin de distinguer le sol ingrat de celui qui pouvait être cultivé avec succès. Ils placèrent leurs établissements dans les lieux les plus avantageux et les rapprochèrent autant qu'ils le purent des grandes routes tracées précédemment par les Romains. A force de travaux et de soins, leurs métairies devinrent des habitations si agréables, que les empereurs ou leurs lieutenants y venaient passer une partie de la belle saison. Nous verrons plus tard les rois Francs de la première et de la seconde race imiter en cela les empereurs.

Les Silvanectes, retirés dans leurs forêts, y menaient une vie oisive, mais bientôt ils suivirent l'exemple que leur donnaient les colons, et le besoin d'association rapprocha les familles, dont l'agglomération forma des peuplades ; de là les premiers hameaux succédant aux habitations isolées. Plus tard ils sentirent l'avantage des lieux commodes pour l'apport et l'échange des denrées ; les hameaux devinrent alors des bourgades, puis bientôt des villes que l'intérêt commun ceignit de murailles. C'est là l'histoire de toutes les sociétés : leur virilité commence à la fondation de leurs premiers remparts.

De tous les monuments qui attestent la présence

auteurs, mais une dénomination imposée plus tard par la conquête lors de l'invasion des Francs.

des Romains dans l'ancien duché du Valois, la chaussée de Brunehaut est sans contredit l'un des plus dignes d'attention.

L'origine de cette chaussée, qui s'étendait depuis Rome jusqu'à la mer des Gaules, se rapporte au règne d'Auguste.

Voici quel était son *itinéraire,* si l'on peut employer ce mot en parlant d'une route. Elle conduisait d'abord de Rome à Arles, d'Arles elle communiquait avec Lyon, de là avec Reims, et ensuite, passant à Soissons, à Senlis, à Pont, à Beauvais et à Amiens, elle allait aboutir au pays des Morins, qui bordait la mer depuis Boulogne jusqu'à la Flandre maritime. Mais ce n'est pas seulement par l'illustration de son origine que la chaussée de Brunehaut se recommande. Pendant combien de siècles n'a-t-elle pas été d'une immense utilité au commerce, à la sûreté publique et aux convois des troupes ! Et comment n'admirerait-on pas ces monuments du peuple-roi, dont le génie ne sommeillait pas plus que la valeur !

La chaussée de Brunehaut se divisait en trois branches : la première passait à Oulchy et conduisait à Château-Thierry. La seconde menait à Senlis et traversait le camp romain. Cette seconde branche, qui nous appartient le plus spécialement, est celle dont on retrouve les traces dans la forêt de Compiègne ; elle conduit de la route Marillac au village de Saint-Étienne ; elle paraît au château de Haute-Fontaine, à Chelles, au Chêne Herbelot, à Champlieu, à Saint-

Nicolas-de-Courson, à Saint-Martin-de-Béthisy, etc., tous lieux que nous visiterons plus tard.

Quant à la troisième branche, elle conduisait à Noyon par Vic-sur-Aisne et Berny.

De toutes les vérités la seule qui ne soit pas sujette à controverse après la vérité mathématique, c'est la vérité convenue; hors de là tout est hypothétique, et ce que les uns ont le droit d'enseigner comme vrai, les autres ont presque toujours un droit égal à le rejeter comme faux. On doit donc convenir pour être de bonne foi que tous les âges du monde, malgré leur ingénieuse division, appartiennent aux temps fabuleux. Et en effet, toutes ces chaussées qui en France portent le nom de Brunehaut, à qui doivent-elles leur nom? A une fable inventée au XIII° siècle par le poète Reuclery, et l'usage, et surtout l'amour du merveilleux, ont donné à cette fable force de vérité, ce qui, après tout, n'est pas un grand mal. Donc, le poète Reuclery, ne se contentant pas de César-Auguste pour fondateur de ces routes, en fait remonter l'origine jusqu'au temps du roi Salomon, et en attribue la construction à un certain roi du Hainaut, son contemporain, qui se nommait Brunehaut ou Brunault, le poète Reuclery n'en est pas bien sûr; mais ce qu'on ne saurait lui contester, c'est que ces routes ne furent point l'ouvrage des hommes, mais bien le produit de la magie et des enchantements. Or voyez la jalousie des Romains envers le roi Brunehaut : ils donnèrent à leur grande voie le nom de *Strata*, dont on a fait en langue romane *chemin de ly Estrées*.

Gloire au poète Reuclery! sa version a prévalu, d'où l'on pourrait conclure que le peuple préfère les fables à la vérité, et peut-être n'a-t-il pas tort.

Sans faire remonter la création de ces routes au temps de Salomon, *de savantes recherches* (*) en attribuent la construction aux Gaulois Sylvanectes, qui auraient ainsi relié leurs diverses bourgades à Senlis, leur principal établissement.

Les Romains n'auraient fait qu'améliorer avec le temps la voie de communication qu'ils trouvèrent établie à l'époque de leur invasion.

Enfin il existe une autre version fort accréditée sur l'origine de la chaussée de Brunehaut et sur la dénomination de cette chaussée fameuse. Bon nombre d'historiens ont voulu en faire honneur à la reine Brunehilde, de sanglante mémoire, mais aucun document historique ne vient à l'appui de cette proposition. Voici ce qui a pu donner du crédit à cette opinion : après la chute de l'empire romain, la France retomba dans un état voisin de la barbarie; avec la civilisation disparut l'industrie et avec l'industrie l'entretien des routes. La plupart des voies de communication furent entièrement effacées; il ne resta plus que quelques chaussées trop solidement établies pour être détruites. Dans cet état de choses, il se peut que la reine Brunehilde ait fait réparer quelques fragments de la grande voie des Romains; alors ses familiers

---

(*) M. Leroux, *Recherches sur l'origine des divers châteaux de Pierrefonds.*

lui en auront attribué la fondation, et de là l'erreur qui se sera propagée d'année en année, de siècle en siècle ; on le sait, le langage des courtisans est peu propre à guider dans les obscurités de l'histoire.

La chaussée de Brunehaut, qui a dû être le résultat du travail de plusieurs générations et dont la création a donné lieu à tant de controverses plus ou moins sérieuses, accuse incontestablement par sa construction une origine romaine.

Sans doute, quand on compare cette chaussée à nos routes modernes, elle est d'une exécution moins noble et moins hardie, mais elle a dix-huit siècles d'existence, et il faut bien faire la part du temps.

Dans quelques endroits elle est trop étroite, et l'on voit par les circuits qu'elle décrit que ceux qui la tracèrent ont reculé devant la difficulté de trancher et d'aplanir. Quoi qu'il en soit, cette route n'en fut pas moins d'une très grande utilité à la partie du Valois dont nous nous occupons, car elle commença à éclaircir une immense forêt jusqu'alors impénétrable.

Dans les débris de l'ancienne chaussée qui passait à Vic-sur-Aisne, entre Compiègne et Soissons on trouva en 1712 une de ces colonnes milliaires placées par les Romains pour marquer les distances, et qui portait une inscription indiquant que : sous l'empire de Marc-Aurèle-Antonin (*Caracalla*), cette colonne avait été plantée pour marquer la septième lieue gauloise depuis Soissons.

Aujourd'hui, semblable à un serpent, cette antique chaussée tant de fois sillonnée par les armées Romaines, gît sous l'herbe et fuit sous les broussailles et sous les bois. Chaque jour voit disparaître quelque parcelle de son domaine, et avant un siècle, peut-être, l'antiquaire cherchera vainement les traces de son existence.

Maintenant, sans leur faire les honneurs d'un chapitre spécial, nous dirons quelques mots des deux rivières qui arrosent le territoire de Compiègne, l'Aisne et l'Oise. Quelque charmantes que soient leurs rives, quelles que soient la fraîcheur et la limpidité de leurs eaux, elles ne dérogeront pas en la compagnie de la chaussée de Brunehaut. A ces rivières nous joindrons, à cause de son voisinage, la petite rivière d'Automne.

La rivière d'Aisne arrose le canton que nous voulons décrire depuis Berneuil jusqu'au-dessous de Clairoix, où elle se jette dans l'Oise. C'était l'*Axona* des Romains ; c'est du moins le nom que lui donne César dans ses Commentaires. Ses rives furent témoins de quelques événements qui appartiennent à notre histoire. En l'an 883 le roi Carloman y livra bataille aux Normands et les défit. Le roi Louis d'Outremer, chassant au loup auprès de cette rivière, y fit une chute de cheval si violente que, le 15 octobre 954, il mourut à Reims des suites de sa blessure. Bien des familles illustres n'ont pas à présenter d'aussi beaux titres que notre petite rivière : une bataille gagnée et la mort d'un roi !

La rivière d'Oise reçoit l'Aisne presque en face de Clairoix ; depuis cet endroit jusqu'à Verberie son cours décrit un arc irrégulier renfermant, à quelques exceptions près, les divers lieux que nous nous proposons de parcourir l'histoire à la main. Les anciens nommaient l'Oise *Isera*, *Esura*, et le plus souvent *Isara*. Suivant les érudits ce nom est composé de deux mots celtes : *Is*, eau, *ar*, lente, étymologie commune à deux autres rivières, l'Iser en Allemagne, et notre Isère, qui donne son nom à un département.

La rivière d'Oise a plusieurs fois changé de lit ; sous le règne de Dagobert Ier elle se séparait en deux bras ; son lit actuel est celui que l'on nommait fossé ou canal de la *Conque*, qui servait alors de route aux bateaux. Ce dernier bras commençait à l'île de la Tourteraye, en face de la Croix-Saint-Ouen, traversait la prairie de Rivecourt, où l'on en voit encore la trace, entretenait d'eau vive les canaux du palais de *Bois d'Ageux*, et rejoignait l'autre bras de la rivière au-dessous de Verberie. Les champs et les prés qui sont entre Rivecourt et Verberie sont des atterrissements. On trouva au siècle dernier, en faisant des fouilles à dix pieds de profondeur, quelques poutres équarries et divers matériaux qui prouvent qu'anciennement il y avait un pont en cet endroit.

Notre autre rivière, la rivière d'Automne, se jette

dans l'Oise au-dessus de Verberie, après avoir traversé la belle vallée à laquelle elle donne son nom. Elle arrose une partie des lieux qui vont devenir le but de nos promenades. Elle coule du sud sud-est au nord nord-ouest depuis la hauteur de Morienval, et baigne chemin faisant les murs du vieux donjon de Saintines. Dans ce trajet elle reçoit les ruisseaux de Morienval, de Gilocourt, de Bettancourt et des Éluats ; les eaux de la petite rivière de Glaignes viennent aussi se joindre aux siennes au-dessus de Saint-Martin-de-Béthisy. Que de ruisseaux travaillent pour l'Océan ! Ce sont les prolétaires de l'empire des eaux.

Certes, je ne refuserai point à la rivière d'Automne la satisfaction que j'ai donnée à ses sœurs en citant leurs noms latins : elle s'appelait *Althona* ou *Althumna* ; ce sont les Bénédictins qui nous le disent dans leurs savantes Annales. Cette rivière marque une partie du périmètre dans lequel nous nous renfermons ; mais ce périmètre est interrompu de Gilocourt à Retheuil ; la petite rivière de Vandi continue à le tracer jusqu'en face de Berneuil, où elle se jette dans l'Aisne, après avoir traversé la route de Compiègne à Soissons.

Actuellement que nous connaissons bien nos rivières et notre antique chaussée, nous pouvons hardiment entrer dans la forêt de Compiègne, où nous entreprendrons notre première exploration ; prenant ensuite Compiègne pour notre quartier-général, nous visiterons la ville et son palais, ses remparts et ses anciens monuments, et de là nous ferons successivement diverses excursions dans les lieux qui l'avoisinent, pour les interroger, et, en voyant ce qu'ils sont aujourd'hui, leur demander ce qu'ils ont été depuis l'époque où, vers la fin du ve siècle, Clovis s'empara des Gaules.

Drulin d'après le dessin de Léon Ewig.   Imp. de E. et D. Kaeppelin 17, Quai Voltaire, Paris.

St CORNEILLE-AU-BOIS.

II

LA FORÊT

> Un bruit vague et confus domine la nature,
> On dirait un concert divin, mystérieux
> Que l'immense forêt pieusement murmure,
> Hymne saint que souvent la terre adresse aux cieux.
> WALTER SCOTT.

SAINT-CORNEILLE-AUX-BOIS. — LA MUETTE. — LA FAISANDERIE.

Combien de fois, me promenant seul dans un bois touffu, n'ai-je pas été tenté d'admettre comme une vérité la fable des chênes de Dodone rendant des oracles ! Qui pourrait nier l'influence des forêts sur l'imagination ? Le souffle du vent, le bruit du feuillage, le chant du pâtre, le bêlement monotone des animaux timides, le retentissement des pas du voyageur, tout concourt à donner je ne sais quoi d'animé à cette nature muette et pourtant frémissante qui nous environne dans la profondeur des bois. Aujourd'hui, nos forêts, coupées de routes régulières et alignées, ont perdu cette poésie mystérieuse qui les consacrait encore au temps de Jules-César; on ne la retrouve plus que dans les forêts vierges du Nouveau-Monde, où la nature, dit Buffon, dut être étonnée de s'entendre interroger pour la première fois. Il faut toute la puissance des souvenirs pour reconnaître l'antique et sauvage forêt de Cuise dans l'élégante forêt de Compiègne, qui, dans son état actuel, n'en est qu'un mince et dernier débris.

La forêt de Compiègne, comme la plupart des forêts de France, où l'on a tant abattu et si peu planté, est beaucoup moins étendue aujourd'hui qu'elle ne l'était il y a six cents ans. Longtemps avant cette époque l'établissement des grandes métairies fondées par les Romains lui avait fait subir un défrichement considérable; depuis elle a éprouvé un grand nombre de dégradations, auxquelles ont notablement concouru les braconniers, la trop grande quantité de gibier et l'abus du droit de pâturage exercé sans précaution par les usagers et les propriétaires riverains.

La forêt de Compiègne n'est séparée de celle de Laigue que par la rivière d'Aisne et touche en quelque sorte à la forêt de Villers-Cotterêts, à laquelle elle est reliée par le bois de la Haie-l'Abbesse, jadis défriché par les colons venus de la Germanie, et replanté par

François Ier sur le terrain concédé par l'abbaye de Morienval.

Autrefois la forêt de Cuise s'étendait jusqu'au Servais en Parisis, c'est-à-dire jusqu'aux environs de Luzarches ; elle comprenait les bois de Chantilly, d'Hérivaux et le bois d'Halate, près Senlis. Dans quelques anciens titres la forêt de Villers-Cotterêts est désignée sous le nom de Villers-en-Cuise ; enfin très anciennement la forêt de Cuise était unie à celle de Brie, et toutes deux ensemble portaient le nom de forêt de Servais, *Silvacum*.

Dans les annales de Saint-Bertin et dans la relation de la bataille livrée aux Austrasiens par Dagobert près de la forêt de Cuise, elle est nommée *Silva Cotia*. Le mot *Cotia* (*) au temps du Bas-Empire signifiait une métairie, une maison de campagne dans un bois ; la forêt où nous sommes en renfermait un grand nombre sous les rois des deux premières races.

Sans nous arrêter aux diverses dénominations sous lesquelles la forêt de Cuise est désignée par les anciens auteurs, et pour ne plus la nommer que la forêt de Compiègne, nous arrivons à l'époque où elle reçut cette dernière dénomination, que depuis elle a toujours conservée. Ce fut en l'année 1346, lorsqu'une ordonnance de Philippe VI eut fixé à Compiègne le siége d'une des trois maîtrises pour la juridiction des

---

(*) Du celto-gaulois *Koat*, *Koet*, bois, forêt, est venu le mot *Cotia* en bas latin, et en vieux français Cottage, cabane, chaumière entourée de bois, et Cottager, celui qui habite cette cabane. Le mot Cottage, passé dans la langue anglaise, a toujours la même signification.

forêts du Valois. L'importance que cette maîtrise donna à Compiègne fit que le nom de la ville s'étendit à la forêt (*).

Il s'en faut de beaucoup que la forêt de Compiègne ait toujours été percée de routes et entretenue comme elle l'est aujourd'hui. Avant François Ier aucun chemin tracé sur une ligne droite ne la traversait ; elle n'était coupée ou plutôt hachée que par des voies tortueuses qui s'étaient établies avec le temps et selon les sinuosités du terrain. La chaussée de Brunehaut et le *chemin des Plaideurs* qui servait de communication entre Pierrefonds et la Croix-Saint-Ouen, étaient les seules routes où le voyageur ne courût pas le risque de s'égarer. Toutes les autres voies n'étaient que d'étroits sentiers que recouvraient çà et là des ronces touffues et qu'obstruaient des pierres et des branches d'arbres.

Ce dédale inextricable fut témoin d'une prouesse de Philippe-Auguste encore enfant.

Le futur vainqueur de Bouvines, alors âgé de quatorze ans, s'étant un jour acharné à la poursuite d'un énorme sanglier, qui s'était tout à coup offert à sa rencontre, s'égara dans la forêt. Ce sanglier, que les chroniqueurs s'accordent à signaler comme un suppôt de l'ange des ténèbres, semblait, dans sa course

---

(*) Le nom de Cuise fut encore conservé par l'usage pendant plusieurs siècles. Il existe des actes du règne de Louis XIV où cette forêt est désignée sous le nom de forêt de Cuise-lez-Compiègne.

rapide, se jouer des efforts de son agresseur, qu'il entraînait dans les lieux les plus sauvages. On dit même qu'il *riait aux éclats* de l'impuissante ardeur du jeune téméraire. Bref, ne redoutant pas un danger qu'il ignorait sans doute, mais épuisé de fatigue et désespérant d'atteindre sa proie, notre héros se détermina à regagner Compiègne. Sans rencontrer dans sa course périlleuse nul être humain qui pût lui indiquer sa route, sans pouvoir trouver un sentier qui le conduisît à quelque habitation, il erra pendant deux jours à travers les bois. Enfin, dans cette cruelle perplexité, ayant eu l'heureuse idée d'implorer l'assistance de la vierge Marie, et de monsieur Saint-Denis, patron de la France, il vit soudain apparaître à ses côtés un homme d'une haute stature, dont le visage était noir et la main armée d'une énorme cognée. Cet homme attisait un grand feu.

Notre jeune prince ayant courageusement abordé le mystérieux bûcheron, celui-ci le ramena à Compiègne et disparut subitement. Toutefois cette rencontre inespérée avait causé un tel effroi au royal enfant, qu'il tomba malade, et que son père Louis VII crut devoir passer en Angleterre afin d'aller implorer l'assistance du ciel sur la tombe de Thomas Becket fraîchement canonisé.

Une autre prouesse, racontée par un écrivain du xv siècle (*), délivra la forêt de Cuise de la présence

---

(*) Jehan du Quesne, manusc. de la bibl. de l'Arsenal, rapporté par M. Peigné-Delacourt, 1853.

d'un serpent monstrueux qui y portait la terreur et la désolation.

Faisant bon marché des anachronismes, l'auteur de cette légende transporte son héros Jehan d'Avesnes, dit le Chevalier aux armes vermeilles, au règne de Lothaire, en 954, et s'exprime ainsi : . . . . . « Passa (le dict chevalier) par Compiengne pour aller à Paris, il entra dans une grant forest : là rencontra ung messagier qui acourait le grant chemin moult effrae. Sy luy cria qu'il s'arrestast : mais le messagier dist qu'il noseroit, car ung grant et horrible serpent le chassoit pour dévorer ; le messagier neut pas fine ses parolles quant Jehan vey le serpent approuchier gueuelle bace, de laquelle yssait grant fumee, sy affuta Jehan sa lance et a coîte desperon alla vers le serpent pour le recontrer quy contre luy leva les oreilles estendit le col et rafrongua sa hure. Jehan se saigna et soy confiant en Dieu fery le serpent si durement quil le trespercha tout oultre, et entra sa lance plus dun grant pie en terre, dont la cruelle beste en mourant a grant detresse debattoit ses ordes entrailles, fretilloit la queue gectoit venin, souffoit de paine, et sesprovoit au tressaillir cuidant eschaper : ce dont Dieu le garda : ains lui convint espandre son sang tellement que mort sen ensieuvy. . . . . . »

Il y a lieu de croire que ce serpent était le dernier de sa race, car, oncques depuis ne vit en cette incomparable forêt aucun animal venimeux.

Enfin il est encore un autre fait tout aussi merveilleux et méritant toute la confiance qu'inspirent les légendes, nous le rapporterons ici en réclamant toutefois l'indulgence du lecteur en faveur de notre prédilection pour les traditions populaires ; elles ont un charme si attrayant, elles sont empreintes d'une poésie si naïve! Celle-ci d'ailleurs s'appuie sur une date authentique.

Donc : le 17 novembre de l'an de grâce 1571, un sauvage vraiment sauvage fut capturé dans la forêt de Compiègne sa résidence favorite.

Ainsi que Rémus et Romulus, si nous en croyons une tradition respectable, cet homme, alors la terreur de la contrée, avait été allaité par une louve. Son éducation se ressentit quelque peu des mœurs de son agreste nourrice : il devint si bien loup que tout son corps se couvrit d'un poil ras et serré. Et voyez ce que peut la fâcheuse influence d'une mauvaise compagnie ! Il apprit à hurler avec ses frères les loups ; comme eux il marchait à *quatre pattes,* comme eux il devançait à la course les chevaux les plus vites, étranglait les chiens et les dévorait avec une merveilleuse dextérité.

Ce véritable lycanthrope fut pris au moment où il voulait exercer sa brutale industrie aux dépens de quelques gentillâtres des environs. Transporté à la cour, il eut l'honneur d'être présenté au roi Charles IX.

Le bon prince ayant conçu pour l'homme-loup une touchante sympathie, ordonna qu'il fut rasé avec soin et convenablement exorcisé; puis il l'envoya dans un cloître pour y être instruit, cathéchisé et y pleurer ses erreurs de jeunesse.

Ce fut donc seulement sous François Ier, alors duc de Valois, que la forêt de Compiègne commença à perdre son caractère sauvage par l'ouverture des huit grandes routes aboutissant au point que l'on nomme le Puits-du-Roi et nommé d'abord le Carrefour des Routes (*).

Louis XIV fit tracer le grand octogone, et ajouta ensuite à ces routes cinquante-quatre petites laies à l'aide desquelles les premières communiquent entre elles.

Enfin, dans le commencement du siècle dernier, la forêt de Compiègne fut pour ainsi dire percée à jour; on y ouvrit deux cent vingt-neuf routes, y compris les huit pans du petit octogone et les vingt-sept routes cavalières.

Dans la suite, plusieurs de ces routes furent détournées de leur direction primitive pour donner à l'ensemble plus de régularité.

Les environs du Puits-du-Roi, par exemple, furent dessinés d'une manière plus symétrique : la grande allée faisant face au palais et qui conduit aux Beaux-Monts a été percée en 1810 par ordre de l'empereur Napoléon, ainsi que plusieurs autres voies nouvelles.

Le plaisir de la chasse fut l'apanage de tous les rois

(*) Elles se nomment routes du Moulin, de Royallieu, du Carnois, du Pont-la-Reine, de Champlieu, de Morienval, de la Mariole et de Berne.

des deux premières races. Ces princes, après la guerre, ne connaissaient pas de plus noble besogne ; ils s'y livraient avec une extrême ardeur, et se montraient jaloux de leurs droits jusqu'à la cruauté.

La forêt de Cuise était celle de tous leurs domaines qu'ils regardaient comme la plus commode et la plus agréable à parcourir.

Les rois portaient leur magnificence jusque dans le fond des forêts, et mettaient dans leurs chasses le même cérémonial qu'on retrouve plus tard chez les successeurs de Hugues-Capet.

Les reines et les dames de leur suite assistaient à ces chasses royales, le cor d'ivoire à la main, montées sur des haquenées richement caparaçonnées qu'elles maniaient avec beaucoup d'adresse.

Dagobert Ier, auteur des premiers règlements sur la chasse, affectionnait beaucoup la forêt de Cuise.

Deux saisons de l'année étaient plus particulièrement consacrées aux chasses solennelles : le printemps et l'automne. Les rois passaient presque toujours ces deux saisons dans leur palais de *Cuise*, de *Verberie*, de *Chesne*, ou dans quelques autres logis royaux voisins de la forêt.

Ce fut à l'une de ces grandes chasses que Clotaire Ier fut atteint, au milieu de la forêt de Cuise, de la maladie dont il mourut. Un manuscrit de l'an 890 fait mention d'une chasse générale où parurent, en la compagnie du roi Eudes, une multitude d'évêques, de seigneurs et de comtes, avec les plus grands vassaux du royaume.

Le rendez-vous de cette chasse fameuse avait été indiqué vers un endroit de la forêt de Cuise appelé *Audita.*

Comme les revenus des rois des deux premières races provenaient de domaines qu'ils possédaient en propre, l'esprit humain n'ayant pas encore fait assez de progrès pour inventer les Listes civiles, il n'est pas surprenant qu'ils cherchassent à tirer le meilleur produit possible de ces domaines. Leurs grandes chasses n'étaient donc pas seulement de simples parties de plaisir : lorsqu'on avait distribué quelques pièces de gibier aux veneurs et aux seigneurs de la Cour, et mis à part ce qu'on destinait à la mense royale, le reste était vendu, et l'on en versait le prix dans le trésor du roi.

Les pâturages enclavés dans la forêt étaient affermés par le gruyer royal. Quelquefois aussi cet officier y plaçait des troupeaux qu'on engraissait et qu'on vendait au profit du prince.

La forêt de Cuise renfermait un grand nombre de viviers et d'étangs dont le poisson était également vendu pour le compte du roi.

La plupart de ces étangs et de ces viviers ont été comblés à diverses époques parce qu'ils rendaient l'air humide et mal sain. Ceux de Saint-Pierre-en-Chastres, de Pierrefonds, de Batigny, de Sainte-Perrine et le vivier Frère-Robert ont seuls été conservés.

Plusieurs palais ou fermes royales, et quelques monastères dont les antiques débris s'effacent chaque jour, s'élevaient jadis sous les ombrages de cette forêt. Tels étaient, entre autres, la maison royale de Cuise, aujourd'hui Saint-Jean-aux-Bois, la Brévière, Sainte-Perrine, Saint-Pierre-en-Chastres, Saint-Corneille-aux-Bois (*), Saint-Nicolas-de-Courson, l'hermitage de la Croix-du-Saint-Signe, etc. Ces établissements donnaient leurs noms aux diverses portions de la forêt qui leur étaient affectées par les Chartes de fondation, et dont ils avaient la jouissance (**).

Aujourd'hui le nom de Compiègne absorbe tout et cette forêt ressortit en entier du domaine de la Couronne.

Des établissements plus modernes, dont la destination première a peu changé, existent aussi dans la forêt. Telle est entre autres *la Muette,* autrefois Bruyères-la-Muette, construite en 1642, pour servir de pied-à-terre au capitaine des chasses, maintenant occupée par un simple garde de la forêt.

La Faisanderie, le plus important de tous, fondée par Louis XIV, à qui nous devons l'introduction des faisans en France, fut successivement agrandi sous Louis XV, sous l'empereur Napoléon, en 1807, et aussi pendant le règne de Charles X. Cet établissement a depuis quelques années acquis, aux dépens de la forêt, un accroissement notable dans le périmètre de son parquet.

L'étendue de ce parquet, qui était de deux cent

(*) La fondation du prieuré de Saint-Corneille-aux-Bois remonte au XIIe siècle. Réuni à l'abbaye de Saint-Corneille de Compiègne par le roi Louis XII, ce prieuré, qui servait d'asile passager aux pèlerins et aux voyageurs, fut converti en une vénerie par François Ier.

L'église, devenue plus tard une habitation, date de la fondation.

(**) Les bâtiments restés debout sont pour la plupart affectés à des habitations de garde.

vingt hectares, est actuellement de trois cent-onze hectares trente-sept ares et se trouve annexé au grand parc pour les chasses à tir.

La Faisanderie, qui a souvent servi de rendez-vous de chasse, est aussi le point central des réunions des gardes de la forêt.

Le principal but de cet établissement consiste dans l'élève des faisans et des perdrix.

La Faisanderie reçoit chaque année une énorme quantité d'œufs de fourmis recueillis dans les forêts d'alentour pour la nourriture de plusieurs milliers de faisans et de perdrix grises et rouges, dont l'éducation demande des soins incessants.

Le fonds de la forêt de Compiègne est estimé vingt millions, et la superficie quarante millions. Sa contenance est de quatorze mille-quatre cent-quatorze hectares quatre-vingt-dix ares dans un périmètre de quatre-vingt-quatorze mille mètres, environ vingt-deux lieues. Elle se divise en deux mille-six cents massifs séparés par trois cent-cinquante-quatre routes qui sillonnent la forêt en tous sens, et sont une des conditions indispensables à la prospérité des bois, par l'air qu'elles introduisent dans les massifs.

Plusieurs voies macadamisées traversent la forêt. Les plus importantes sont celles qui conduisent de Compiègne à Pierrefonds et de Compiègne à Crépy.

Une autre voie macadamisée, partant du Pont-de-Berne et arrivant à la Croix-Saint-Ouen, relie la route de Soissons à la route de Paris.

On compte dans la forêt deux cent-soixante-dix-neuf carrefours (*), huit étangs, seize mares et quinze fontaines qui alimentent vingt-sept ruisseaux, dont le principal, le rû de Berne, prend sa source à la Folie, près Pierrefonds, et va se jeter dans l'Aisne auprès de la Motte-Blin, en fécondant pendant son parcours la charmante prairie de Vieux-Moulin, qu'il traverse dans toute sa longueur.

Deux villages, quelques hameaux et trente habitations de gardes sont enclavés dans la forêt, qui nourrit les vaches de douze communes usagères, les chevaux et les mulets des débardeurs de bois, et alimente, de bois mort, quatre à cinq mille individus des communes riveraines, qui en enlèvent chaque année deux à trois mille cordes.

Le sol est en partie un sable argileux, fertile. La dixième partie est en côtes ou pentes dominées par un terrain calcaire coquillier.

On trouve dans la forêt de Compiègne différentes espèces d'arbres ; cependant le chêne et le hêtre composent en grande partie son essence et en forment le principal revenu.

Quelques-uns sont d'une grosseur et d'une hauteur prodigieuses.

Le plus gros de ces arbres gigantesques est le chêne

(*) Les routes occupent une étendue égale à 646 hectares 79 ares. La plus longue, *la Mariole*, n'a pas moins de 10,541 mètres de développement.

Des poteaux placés à tous les carrefours et revêtus d'inscriptions locales, indiquent aux promeneurs les points où ils se trouvent.

N. B. — La nouvelle Carte de la forêt de Compiègne, qui se vend à la librairie Dubois, se recommande, par sa clarté et son exactitude, aux personnes qui veulent étendre leurs excursions sans courir le risque de s'égarer.

que l'on voit près le carrefour de la Ruine, dans le voisinage de Saint-Jean-aux-Bois.

Je ne crains pas d'être taxé d'exagération en plaçant la forêt de Compiègne au nombre des plus belles forêts de France; peut-être en est-elle la plus intéressante, par la quantité de monuments qu'elle ombrageait, et par ses beaux sites et ses aspects variés.

Tantôt le voyageur chemine sur des mousses de toutes couleurs, sur un gazon humide ou sur des sables fertiles, où croissent çà et là des bouleaux argentés; tantôt une obscurité religieuse l'environne dans des allées de chênes dont les dômes majestueux voilent l'éclat du jour; à l'extrémité de ces routes mystérieuses, un point du ciel lui apparaît comme une lueur blanchâtre. Qu'il suive ce guide infaillible, et bientôt, à cette végétation puissante, à ces chênes séculaires qui tant de fois ont vu le pompeux cortége des rois, succéderont des sites arides et sauvages où quelques arbres rongés par les mousses et les lichens offriront tristement à ses regards leur vieillesse anticipée. Enfin, à chaque pas, il rencontrera ce que l'homme cherche partout, dans le monde moral aussi bien que dans le monde physique, des contrastes!

Mais ces beaux arbres, cette verdure si douce à fouler aux pieds n'ont aucun charme pour l'antiquaire, aux yeux de qui le temps présent n'est rien, et dont la vie intelligente est toute dans les siècles passés. Que lui importent ces palais flanqués de constructions modernes? Ce qu'il demande, c'est un pan de muraille d'origine douteuse, une dalle brisée qu'il voudra rendre à leur destination première et à l'aide desquels il rétablira un vieux manoir détruit, comme Cuvier reconstruisait les animaux antédiluviens, à l'aide seulement de quelques fragments de leurs ossement gigantesques. Quelle abondante moisson attend notre antiquaire dans la forêt de Compiègne! Dédaigneux des beautés naturelles, il contemplera avec délices ces murs couverts de la rouille des temps, ces débris de la féodalité, où semble retentir encore le bruit des chaînes qu'elle traînait après elle (*).

Ne troublons point les recherches de ce docte archéologue. Voyons ce que font là ces artistes si gais, si bons, si insouciants de la vie positive. Quel motif les rassemble? Ils sont venus chercher des inspirations, ils sont venus étudier cette riche et puissante nature si variée dans ses formes, si variée dans ses couleurs.

(*) Il est peu de cantons de la forêt et dans ses parties les plus opposées où il n'ait été fait des découvertes intéressantes pour l'archéologue et le numismate. Sans entrer dans une nomenclature beaucoup trop longue pour une simple note, nous citerons les nombreux débris de l'art romain mis à jour aux environs du carrefour du Buissonnet, près la route de Soissons, en 1814, 1820 et 1824.

A ces diverses époques, des travaux amenèrent la découverte de restes de murs couvrant un espace d'environ 400 mètres carrés tout jonchés de longues tuiles, et présentant des traces d'incendie. On en retira plusieurs armes brisées, des médailles en grand nombre, une statuette en terre cuite, des pierres taillées, des poteries rouges, etc. Déjà en 1804 on avait découvert, au même lieu, en abattant un arbre, un vase contenant 60 médailles d'argent.

En 1813, au carrefour de la Vieille-Monnaie, on trouva 370 médailles romaines d'un seul tas.

Des découvertes analogues furent faites à différentes époques près

Je ne citerai point tous les endroits de la forêt qui méritent de fixer l'attention des artistes et des promeneurs. Je me contenterai d'indiquer les plus remarquables ; le Puits-du-Roi, qui forme le centre d'une étoile d'où partent huit rayons immenses se prolongeant jusqu'aux extrémités de la forêt ; le carrefour de la Michelette, rendez-vous du monde *fashionable* de Compiègne, les Beaux-Monts, le mont du Tremble, le mont Saint-Marc (*) du sommet desquels la vue plane sur les riantes et fertiles vallées qu'arrosent l'Aisne et l'Oise et leurs affluents ; les environs du Pont-de-Berne, où des masses de rochers, couverts de mousse et ombragés par de grands arbres, s'élèvent en amphithéâtre. Puis encore, en se dirigeant vers le plateau de

---

de Berne, au vivier Corax, à la Faisanderie, où on avait rencontré en 1773 douze médailles d'argent entre deux pierres.

Un vase de bronze avec anses et torsades, d'un fort beau travail, fut découvert en 1826, près de la route de Crépy, dans la plantation des Arzilières.

Enfin, sans épuiser la matière et pour ne pas fatiguer le lecteur, nous citerons seulement la Fontaine-Huet, le Puits-du-Roi, la Forte-Haie, le carrefour des Secqueneaux, la Muette, où de semblables trouvailles furent faites. Des casse-tête ou haches celtiques en silex furent trouvées en 1826 dans la vente des Rossignols (*a*). Nous omettons avec intention *la Ville des Gaules,* située près de la route Marillac, dont il sera parlé ultérieurement.

Combien de découvertes de ce genre restent encore à faire ; c'est le secret de l'avenir.

(*) Un certain nombre de points de vue artistement ménagés à travers les massifs de verdure, sur la partie culminante de ces collines, déroulent aux yeux des promeneurs les tableaux les plus variés.

Des inscriptions indiquent en même temps les noms et la situation de chacune des parties de ce séduisant panorama.

(*a*) *Statistique de l'Oise.* M. Graves.

Champlieu, où se voient les vestiges d'un théâtre antique, les Grands-Monts, dont le caractère sauvage et imposant forme un contraste si étrange avec les élégants carrefours du Puits-du-Roi et de la Michelette...

Je m'arrête, ce serait folie que de vouloir donner une description de ces beaux lieux ; la peinture elle-même n'en saurait reproduire qu'une image incomplète et décolorée.

L'exemple donné par les rois chevelus comme par les Carlovingiens fut invariablement suivi par leurs successeurs. Tous, depuis Hugues-Capet jusqu'à nos jours, déployant dans leurs chasses l'appareil imposant qui distingue les souverains, vinrent tour à tour animer par les trompes des veneurs et les aboiements de leurs chiens cette silencieuse forêt.

Que de fois, pendant ses voyages à Compiègne, l'empereur Napoléon Ier ne dissimula-t-il pas ses préoccupations politiques sous les apparences du plaisir que procure ce divertissement princier !

Charles X, surnommé quelquefois le Grand-Veneur, ordonna, en mai 1828, une grande chasse à laquelle assistèrent le roi et la reine de Naples, le prince de Salerne et la famille royale de France.

Après avoir préalablement poussé vers une enceinte restreinte, des troupeaux de cerfs, de daims, de sangliers, ces animaux y furent internés au moyen de toiles immenses tendues de manière à les renfermer comme dans un parc. Cette opération ayant eu lieu trois jours avant le jour fixé pour la grande chasse, on fut dans l'obligation de jeter aux pauvres captifs plusieurs hectolitres de pommes de terre.

Le 26 mai, le roi et ses hôtes arrivèrent au vaste carrefour du Puits-du-Roi, où avait été fixé le rendez-vous.

Au signal donné, les animaux traqués par les gardes se précipitent vers le chemin ouvert devant eux, et, pêle-mêle, daims, cerfs, biches, sangliers, cherchent leur salut dans la fuite.

Durant une fusillade de deux heures, deux cent-trente-neuf pièces tombèrent sous les coups des chasseurs (*).

Les fils du roi Louis-Philippe, imitant leurs devanciers, invitèrent souvent à leurs chasses dans la forêt de Compiègne les puissants de cette époque, qui, tous en brillant uniforme rouge, rivalisaient d'ardeur à la poursuite des cerfs et des daims.

Pendant la période de transition amenée par la révolution de 1848, la chasse dans la forêt fut affermée à diverses sociétés de chasseurs; mais peu d'années suffirent pour que les choses reprissent leur cours normal.

On voit aujourd'hui briller, aux grandes chasses d'automne présidées par Leurs Majestés l'Empereur et l'Impératrice, à ces rendez-vous déjà célèbres

---

(*) Cette chasse amena la destruction de sept cerfs, cinquante-six biches, cent-quinze chevreuils, dix faons, onze daims, vingt sangliers ou marcassins et vingt lièvres.

(Lambert de Balleyher, *Compiègne historique et monumental*).

en Europe par les récits des étrangers de distinction qui y sont invités chaque année, le gracieux uniforme Louis XV, adopté dans ces sortes de solennités. Après une journée fertile en émotions, après avoir pris part aux diverses péripéties qui accompagnent la poursuite d'un timide animal forcé enfin dans sa course rapide et n'opposant plus que des pleurs aux notes retentissantes de l'hallali préparant sa défaite, chacun s'empressera d'assister vers le soir à la fantastique cérémonie nommée la *curée aux flambeaux*.

Cette suprême opération, qui consiste à livrer aux chiens les lombes, les entrailles et quelques parties inférieures de la victime, au son des trompes et à la lueur des torches, se pratique dans la cour d'honneur du palais, en présence des illustres chasseurs et d'une affluence considérable de curieux de toutes les classes, accourus pour jouir de cet étrange et bruyant spectacle.

COMPIÈGNE

Hôtel de Ville

III

COMPIÈGNE

PREMIÈRE PARTIE

> Oncques ne sort de Compiegne
> Que volontiers n'y revienne.
> *Vieux Proverbe.*

Les lieux et les souvenirs qu'ils éveillent sont deux choses si étroitement liées, que je ne chercherai pas à les séparer en faisant ce qu'on appellerait une *description* des monuments de Compiègne; quelques mots sur leur origine, leur ancienne destination, et sur leur état actuel, se présenteront naturellement en parlant des faits historiques qui seuls leur donnent de la vie.

Plusieurs légendaires prétendent qu'en langue celte Compiègne signifie *belle habitation*, qu'ils traduisent ainsi : *comp-en*, belle, et *ty*, habitation. Puisqu'ils le veulent, je le veux bien ; mais cette vaniteuse étymologie n'en demeure pas moins fort contestable. En langue celte *comp* et *comb* signifient aussi vallon, lieu bas près d'une rivière, et *jen*, froid. Cette variante ne pourrait-elle pas soutenir la concurrence et accorder entre eux ces écrivains et ceux qui font honneur à Grégoire de Tours de l'invention du nom latin de Compiègne, *Compendium* ?

La position avantageuse de cette ville, située sur les bords de l'Oise, près du confluent de l'Aisne, a dû la faire habiter dans les temps les plus reculés. Cependant la tradition populaire, toujours fidèle aux fondations romaines, attribue celle de Compiègne à Jules-César, sans toutefois en donner des preuves; la vieille tour qui porte son nom, et dont les ruines subsistent encore auprès de la rivière, ne présente à cet égard aucun document satisfaisant. Il y a peu de contrées en France où l'on ne trouve des vestiges d'anciens monuments attribués de même au conquérant des Gaules; après tant de siècles ce grand homme est encore présent dans toute la France; l'admiration des peuples aime à se reposer sur lui et à le désigner comme l'auteur des ponts, des forteresses, des aqueducs, des fossés antiques qui ont été fondés dans un but d'utilité; mais si, à défaut de preuves, on interroge le bon sens, il dira que Jules-César a beaucoup détruit et peu créé d'établissements dans les Gaules, à l'exception toutefois des routes qu'il dut tracer pour ouvrir un passage à ses légions, et pour leur assurer une retraite facile en cas d'échec ; car nos aïeux n'étaient point des ennemis dont Jules-César croyait pouvoir triompher sans obstacles.

A l'égard de ses successeurs, qui tous s'imposèrent le nom de César, la question cesse d'être douteuse ; le grand nombre de médailles et de monuments de diverses natures trouvés dans les environs de Compiègne, et plus encore la fondation des grandes métairies au milieu du *Silvacum*, attestent leur présence et le long exercice de la domination romaine dans cette contrée.

Il paraîtrait que du temps de Childebert, que même du temps de Clovis il y avait à Compiègne un logis royal désigné dans les anciennes chartes sous le titre de *Palatium*.

Après la victoire remportée par Clovis sur le général romain Siagrius, entre Soissons et Compiègne, le chef des Francs tint dans cette dernière ville une assemblée des principaux officiers de l'armée victorieuse pour régler le partage de la terre conquise.

Dagobert I*er*, *ce bon roi*, plus connu par la naïveté populaire d'une chanson que par ses victoires et par les massacres qui les suivaient, habita souvent Compiègne; il y établit un hôtel des monnaies dont il confia l'administration au *grand saint Éloi*, alors orfèvre dans cette ville, ou plutôt argentier du roi franc.

C'est au fond d'un appartement secret de cet hôtel que Dagobert faisait garder dans de grands coffres à triple serrure ces richesses en or monnayé, en vases et en bijoux précieux, dont parle Grégoire de Tours.

Les rois des deux premières races occupèrent presque tous le logis royal de cette ville; ceux de ces rois que l'histoire a voulu flétrir en leur donnant le titre de fainéants, y demeuraient pendant une grande partie de l'année sous la surveillance des maires du palais, qui les y tenaient en tutelle.

En 757, Pépin-le-Bref assembla à Compiègne un concile composé de cent-vingt évêques ou abbés. Il y reçut les ambassadeurs de Constantin Copronyme, empereur d'Orient, qui lui présentèrent, de la part de leur maître, le premier orgue qui ait paru en France.

Cet orgue, placé d'abord dans la chapelle du palais, fut donné par Charles-le-Chauve à l'abbaye de Saint-Corneille et y resta jusqu'en 1789 (*).

Charles-le-Chauve affectionnait beaucoup le séjour de Compiègne, qu'il voulait rebâtir, disait-il, *à la semblance de Constantinople*. Il lui donna le nom de *Carlopolis;* mais la volonté royale ne put triompher

---

(*) Cet instrument était alors peu étendu; cependant, comme il faut toujours qu'un peu de merveilleux se mêle à tous les événements de ces temps obscurs, de graves historiens affirment que la première fois qu'on toucha cet orgue, une femme tomba en extase en l'entendant et mourut aussitôt. N'est-il pas tout aussi merveilleux de lire aujourd'hui dans l'église Saint-Jacques de Compiègne l'inscription latine qui affirme que l'orgue de cette église est précisément le même que celui présenté il y a onze cents ans à Pépin-le-Bref, *complétement restauré et somptueusement augmenté* par Louis Péronnard, en 1768!

de la routine, et le nom de Compiègne l'emporta.

Ce roi fit élever un palais au dehors de la ville, et lui assigna pour dépendances tout le terrain qui s'étendait depuis la porte de Pierrefonds jusqu'au confluent de l'Aisne et de l'Oise (*).

Il construisit encore un château flanqué de grosses tours carrées capables de défendre l'entrée de la ville par la rivière. Ce château, bâti sur les bords de l'Oise, remplaça le *Palatium* de Clovis.

La prédilection de Charles-le-Chauve pour Compiègne ne pouvait pas laisser cette ville sans quelque fondation pieuse ; aussi s'empressa-t-il d'y créer une abbaye sous l'invocation de Notre-Dame, et de la peupler de cent clercs pour la desservir. La charte de fondation, datée des calendes de mai 857, porte que l'intention du roi est de rendre cette abbaye, nommée d'abord Notre-Dame de Carlopole, « au moins égale à celle d'Aix-la-Chapelle fondée par Charlemagne. »

Les reliques de saint Corneille et de saint Cyprien de Carthage, que possédait cette dernière Abbaye, furent transférées à la nouvelle église de Notre-Dame de Compiègne, et contribuèrent puissamment à la mettre en grande vénération auprès des habitants de la cité aussi bien que des pèlerins.

Plein de ferveur pour sa nouvelle fondation, Char-

(*) Le nom de Palais donné aux habitations royales sous la première et la seconde race, n'avait pas alors la signification ambitieuse que nous lui attribuons de nos jours.

Ce nom était fréquemment employé pour désigner les maisons de chasse ou de plaisance habitées par les souverains.

les-le-Chauve, l'enrichit d'une relique bien plus précieuse que celle des plus saints martyrs, en lui donnant l'un des trois suaires de Notre-Seigneur.

Lorsqu'en 876 le saint Suaire, ravi à l'abbaye d'Aix-la-Chapelle où l'avait placé Charlemagne, fut apporté à Compiègne pour en gratifier la nouvelle abbaye, le clergé et le peuple allèrent processionnellement le recevoir à quelque distance de la ville. Pour perpétuer le souvenir de cet événement on éleva au lieu même de cette réception une croix de pierre et une chapelle dédiée au saint Suaire ou saint Signe. Cette chapelle, située jadis à l'extrémité du parc, était accompagnée d'un petit ermitage, humble retraite de deux cénobites. La chapelle et la croix du saint Signe ont disparu, et l'ermitage est aujourd'hui l'habitation d'un garde de la forêt enclavée dans les nouvelles limites. du grand parc.

Toutefois, ni la puissance prestigieuse de cette relique ni celle des bienheureux saint Cyprien et saint Corneille ne purent préserver l'église et l'abbaye de Notre-Dame de *Carlopole* des déprédations des pillards Normands, durant leurs courses réitérées, et notamment de l'incendie qui les consuma en 912.

Charles-le-Simple les fit réédifier quelques années après. Alors il priva l'abbaye de la haute protection de Notre-Dame, et la plaça sous l'invocation des deux saints Corneille et Cyprien. Dans la suite le nom seul de saint Corneille prévalut.

Cette abbaye renferma longtemps les restes de Louis-le-Bègue, de Louis V, de Hugues-le-Grand, fils de Robert-le-Dévot, de Jean de France, quatrième fils de Charles VI, mort à Compiègne à l'âge de dix-neuf ans, et de Henri III, dont le corps, apporté de Saint-Cloud en 1589, ne fut transféré à Saint-Denis qu'en 1610.

Les statues de Charles-le-Chauve, de Charles-le-Simple, de la reine Frédérine sa femme, de l'empereur Louis II, de son arrière-petit-fils Louis V, et de quelques autres rois, décoraient l'église de Saint-Corneille. Ignominieusement affublées de hottes remplies d'archives et de chartes de l'abbaye, ces statues, qui étaient de bois doré, furent brûlées en cérémonie sur la place du marché par les Iconoclastes de 1793.

Les dépouilles mortelles des rois ayant été arrachées à leur sépulture, les cercueils de plomb qui les renfermaient furent portés au district comme propriété nationale.

Pendant ce temps la riche abbaye était dévastée et livrée au pillage, rien n'échappait à la fureur révolutionnaire, meubles antiques, sculptures précieuses, reliques saintes, ornements de toute nature, tout était aveuglement détruit ou dilapidé.

Le trésor de l'abbaye renfermait les quatorze volumes provenant de la bibliothèque de Charles-le-Chauve, ces rares manuscrits ne furent point épargnés par les auteurs de ces dévastations impies, lesquels se montrèrent, dit-on, moins inexorables en présence des objets d'une valeur négociable.

L'épitaphe placée au-dessous de la statue de Louis V,

le dernier des rois fainéants, mérite d'être citée à cause de la naïveté de son style :

> LOYS IE SUIS CINQUIEME DE CE NOM
> ROY DES FRANCOIS DONT PAUURE EST LE RENOM
> DIX HUICT MOIS IE REGNAI SEULEMENT
> MOI IEUNE ESTANT ET FUS FINALEMENT
> A SAINCT CORNEILLE EN SEPULTURE MIS.
> CEST A COMPIENNE AUPRES DE MES AMIS
> LAN DE SALUT NEUF CENT ET QUATRE VINGTS
> AVEC QUE SEPT RETOURNANT DONT IE VINS.
> SI MOY VIVANT IE NAY AUCUN BIEN FAICT
> CONSIDEREZ QUE IE NAY RIEN MEFFAICT :
> VOUS SUPPLIANT QUE CELA VOUS PROVOQUE
> A PRIER DIEU QUES CIEUX IL ME COLLOQUE.

Les richesses de l'abbaye de Saint-Corneille s'accrurent rapidement par la protection des rois et par le grand concours de pèlerins qui venaient sans cesse implorer les saints patrons de l'église, s'agenouillaient devant la châsse renfermant le saint Suaire, et ne se relevaient qu'après lui avoir déposé leur offrande.

En 1082 la reine Mathilde d'Angleterre, pieuse fille de Henri Ier de France et de sainte Mathilde, étant venue habiter Compiègne, fit don à la sainte relique d'une magnifique châsse d'or massif incrustée de pierres précieuses pour remplacer le simple tabernacle d'ivoire qui renfermait le saint Suaire depuis plus de deux cents ans.

Le roi Philippe Ier, voulant à cette occasion donner à l'abbaye de Saint-Corneille un témoignage de sa sollicitude, lui accorda les *trois jours prévots*. C'est-à-dire le droit général de toute police, haute, moyenne et basse ; en sorte que pendant ce temps, le seul juge souverain de la Cité était le prévôt de l'abbaye.

Durant ces trois jours annuellement consacrés à des processions, à l'exhibition des saintes reliques, et aussi à une foire très profitable à la communauté, l'affluence du populaire était si considérable, que pour éviter les désordres, les religieux faisaient éclairer la ville à leurs frais ; puis ces trois jours expirés l'obscurité reprenait ses allures ordinaires (*).

Toutes les églises et les monastères relevèrent dès lors de l'abbaye de Saint-Corneille dont la puissance suivit la marche ascendante de ses richesses. Chaque nouveau règne lui apportait son tribut, soit en offrandes précieuses et en dotation, soit en accroissement d'autorité.

Un inventaire du trésor de cette abbaye vérifié en 1507, constate un si grand nombre de pierreries répandues sur la châsse du saint Suaire, qu'on en fit une couronne prisée cent mille écus, par les joailliers contemporains.

Elle s'enrichit encore d'un diamant d'une valeur considérable dévotement offert par un duc de Bourgogne, ainsi que d'un signet en or garni de seize rubis, présent d'un duc de la Roche-sur-Yon (**). En-

---

(*) Vers la fin du XVIIIe siècle, la lumière incertaine de quelques réverbères fumeux combattit faiblement cette obscurité qui avait si longtemps régné sans partage ; depuis quelques années seulement, l'éclairage par le gaz est venu prendre son droit de cité, et Compiègne jouit aujourd'hui de ce nouveau bienfait de notre civilisation.

(**) *Histoire du saint Suaire*, par Dom Langellé.

fin, lors de l'ouverture de cette châsse, en présence de François Ier, au retour de la conquête du Milanais, ce roi lui avait fait hommage de vingt fleurs de lys d'or ornées d'un grand nombre de perles et de pierreries (*).

La plus grande partie de ces richesses sanctifiées par leur destination furent vendues, et leur prix employé par Louis-de-Bourbon, abbé de Saint-Corneille, à la construction du portail et au commencement d'une nouvelle église qui resta inachevée. Le surplus fût dilapidé par un autre abbé commendataire zélé partisan de la Ligue, le cardinal Nicolas de Pellevé.

Ces détails sembleront peut-être minutieux; mais il faut bien parler des reliques, des fondations pieuses et des moines, quand on s'occupe d'une époque où les moines dominaient, où les reliques étaient en grande vénération, où enfin les fondations pieuses avaient plus que jamais la vertu d'aplanir le chemin toujours si raboteux qui mène au Paradis.

Saint Louis, dont le règne fut vraiment l'âge d'or des communautés religieuses, étendit sur Compiègne sa pieuse libéralité. Il fit construire le couvent des Jacobins, celui des Cordeliers, et donna aux Dominicains établis dans cette ville sous Louis-le-Gros, le

---

(*) Un tableau attribué à Jean Cousin, placé au-dessus des fonts baptismaux, représentait, accompagné du cardinal de Bourbon, abbé de Saint-Corneille, et entouré des princes et des seigneurs de sa cour, François Ier assistant à cette cérémonie réservée seulement aux têtes couronnées.

château fondé par Charles-le-Chauve sur les bords de l'Oise. Il autorisa les Mathurins-Trinitaires, qui se consacraient au service des malades, à bâtir une église dédiée à Saint-Nicolas, auprès de l'Hôtel-Dieu, qu'il avait fait réédifier dans une île voisine du vieux château, et il accorda à ces religieux la surveillance de cette maison et les revenus qui y étaient affectés.

L'île dont il est ici question s'est réunie peu à peu à la terre ferme par les changements de la rivière. Tout le sol qui avoisine l'Hôtel-Dieu, et qui aujourd'hui est couvert de constructions, en faisait partie.

Au rapport du sire de Joinville, le saint roi voulant donner à toute sa cour un grand exemple d'humilité en même temps que de charité, installa lui-même les premiers pauvres malades admis dans cette Maison-Dieu.

Aidé de son gendre, Louis IX porta sur un drap de soie et mit dans un lit le premier malade, et laissa ce drap de soie sur lui. Ses deux fils et quelques barons qui l'accompagnaient imitèrent ce pieux exemple.

On vit éclater, à l'occasion du privilége accordé aux Mathurins, une de ces querelles si communes dans l'histoire monacale de la France.

A peine l'église Saint-Nicolas était-elle achevée qu'ils se présentèrent pour prendre possession de l'Hôtel-Dieu, mais les Bénédictins de Saint-Corneille, qui en avaient la direction depuis Charles-le-Simple, s'y opposèrent et jurèrent qu'ils ne déguerpiraient pas, à moins que les Mathurins ne consentissent à leur payer une redevance. Là-dessus, nos prétendants s'adressèrent à saint Louis, leur protecteur, mais déjà il était parti pour la Terre-Sainte, sa dernière et fatale expédition.

Après de longs débats, l'affaire fut portée devant Philippe-le-Hardi, et enfin jugée par l'archidiacre de Bruges, qui, dans sa sagesse, décida que les Bénédictins demeureraient en possession de l'Hôtel-Dieu, et, qui plus est, de la nouvelle église, que certainement les pauvres Mathurins n'avaient pas bâtie à leur intention.

Cette modeste église, de beaucoup moins grande aujourd'hui qu'elle ne l'était jadis, ayant dû céder devant les empiétements utiles de l'Hôtel-Dieu, possède un maître-autel et un rétable que bien des cathédrales envieraient.

Suivant une tradition locale admise sans examen à une époque de foi et de superstition où l'on croyait facilement aux choses extraordinaires, ce magnifique morceau de sculpture en bois serait l'œuvre d'un pauvre artiste italien, reconnaissant des soins et de la sollicitude dont il avait été l'objet pendant la durée d'une cruelle maladie.

Mais la vie entière d'un homme serait loin de suffire à l'exécution d'un pareil travail, et, en dépit de cette touchante tradition, on est tenté de supposer que l'une des statues agenouillées aux côtés de l'autel était la représentation de quelque opulent donateur, dont les armes hachées pendant la tourmente révolutionnaire et méconnaissables aujourd'hui, avaient été sculptées sur diverses parois de ce rétable.

Quoi qu'il en soit, ce chef-d'œuvre de sculpture ainsi que les belles boiseries qui décorent la salle Saint-Vincent-de-Paul, contiguë à l'église, paraissent appartenir au XVIIe siècle et font l'admiration des rares visiteurs de cette humble chapelle trop négligée et presque ignorée des artistes.

Prenons congé maintenant des moines et des couvents, et visitons en détail et la ville et son château.

Des murailles, des demi-lunes, des bastions, des fossés remplis d'eau vive, défendaient jadis la vieille ville de Compiègne contre les tentatives belliqueuses des seigneurs voisins, et la mettaient à l'abri d'un coup de main, sans toutefois en faire une place capable d'une résistance sérieuse ; on chercherait vainement aujourd'hui les fossés dans lesquels le roi Eudes fit passer les eaux de l'Oise, le petit fort bâti par Louis-le-Gros, la tour des Anglais, celles de Charles-le-Chauve et de saint Louis ; tous ces épouvantails de guerre ont disparu. D'agréables habitations, d'élégants promenoirs se sont partagé ce terrain, qui si longtemps avait gémi sous les lourdes constructions des IXe, XIIe et XIIIe siècles.

Toutefois il est facile au curieux, à l'antiquaire, de reconstruire par la pensée et à l'aide des nombreux jalons existants, le tracé des murailles de l'antique cité, soit qu'ils partent de la route de Soissons, où se voient encore intacts les anciens remparts et les deux tours de la porte du Connétable, soit qu'ils dirigent leurs investigations vers le quai du Harlay qui avoisine la vieille tour. Là, comme à la porte de Pierrefonds, comme à la porte de la Reine, ils pourront avec certitude accuser toutes les hautes terrasses aujourd'hui couvertes d'élégants jardins, d'avoir appartenu jadis aux remparts de la ville.

Sept portes fortifiées donnaient accès dans la ville. L'une d'elles, bâtie sous le règne de saint Louis, à l'extrémité du vieux pont, auquel elle avait emprunté son nom, est demeurée célèbre dans l'histoire par la prise de Jeanne d'Arc, dont il sera parlé dans le chapitre suivant.

L'ogive décrivait sa courbe gracieuse sur les deux façades de cette porte, composée d'un petit bâtiment défendu par deux tours rondes recouvertes d'un toit en cône. Sur la façade qui regardait le Petit-Margny était placée une tablette de marbre portant cette inscription :

CI FUST JEHANNE DARK PRES DE CESTUI PASSAGE,
PAR LE NOMBRE ACCABLEE ET VENDUE A LANGLOIS,
QUI BRUSLA, LE FELON, ELLE TANT BRAVE ET SAGE :
TOUS CEUX-LA DALBION N'ONT FAICT LE BIEN IAMAIS.

La porte du vieux pont faisait face à celle de Notre-Dame, que protégeait la vieille tour de *César* ou de *la Pucelle*, titres aussi gratuits l'un que l'autre (*). Cette porte fut abattue lors de la construction du nouveau pont, et maintenant la tour de *la Pucelle*

(*) Cette tour portait aussi le nom de Tour-du-Château-Saint-Louis, parce qu'elle s'appuyait aux fortifications du château donné par ce roi aux Dominicains.

représente à elle seule les vieilles fortifications mérovingiennes et les édifices attribués à l'époque de la domination romaine.

En 1218, le roi Philippe-Auguste abandonna aux habitants de Compiègne les droits qu'il exerçait sur eux comme vicomte de Pierrefonds, *à l'exception toutefois*, est-il dit dans l'acte d'abandon, *du péage, de la justice et de la maison qui fut à Agathe de Pierrefonds, lesquelles choses le roi se réserve et à ses successeurs pour être gérées et administrées par son prévôt de Pierrefonds.*

Cette maison, abattue en 1387, fut remplacée par une porte accompagnée de deux tours, qui reçut le nom de porte de Pierrefonds, et qui, en raison de l'exception faite par Philippe-Auguste, était la seule partie de la ville dépendant du duché de Valois. Compiègne appartenait au contraire au bailliage de Senlis, et devint dans la suite le chef-lieu d'une élection de la généralité de Soissons (*).

La porte de Pierrefonds reçut une sorte d'illustration par la bizarrerie dévotieuse de Louis XI ; ce roi, le premier qui ait institué en France le service des postes, ayant été promptement informé à Compiègne de la mort de son beau cousin le duc de Bourgogne, tué à la bataille de Nancy, dédia aussitôt à Notre-Dame de Bonnes-Nouvelles une chapelle qu'il fit construire au-dessus de cette porte. Cette

---

(*) Compiègne, qui depuis Clovis n'est jamais sorti du domaine royal, est tout simplement aujourd'hui un chef-lieu d'arrondissement et de canton du département de l'Oise.

chapelle, démolie en 1784, était desservie par les Jésuites et leur rapportait 2,000 livres de rente.

La seule porte de Compiègne qui soit restée debout est la porte Chapelle, nommée autrefois *la Connétable*, bâtie par ordre de François Ier, sur les plans de Philibert de Lorme. La façade du côté de la ville est dans le goût de la Renaissance. On y voit les restes informes des armes du connétable de Montmorency, ami particulier du roi, qui avait autorisé ce seigneur à se faire construire un appartement au palais et à décorer de son blason la porte qui en était voisine.

Cette porte, qui forme une longue voûte pratiquée sous les anciens remparts et conduisant à la route neuve de Soissons, servit de prison en 1745, à des Hollandais pris à Fontenoy. Ce massif de défense fut fort utile en 1814, lors de la tentative infructueuse des Prussiens sur Compiègne.

Était-ce une raison pour imposer à ce curieux monument de la Renaissance le poids du réservoir, fort utile sans doute, qui le surmonte et le défigure complètement ?

Une autre porte, celle de Paris, rebâtie sous Henri III, était aussi décorée de sculptures et surmontée, du côté de la ville, d'une grande figure de la Vierge ou de Notre-Dame de Bon-Secours, ayant à sa droite les armes du roi avec sa devise, formée de trois couronnes et de l'exergue *Manet ultima cœlo;* les armes de la ville étaient placées à la gauche de cette statue.

La porte d'Oise ou d'Ardoise, donnant accès sur le Cours nouveau planté en 1784, les portes Corbye et

Notre-Dame complétaient le nombre des sept portes fortifiées. Deux autres portes, celles de Soissons et de la Reine ou porte Neuve, dataient seulement du XVIII° siècle.

Le petit nombre de monuments publics ou d'édifices religieux qui se voient encore à Compiègne n'est rien en comparaison de tous ceux qu'on y rencontrait autrefois. Les restes de l'église des Minimes, enclavés dans un jardin particulier de la rue de ce nom, représente le monument ecclésiastique le plus ancien de la ville ; cette église avait été dédiée à saint Pierre dans les premiers siècles du Christianisme.

On se demande en vain ce que sont devenues la tour de la Monnaie, où Dagobert avait logé saint Éloi, fidèle gardien de ses trésors; la collégiale de Saint-Clément, due à la piété de Charles-le-Simple; l'église de Saint-Maurice, celles de Saint-Lazare, de Saint-Nicolas-le-Petit, de Saint-Jean-le-Petit, la paroisse du Crucifix, qui toutes ont disparu.

Où trouver à cette heure, dans Compiègne, les saintes retraites de ces moines de toutes robes, Capucins, Cordeliers, Dominicains, Minimes, Bénédictins, Jésuites, qui tous, aux jours des solennités religieuses, précédés de nombreuses confréries déployant leurs bannières aux mille couleurs, parcouraient la ville, se prélassant d'un pas grave et mesuré.

Ces édifices sont tous anéantis. Des magasins, des

(¹) Venaient aussi les religieuses de la congrégation des Carmélites fondée au XVII° siècle, les dames Sainte-Marie, les Enfants bleus, les Visitandines et quelques autres encore.

casernes, des établissements publics ou particuliers s'élèvent sur les ruines de ces nombreux monastères (*).

Une belle rue, la rue Saint-Corneille, s'aligne aujourd'hui sur l'emplacement de la puissante abbaye dont le souvenir disparaît chaque jour et ne laisse plus de traces que dans la mémoire de quelques vieillards témoins de ses derniers instants.

La cour de l'abbaye de Saint-Corneille est maintenant occupée par une salle d'asile élevée en 1854 par les soins de l'administration municipale et due en grande partie à la munificence impériale. La rue Napoléon, percée sur le même emplacement, rappelle par son nom celui de l'illustre fondateur de cet établissement de bienfaisance.

Quelques rares débris de cette riche abbaye se retrouvent encore épars çà et là. C'est ainsi que sur la place du Marché-aux-Herbes on peut voir les vestiges de la grande rosace vitrée et quelques gargouilles grimaçantes, et que, dans la nouvelle rue de Saint-Corneille, existent encore les restes du cloître de l'abbaye où se voyait le fameux puits dont on citait avec admiration les particularités architecturales.

On parle aujourd'hui moins timidement des souterrains de l'abbaye, à l'existence desquels se rattachaient on ne sait quelles idées de mystère et de merveilleux, comme il advient toujours de ces parties des anciens monuments. Ces immenses souterrains,

---

(*) La portion du cloître des Minimes restée debout est occupée par les Frères de la doctrine chrétienne.

Edité par J. Dubois Fils. Lith. de Kaeppelin.

COMPIÈGNE
St JACQUES.

presque entièrement comblés, communiquaient à un grand nombre de caves du voisinage, circonstance qui a déterminé leur suppression.

Cependant trois églises, Saint-Jacques, Saint-Antoine et Saint-Germain extra-muros, ont été conservées aux fidèles et paraissent leur suffire, car le nombre en a singulièrement diminué depuis le temps où Compiègne possédait des manufactures et comptait de treize à quatorze mille âmes, la population actuelle ne dépassant pas dix mille habitants (*).

L'église Saint-Jacques, fondée vers la fin du XIIe siècle ou dans les premières années du XIIIe, n'est pas d'une architecture remarquable; on y rencontre néanmoins de jolis détails de sculpture, dans des culs-de-lampe où l'artiste a bizarrement groupé des anges, des chimères, des grenouilles dansantes et quelques rinceaux d'assez bon goût.

La tour construite plus tard porte l'estampille des diverses époques qui la virent s'élever; elle est couronnée par une lanterne du temps de la Renaissance.

L'arrachement du portail, qui n'a pas été continué, indique qu'une seconde tour devait être élevée pour faire parallèle à celle qu'on voit maintenant. Cette église ne fut couverte en ardoises que sous le règne de Louis XI. Une dame de la cour lui ayant fait observer qu'il était messéant que son château fût si bien couvert tandis que la maison du Seigneur n'avait qu'un chétif toit de tuiles et de chaume, le premier

---

(*) Le service divin est célébré aussi tous les jours à la chapelle Saint-Nicolas de l'Hôtel-Dieu et à Notre-Dame de Bon-Secours.

roi très chrétien s'empressa de réparer cette inconvenance.

Les peintures qui décorent l'intérieur de l'église Saint-Jacques sont nombreuses ; mais si on en excepte une belle copie d'une descente de croix de l'École vénitienne, un vœu de Louis XIII et une prédication de saint Jean dans le désert où l'on distingue quelques belles figures, rien d'ailleurs ne mérite de fixer l'attention.

Cette église, choisie pour servir de temple à l'Être suprême, dut sans doute à cette préférence de n'être point dévastée par les Vandales de 1793.

L'église Saint-Antoine, dont la fondation remonte également à la fin du XIIe siècle, était à son origine sous le vocable de Saint-Jean-Baptiste. Ce monument religieux fut, en partie, redevable de sa restauration, vers la fin du XIVe siècle, à la patriotique reconnaissance du cardinal Pierre Dailly. Ce prélat célèbre, né à Compiègne en 1330, de parents obscurs, fut, assure-t-on, enfant de chœur à l'église Saint-Antoine.

Cette église est d'un style gothique plus gracieux et plus pur que celui de Saint-Jacques. Le portail et le chevet en sont aussi très élégants.

On remarque dans le latéral gauche de Saint-Antoine un baptistère en pierre de touche d'un seul bloc ; ce morceau d'une haute antiquité appartenait à la paroisse du Crucifix, enclavée jadis dans l'abbaye de Saint-Corneille.

La chapelle Notre-Dame, derrière le chœur, fondée par un bourgeois de Compiègne, *Pierre Le Flamment*, dit *aux pieds plats*, recelait la tombe de son fondateur avec cette épitaphe :

> L'AN XXX... SOUS CETTE PIERRE
> FUT ENTERRÉ LE CORPS DE PIERRE
> DIT FLAMMENT QUI FUT DRAPPIER
> BON MARCHAND, LOYAUX ET ENTIER
> QUI SANS FAIRE USURE, SANS DIFFAME
> ET SI N'EUT ONCQUE, POINT DE FEMME
> CÉANT FONDA LA CHAPELLE
> PRIEZ DIEU QUI L'Y APPELLE (*).

Détruite en partie pendant le siége de 1414, sous Charles VI, l'église fondée au vi^e siècle par Childebert au faubourg Saint-Germain a complétement disparu et a été remplacée seulement vers la fin du xvie siècle par la paroisse extra-muros de Compiègne. Cette église, entièrement reconstruite avec le produit des indulgences accordées par le pape, possède un banc-d'œuvre remarquable par ses sculptures. Les colonnes torses provenant de l'ancien couvent des Minimes, qui soutiennent son buffet d'orgue, sont d'un fort bon travail. La nef de cette église est dallée en partie de pierres tumulaires dont plusieurs accusent, par leurs inscriptions, une certaine antiquité.

Pour compléter la série des édifices religieux encore existants à Compiègne, nous citerons la chapelle de Notre-Dame de Bon-Secours, fondée en 1637, près du couvent des Capucins : suivant les uns, par la

(*) *Statistique de l'Oise*, par M. Graves.

reconnaissance des habitants de Compiègne, qui se seraient vus délivrés miraculeusement de la présence des troupes espagnoles qui menaçaient la ville; suivant d'autres, pour remercier la Vierge de sa puissante protection lors d'une épidémie meurtrière.

Ces deux versions justifient également le nom de Notre-Dame de Bon-Secours donné à cette chapelle, où se fait chaque année, au mois de mars, une neuvaine qui attire de nombreux fidèles pendant la fête dite des *Capucins*.

L'un des édifices les plus remarquables que renferme Compiègne est sans contredit son Hôtel de Ville, joyau précieux qui fait à juste titre l'orgueil de ses habitants, surtout depuis qu'une restauration complète, exécutée avec toute la religion artistique qui distingue notre époque, est venue rendre à ce monument son gracieux caractère et remettre dans leur véritable jour l'élégance et la légéreté de ses délicates sculptures.

Commencé sous le règne de Charles VI, sur l'emplacement d'un monastère fondé par Philippe-Auguste, détruit par un incendie en 1396, cet Hôtel de Ville, ce *parlouer aux bourgeois*, comme on disait alors, eut sa bonne part des vicissitudes de ces temps malheureux, et ne fut véritablement édifié que sous le roi Louis XII; François Ier, Henri II et enfin Louis XIII y ordonnèrent diverses additions plus ou moins heureuses. Ce fut sous le règne de Louis XIII que furent élevés les deux pavillons qui encadrent maladroitement cet édifice municipal, et dont un seulement, celui où se voit un bas-relief représentant la Justice, a conservé son caractère et sa destination. La vieille porte de l'Arsenal, surmontée autrefois des armes de France et décorée à droite et à gauche de quatre canons en forme de colonnes engagées, paraît avoir relié autrefois des bâtiments disparus aujourd'hui. Cette porte, vieux débris du XVI° siècle, donne accès dans la maison d'arrêt.

Par un de ces anachronismes que la flatterie a rendu si communs à toutes les époques, la statue équestre du roi Louis XIII avait été placée dans la niche surmontant la porte principale de l'Hôtel de Ville. Nous laissons à la sagacité du lecteur à décider si cette niche n'avait pas plutôt été pratiquée pour recevoir la statue de Louis XII, véritable fondateur de ce monument des premiers temps de la Renaissance.

La statue de Louis XIII fut détruite en 1792, ainsi que les six statues qui occupaient les niches du premier étage et représentaient la Vierge, l'Ange de l'Annonciation, saint Denis, Charlemagne, saint Louis et le cardinal Dailly.

Les armes de la ville accolées aux armes de France prirent en 1821 la place restée vide en 1792, puis, en 1830, on substitua à ce blason un cadran au-dessous duquel se lisait la devise glorieuse de Compiègne :

REGI ET REGNO FIDELISSIMA.

Cadran et devise ont disparu à leur tour dans la

restauration récente de l'édifice ; mais on a respecté les trois *Jacquemarts* qui, depuis Louis XIII, frappent gravement les divisions du temps sur des timbres immobiles et discordants.

L'intérieur de l'Hôtel de Ville ne répond nullement à son architecture et à son aspect extérieurs. Aucune décoration ne s'y fait remarquer. Toutefois des travaux importants ont été entrepris pour y placer convenablement la belle collection d'objets précieux due à la libéralité d'un enfant de Compiègne, M. Vivenel, artiste distingué, qui a doté sa ville natale d'un musée digne en tout d'être envié par une ville de premier ordre.

Ce musée, véritable ornement de l'Hôtel de Ville, est peut-être un des plus complets par la variété des objets d'art qu'il renferme.

En échange de toutes ces richesses artistiques, le généreux donateur a reçu de ses concitoyens reconnaissants, le titre de Fondateur du *Musée Vivenel*, inauguré en 1841.

L'Hôtel de Ville possède aussi une bibliothèque contenant plus de 12,000 volumes.

La fondation première du Collége de Compiègne date de 1571 et est attribuée à la généreuse initiative de deux officiers municipaux, Noël Gaulthier et Jehan Charmoulue. Le roi Louis XIV s'en étant déclaré fondateur par lettres-patentes de juillet 1654, en confia la direction aux Jésuites et lui donna le titre de Collége royal en même temps qu'il lui assignait, à perpétuité, une rente de 3,000 livres à prendre sur les ventes de la forêt de Cuise-lès-Compiègne.

Après la suppression des Jésuites, ce Collége passa dans les mains des Bénédictins de la congrégation de Saint-Maur.

Devenu Collége communal en 1808, il a pris en 1852, le titre de Collége Louis-Napoléon.

Placé sous l'auguste patronage de l'Empereur, qui l'a doté d'un magnifique cabinet de physique, ce Collége voit chaque jour s'accroître son importance et sa réputation.

Le Palais bâti par Charles-le-Chauve ayant été abandonné aux Dominicains par saint Louis, ce roi le remplaça par un autre logis royal sur l'emplacement duquel s'élève aujourd'hui le Palais de Compiègne, qui n'a conservé des temps anciens que son nom et ses souvenirs.

En effet, après avoir subi bien des modifications sous les rois Charles V, Charles VII et Louis XI, après avoir vu décorer son entrée principale de deux belles tours sous le règne de François Ier et commencer de nombreux travaux restés inachevés par la reine Catherine de Médicis, travaux repris et interrompus sous Louis XIII, ce Palais commença à perdre son caractère féodal, lorsque Louis XIV ordonna d'aligner dans un style plus moderne une façade regardant la forêt (*).

(*) Le Jeu de Paume, converti en 1832 en une salle de spectacle, datait de cette époque.

Toutes ces additions successives ne formant qu'un ensemble mal coordonné, un disgracieux spécimen de l'architecture des siècles précédents, le roi Louis XV résolut, en 1738, de faire entièrement réédifier le Palais de Compiègne et chargea son architecte, Jacques-Ange Gabriel, d'en dresser les plans.

Cet habile architecte le métamorphosa complétement et fit disparaître tout ce qui le rattachait aux siècles passés, sans en excepter la chapelle et la grande salle de Saint-Louis, ainsi qu'un appartement créé par Louis XI, qui existaient encore à cette époque.

Les travaux de construction commencés vers 1753 ne furent achevés que sous le règne de Louis XVI et se prolongèrent jusqu'en 1788 ; aussi l'architecte ne vit-il pas l'achèvement de son œuvre, étant mort en 1782. Ses plans ne furent exécutés qu'en partie, car ils comportaient, au-devant du Palais, une place vaste et régulière entourée d'un portique du même caractère que le soubassement du Palais et établissant une communication entre l'édifice royal et les hôtels des ministres.

La façade du Palais de Compiègne donnant sur la place d'Armes forme son entrée principale.

Tous les appartements, au nombre desquels on distingue une vaste et superbe galerie, création de l'époque impériale, sont de plain-pied et communiquent entre eux, bien qu'ils soient au premier étage sur la cour et au rez-de-chaussée sur les jardins.

La cour d'honneur, les péristyles et la salle des gardes sont surtout remarquables dans ce Palais, dont l'étendue et la belle ordonnance conviennent à la résidence d'un souverain.

Comme toutes les habitations royales, le Palais de Compiègne eut à déplorer des pertes immenses à l'époque révolutionnaire. Le mobilier, dont la valeur était de plus de quatre millions, fut vendu à l'encan et produisit seulement une recette de six cent mille francs en assignats.

Pendant les premières années de la Révolution, ce palais, menacé un instant d'être la proie d'une *bande noire*, fut occupé par un prytanée remplacé lui-même sous le Consulat par l'école d'arts-et-métiers, transférée en 1806 à Châlons.

Un décret impérial lui rendit alors sa destination première.

Une restauration complète fut aussitôt ordonnée par l'empereur, et déjà, en 1808, le roi d'Espagne Charles IV put habiter ce palais, où il ne séjourna que quelques mois.

Reprise en 1809 pour la réception de la jeune impératrice Marie-Louise, cette restauration, où figure au premier rang la magnifique galerie dont nous avons parlé, ainsi que la décoration et l'ameublement ordonnés pour cette circonstance par Napoléon Ier, ne coûtèrent pas moins de six millions.

Ce prince fit placer dans les appartements du Palais une collection de près de deux cents tableaux, ouvrage des meilleurs maîtres et appartenant aux différentes écoles de peinture. L'école française y est dignement représentée.

La bibliothèque mérite surtout d'être citée pour le nombre de bons livres, de manuscrits et de gravures curieuses qu'elle renferme.

La place du Palais ou place d'Armes, si longtemps resserrée entre des murs et des bâtiments irréguliers, fut enfin déblayée sous le règne de Charles X. Bientôt de nouvelles constructions s'élevèrent vis-à-vis de la façade du Palais.

Le roi Louis-Philippe continua l'œuvre de son prédécesseur, et cette place, aujourd'hui ombragée par des plantations de tilleuls, forme avec le monument impérial un ensemble d'un fort bon effet.

Depuis lors, cette magnifique résidence n'a cessé de recevoir des embellissements de tout genre. Des travaux importants, ordonnés par l'Empereur, s'exécutent en ce moment pour l'addition d'un nouveau corps de bâtiment intérieur.

Une terrasse d'un style grandiose, splendidement décorée de statues des grands maîtres, règne au-devant de la belle façade substituée par l'architecte Gabriel à celle qu'avait fait élever Louis XIV, et domine les jardins dessinés à l'anglaise, en 1812, aux dépens des majestueux parterres que le grand roi avait réunis au Palais en faisant abattre le rempart qui les en séparait. Soumis à plusieurs modifications sous les règnes de Louis XV et de Louis XVI, ces parterres devaient leur première création à Catherine de Médicis, qui avait transformé en jardins une plaine située en dehors des remparts. Les nouveaux jardins dans lesquels Napoléon Ier fit planter soixante-dix mille arbustes, tout en conservant les plantations arborescentes de 1764, sont joints à la forêt par la portion réservée appelée *Grand Parc*, que traverse la magnifique allée des Beaux-Monts, et présentent ainsi une immense surface de verdure d'un effet enchanteur.

Les limites actuelles de ce parc, créé en 1812 et plus particulièrement consacré aux chasses à tir, ont acquis depuis 1830 une très grande extension. Elles n'occupent pas moins de trois cents hectares bien clos.

Parallélement aux jardins et au grand parc, court en droite ligne jusqu'à la forêt la belle avenue connue sous le nom d'Avenue Royale.

N'omettons pas surtout de mentionner le célèbre berceau de fer, élevé en quarante jours par les ordres de Napoléon Ier.

L'empereur désirant rappeler à sa jeune épouse une treille de Schœnbrunn qu'elle affectionnait particulièrement, fit aussitôt construire cette magnifique tonnelle, abri de feuillage et de fleurs, où deux voitures peuvent aisément circuler de front, et qui se prolonge presque sans interruption sur une longueur de près de deux mille mètres jusqu'aux délicieux ombrages de la forêt.

Compiègne, ainsi que toutes les villes anciennes, est en général bâtie avec cette maladresse que mettaient nos pères à construire et surtout à distribuer leurs habitations. Pourtant quelques maisons, irrécusables documents de l'art aux xve et xvie siècles, doivent trouver grace devant cette critique en faveur de leurs jolies sculptures en bois, hélas! beaucoup trop badigeonnées.

Ces maisons, d'ailleurs, disparaissent chaque jour pour faire place à de nouvelles constructions. L'impulsion donnée par la présence de l'Empereur pendant ses voyages d'automne, et le zèle incessant de l'administration municipale, ne reculant devant aucun sacrifice pour élargir et aligner les rues, applanir les chaussées et ouvrir des voies nouvelles, hâteront la métamorphose de cette ville empressée aujourd'hui de voir tomber ces constructions gothiques, derniers témoins de sa jeunesse.

Le 11 mai 1732, Louis XV posa la première pierre du pont neuf de Compiègne, pour remplacer celui que saint Louis, son aïeul, avait fait construire en 1241 (*).

Ce pont, composé de trois arches surbaissées, fut terminé au mois mai de l'année suivante.

Une pyramide de dix mètres d'élévation, disparue depuis lontemps, s'élevait au-dessus de l'arche du milieu.

(*) Détruit pendant le siége de 1430, Guillaume de Flavy, alors gouverneur de la ville, fit rétablir ce pont en *levant par manière d'emprunt sur le peuple une somme de deniers, payable en huit jours sous peine du double*. Cette taxe ne montait pourtant qu'à soixante-six livres six sols. Il est vrai de dire que ce siége avait amené la destruction de 540 maisons renversées par l'artillerie et que 400 feux seulement étaient demeurés sans dommages.

Le piédestal de cette pyramide, détruit lui-même lors de la restauration du pont exécutée il y a quelques années, était surchargé d'inscriptions latines, dont l'une, celle qui regardait la rivière d'Oise, rappelait *les avantages offerts aux marins et aux voyageurs* par ces deux voies réunies, la rivière et la voie de terre; on ne soupçonnait guère que cent ans plus tard une troisième voie viendrait détrôner les deux autres.

La station du chemin de fer de Paris à Compiègne, dont l'établissement remonte à 1846, a dès lors planté son pavillon au Petit-Margny, faubourg modeste de Compiègne, relié à la ville par le pont neuf.

A chaque heure, le panache de la locomotive et son sifflet strident annoncent aux paisibles Compiégnois la venue de nombreux visiteurs, justifiant le vieux proverbe si goûté au XVIe siècle :

> Oncques ne sort de Compiegne,
> Que volontiers n'y revienne.

St ANTOINE.

IV

COMPIÈGNE

DEUXIÈME PARTIE

> De là Bourguignons et Anglois
> Si vindrent Compiegne assiéger,
> Où la Pucelle et les François
> Y arrivèrent sans targier.
>
> MARTIAL D'AUVERGNE.
Vigiles de Charles VII.

La crainte de fatiguer le lecteur m'a seule engagé à diviser en deux parties ce que j'ai recueilli sur Compiègne ; car je n'ai pas à traiter de matières bien distinctes. Toutefois, abandonnant les églises, les monastères et les autres monuments de la ville, cette seconde partie sera presque entièrement consacrée au récit des principaux événements dont Compiègne a été le théâtre.

Nous avons vu précédemment que les rois de la première race habitèrent souvent cette ville et qu'ils y tinrent plusieurs assemblées (*).

Charles-Martel, qui pendant vingt-cinq ans régna sous le titre de maire du palais, venait très souvent résider à Compiègne, où il surveillait en maître les Dagobert III, les Chilpéric II et les Thierry IV, au nom desquels il gouvernait la France et battait les Sarrazins. Ces simulacres de rois étaient nourris et entretenus avec abondance et respect, mais sans aucun pouvoir, ni fonction. Charlemagne, de même que Pépin, son père, y présida plusieurs assemblées des grands du royaume.

En 834, un concile d'évêques entièrement dévoués à l'empereur Lothaire se réunit à Compiègne sous la présidence du fougueux Ebbon, archevêque de Reims, frère de lait de Louis-le-Débonnaire et son ennemi le plus acharné. Ce concile avait pour objet la déposition de ce faible monarque, père de Lothaire. Les évêques composèrent pour le malheureux prince une confession chargée de tous les aveux qu'ils jugèrent le plus capables de le rendre criminel aux yeux du peuple. Toutefois ni le peuple ni même les grands vassaux du royaume ne furent représentés à cette assemblée ; de leur seule autorité les évêques prononcèrent la dépo-

---

(*) Depuis 757 jusqu'en 1389, il y eut à Compiègne dix assemblées ou plaids royaux.

sition de cet empereur sacré à Reims et proclamé César par un pape; seuls ils le condamnèrent, et prétendirent insolemment n'avoir fait qu'exécuter le *juste jugement de Dieu*.

La puissance du clergé commençait dès lors à exercer son irrésistible influence. Le sacre de Louis-le-Bègue en fut un nouvel exemple.

Le pape Jean VIII étant venu à Compiègne en 877 pour y couronner ce roi, la cérémonie eut lieu en quelque sorte à huis-clos dans l'église de Saint-Corneille. La nation n'y fut point convoquée. Les évêques, se considérant comme les seuls ministres de cette ordination royale, composèrent la formule du serment sans le secours d'aucun laïque. Ceux des feudataires qui y parurent pour rendre hommage ne le firent qu'isolément. La population seule de Compiègne fut témoin de cette cérémonie, à laquelle, suivant l'usage, elle ne manqua pas d'applaudir. C'est ainsi que fut représentée au couronnement de Louis-le-Bègue l'universalité des peuples sur lesquels il allait régner.

En 888, dans une assemblée tenue à Compiègne, Eudes, comte de Paris, vainqueur des Normands, fut proclamé roi de la France occidentale, dans cette même ville qu'il avait si vaillamment défendue à la tête de ses habitants, ce qui n'empêcha pas les pirates du Nord de se représenter en 895 et en 900, époque à laquelle ils incendièrent Compiègne à l'aide de lances à feu nommées *falariques*.

Cette ville, dont Louis-le-Gros aimait beaucoup le

séjour, fut l'une des premières villes de France auxquelles il accorda le droit de commune, ou plutôt auxquelles il vendit ce droit; car il ne faut pas croire que ce fut un bienfait gratuit de sa part (*). Il supprima à cette époque l'atelier monétaire, fondé cinq cents ans auparavant par Dagobert dans le lieu nommé la Tour-des-Forges où s'exerçait, au profit du roi, la lucrative industrie d'altérer le titre des monnaies (**).

Innocent II, forcé de quitter Rome, vint à Compiègne implorer la protection de Louis VII contre son compétiteur Anaclet, et y demeura pendant tout le temps qu'il resta en France.

La présence des rois à Compiègne était devenue pour les moines de Saint-Corneille une source intarissable de richesses, dont la conservation causait de vives inquiétudes à ces opulents cénobites. Aussi, vers le xe siècle, furent-ils obligés de se choisir des avoués ou défenseurs, et se mirent-ils sous la sauvegarde des comtes de Champagne, puis sous la protection des seigneurs de Roucy.

L'abbaye de Saint-Corneille avait en outre inféodé à huit gentilshommes quelques biens et des maisons, à la charge par eux de lui rendre divers services. A certains jours de cérémonie, ils étaient obligés de

---

(*) Une charte de Louis-le-Jeune, confirmant ce droit de commune, avait pour principal objet de mettre les habitants de Compiègne à l'abri des exactions sans nombre des religieux de Saint-Corneille qui les taillaient à merci.

(**) *Essai sur les Monnaies de Compiègne*, par Z. Rendu.

paraître en présence du chapitre revêtus de dalmatiques aux livrées de l'abbaye. On les appelait les *huit barons fieffés de Saint-Corneille*.

Les règlements sévères établis par le rigide Hincmar, archevêque de Reims et premier abbé de Saint-Corneille, furent promptement oubliés par les religieux de cette abbaye. Le mauvais emploi qu'ils firent de leurs richesses amena bientôt parmi eux la corruption et la débauche la plus révoltante.

Tels étaient leurs débordements, que Louis-le-Gros, voulant y mettre un frein et craignant de porter atteinte aux droits de ces ombrageux chanoines, leur permit d'avoir des concubines et autorisa les clercs à se marier, à la condition toutefois qu'ils ne pourraient posséder en même temps une femme et un bénéfice. C'était les mettre dans une fâcheuse alternative; aussi ne craignirent-ils pas d'intenter à ce sujet une foule de procès. Les nombreux mémoires provenant des archives de Saint-Corneille, déposés à la bibliothèque du palais de Compiègne, en font foi.

La singulière mesure adoptée par Louis-le-Gros n'ayant pu mettre de bornes à la conduite scandaleuse des moines de Saint-Corneille, son fils, Louis VII, se détermina, d'après l'avis du grand Suger, à supprimer cette communauté et à la remplacer par des Bénédictins. Le pape Eugène III approuva cette sage détermination; mais de grandes difficultés se présentèrent lorsqu'on voulut la mettre à exécution.

Bien loin de se soumettre à l'autorité royale appuyée de celle du Saint-Siége, les chanoines levèrent l'étendard de la révolte; et lorsque les commissaires chargés de leur signifier les ordres du roi se présentèrent à l'abbaye, ils en trouvèrent les portes fermées et furent obligés de recourir à la violence.

Vainement les commissaires sommèrent-ils les chanoines de venir au chapitre. Ceux-ci leur répondirent par des injures, et les menacèrent de les passer au fil de l'épée. Après plusieurs sommations, toutes infructueuses, Louis VII se détermina à se rendre à l'abbaye avec une suite imposante.

Les chanoines, intimidés par la présence du roi, se décidèrent à paraître en sa présence et à écouter la lecture du bref qui les réformait. A peine avait-on commencé cette lecture, que le doyen et un certain Giraud du Port, compagnon ordinaire de ses débauches, se levant comme des furieux et se répandant en invectives contre les commissaires, contre le pape et contre le roi lui-même, s'élancèrent brusquement hors de la salle capitulaire, entraînant après eux les autres chanoines.

Au lieu de châtier cette insolence extrême, le timide époux d'Éléonore de Guyenne se contenta d'entrer dans l'église avec sa suite et d'y faire lire le bref de réforme en présence du peuple et du clergé de la ville, et de mettre les Bénédictins en possession de cette église.

Aussitôt après le départ du roi, les chanoines, accompagnés de soldats, et ayant à leur tête Philippe de France, frère de Louis VII, abbé laïque de Saint-Corneille, se précipitèrent dans l'église les armes à la main. Ils brisèrent les portes du chœur, de la sacristie et du trésor; ils enlevèrent toute l'argenterie, les ornements et les livres garnis de pierreries; ils dépouillèrent les autels et pillèrent les vases sacrés, tandis que leurs soldats, pour empêcher les pauvres Bénédictins d'appeler au secours, leur tenaient le poignard sur la gorge.

Après cette belle équipée ils se retirèrent, se promettant bien de revenir à la charge et d'enlever certaines reliques qui pour eux étaient une mine inépuisable, c'est-à-dire le saint Suaire avec sa châsse d'or et une portion de la couronne d'épines apportée d'Aix-la-Chapelle par Louis-le-Débonnaire (*). Ils pénétrèrent en effet dans l'église, à la faveur de la nuit, et se mirent en devoir de forcer une triple armoire de fer, asile secret de ces précieuses reliques.

Les Bénédictins, qui jusqu'alors avaient été repoussés de l'église et de l'abbaye, accoururent au bruit; mais, trouvant les portes fermées et toutes les avenues occupées par les soldats des chanoines, ils se répandirent dans la ville en criant : « Aux armes ! aux armes! on enlève le saint Suaire, on enlève la sainte couronne! »

A ces cris, vous eussiez vu tout le peuple en émoi se précipiter vers l'église, résolu de périr plutôt que de laisser enlever son précieux palladium.

(*) Saint Louis n'avait pas encore déposé à la Sainte-Chapelle de Paris la couronne qu'il avait achetée de l'empereur Baudouin pour la modique somme de 100,000 livres de notre monnaie.

Les plus hardis ayant escaladé les murailles et sauté par les fenêtres l'épée à la main, s'apprêtaient déjà à punir les spoliateurs, lorsque l'abbé de Saint-Corneille, voyant ses chanoines et ses soldats sur le point d'être massacrés, s'avança à la rencontre des défenseurs du saint Suaire, leur imposa par sa présence, et les somma de respecter en lui le frère de leur roi. Ces braves citoyens s'inclinèrent humblement devant cette altesse mitrée; mais ils n'en chassèrent pas moins les chanoines et leur digne chef, qui fut remplacé dans le gouvernement de l'abbaye par Odon de Montmorency, chapelain et secrétaire de Louis VII (*).

En 1193, un concile, connu dans l'histoire sous le nom de Parlement de Compiègne, s'assembla dans cette ville. L'archevêque de Reims, qui le présidait, prononça la nullité du mariage de Philippe-Auguste et d'Ingelburge, princesse de Danemarck.

Les habitants de Compiègne, dont la valeur avait déjà été mise à l'épreuve lors de l'invasion des Normands, sous le roi Eudes, suivirent Philippe-Auguste à la bataille de Bouvines, où ils combattirent vaillamment sous les yeux mêmes du roi.

La ville fournit à l'armée royale deux cents sergents et trois chariots de bagages.

(*) Le dernier abbé titulaire de Saint-Corneille fut Simon Legras, évêque de Soissons, le même qui sacra Louis XIV en l'absence de l'archevêque de Reims. Après sa mort la mense abbatiale de Saint-Corneille fut réunie par la reine Anne d'Autriche à l'abbaye royale du Val-de-Grâce de Paris, à la condition d'élever gratuitement douze demoiselles. Il ne resta dans Saint-Corneille qu'une vingtaine de religieux sous la conduite d'un prieur.

La conduite des Compiégnois à cette journée célèbre, regardée comme le premier monument de notre gloire nationale, fut si remarquable, que ce prince, vraiment français, en conserva une vive reconnaissance. Par lettres patentes datées de l'année 1218, il confirma tous leurs priviléges, leur en accorda de nouveaux et leur donna des armes qui sont, *d'argent au lion d'azur armé et lampassé de gueules, couronné d'or et chargé de six fleurs de lys de même*, avec la devise : REGI ET REGNO FIDELISSIMA.

Le jour de la Pentecôte de l'année 1209, ce roi réunit à Compiègne les grands vassaux de la couronne, et, en présence d'une cour brillante, il arma chevalier Louis son fils et son successeur. Cette cérémonie fut suivie de fêtes d'une magnificence inconnue jusqu'alors.

Les fêtes célébrées à Compiègne en 1209 furent surpassées en magnificence à la réception de Robert d'Artois, frère de saint Louis, dans l'ordre de Chevalerie, le jour de la Pentecôte 1237.

Cent-cinquante jeunes gens des plus illustres familles de France reçurent la ceinture d'or, à Compiègne, en même temps que le frère du roi qui mourut en héros en 1249 à la bataille de Mansourah.

Cette cour plénière avait aussi pour objet le mariage du jeune prince avec Mahaut de Brabant.

Le roi saint Louis pourvut avec largesse aux dépenses considérables qu'entraînèrent les fêtes, joûtes.

tournois, accompagnement obligé de ces solennités (*).

L'armée que Philippe-le-Bel envoya pour combattre Guy de Flandre, son vassal, qui l'avait défié, fut rassemblée à Compiègne en 1297.

Battu de toutes parts, le malheureux Guy se rendit à merci et vint, accompagné de deux de ses fils et de quarante seigneurs flamands, se jeter aux pieds du roi pour implorer sa clémence ; mais Philippe, inexorable, le fit renfermer dans le château de Compiègne et envoya ses fils et les autres seigneurs dans diverses forteresses.

Sous le règne de Charles V naquit à Compiègne le célèbre Pierre d'Ailly, qui s'éleva par son seul mérite aux premières dignités de l'Église et de l'État.

Il fut envoyé plusieurs fois en ambassade auprès du pape et de l'empereur. Reçu grand-maître du collége de Navarre, en 1384, il devint dans la suite chancelier de l'université, confesseur de Charles VI et évêque de Cambrai.

Pierre d'Ailly se distingua aux conciles de Pise et de Constance, où il démontra la nécessité d'une réforme dans l'Église. En 1387, il reçut le chapeau de cardinal et fut nommé légat du pape en Allemagne. Le pape Martin V l'ayant fait légat d'Avignon, il se démit de son évêché, et mourut dans cette ville en 1440.

La ville de Compiègne s'honore à juste titre d'avoir

(*) Voir pour le détail de ces dépenses le curieux travail de M. Peigné-Delacourt, membre de la Société des Antiquaires de Picardie. (*Compte des dépenses de la chevalerie de Robert, comte d'Artois;* Amiens, 1853.)

donné le jour à cet homme illustre qui, dans ces temps de troubles et d'anarchie, où les dignités étaient le plus souvent la récompense de l'intrigue et de la bassesse, ne dut son élévation qu'à ses vertus et à son savoir.

C'est à cette même époque que les Bourguignons et les Armagnacs, qui désolaient le royaume par leurs querelles sanglantes, finirent par attirer sur le sol français les armées anglaises, que la sagesse de Charles V et la valeur de du Guesclin en avaient chassées après une si longue occupation.

Le comté de Valois, érigé en duché-pairie en 1406, étant l'apanage du duc d'Orléans, devenu chef de la faction des Armagnacs, Compiègne eut fréquemment à souffrir de l'occupation militaire des deux partis, qui tour à tour se disputaient cette ville. A la fin de l'année 1413, le duc de Bourgogne s'en étant rendu maître, Charles VI, entraîné par les Armagnacs, vint en faire le siége, accompagné du dauphin Louis, lieutenant-général du royaume.

Compiègne était commandé par un capitaine bourguignon nommé Lannoy, d'un courage et d'une prudence éprouvés. « Il avait », dit mademoiselle de Lussan, « des béliers et des traits en abondance. Des
« galeries avaient été construites pour faciliter les
« communications entre les divers quartiers. A l'ap-
« proche de l'armée royale tous les faubourgs furent
« brûlés.

« Le roi établit ses quartiers entre la ville et la forêt,
« dans la maison d'un bourgeois, et le dauphin fut

« logé à Royal-Lieu. En arrivant devant Compiègne,
« ils trouvèrent les machines en batterie et une mine
« préparée pour parvenir au milieu de la ville. Cette
« entreprise ne réussit pas. On battit alors la ville
« avec des *bombardes* et des *canons,* nom que l'on
« donnait à des espèces de mortiers qui lançaient des
« pierres d'un poids immense. Après avoir fait des
« prodiges de valeur, Lannoy fut obligé de mander
« son état au duc de Bourgogne (*). »

Ce capitaine, ne se voyant pas secouru, obtint des otages, se rendit auprès de Charles VI et signa une capitulation en vertu de laquelle il sortit de Compiègne avec sa garnison, emportant la plus grande partie de son butin, dépouilles des provinces voisines qu'il avait désolées pendant quatre mois. Il prit l'engagement de ne plus servir contre le roi et viola presque aussitôt sa promesse.

Toutefois, le capitaine Lannoy eut pour Charles VI des égards vraiment chevaleresques. Pendant toute la durée du siége, il défendit expressément qu'on tirât sur le quartier du roi, où flottait, suivant l'usage, le grand étendard royal : voulant lui prouver par cette déférence tout le respect qu'au milieu de la guerre il conservait pour sa personne.

Le pillage de Compiègne avait été promis aux soldats de l'armée royale ; mais Charles VI, usant d'indulgence envers les habitants, leur accorda une amnistie pleine et entière, et ne fit point entrer ses

---

(*) *Histoire de Charles VI*, t. VI, pag. 135 et suiv.

troupes dans leur ville, qu'il garda jusqu'en 1417.

Un épisode de ce siége peint assez bien les mœurs guerrières de ce temps, et nous montre avec quelle insouciance les seigneurs se livraient aux horreurs de la guerre civile.

Le 30 avril 1414, le bâtard de Bourbon, jeune homme d'une bravoure qu'il poussait jusqu'à la témérité, fit avertir les assiégés que le lendemain il leur porterait le *Mai*. En effet, le 1er mai, de grand matin, il parut devant la porte de Pierrefonds avec deux cents hommes d'armes portant, ainsi que lui, à leurs chaperons et dans leurs mains une branche d'aubépine.

Les Bourguignons, qui s'étaient bien gardés de refuser ce défi, sortirent en nombre égal pour le recevoir, et « *eust lieu devant la dite porte une belle escarmouche* (*). » Cependant le bâtard de Bourbon faillit d'être victime de sa fanfaronnade : après un court engagement, il eut son cheval tué sous lui, et ne dut son salut qu'à la présence d'esprit de son écuyer et au courage de ses hommes d'armes, qui refoulèrent les Bourguignons dans la ville.

Le dauphin Jean, duc de Guienne, étant venu à Compiègne en 1417, avec son beau-père le comte de Hainaut, pour se réconcilier avec la reine sa mère et le comte d'Armagnac, fut trouvé mort dans son lit le 3 avril de cette même année.

Le duc de Bourgogne, qui espérait rentrer dans

(*) Monstrelet, t. II.

le gouvernement, sous l'égide du duc de Guienne, voyant ses projets anéantis par cette mort prématurée, se mit de nouveau en campagne, et, réunissant ses troupes à celles des Anglais, il vint encore une fois assiéger Compiègne.

Les bourgeois, n'étant point soutenus par la garnison, beaucoup trop faible pour résister aux assiégeants, ouvrirent leurs portes et reçurent de nouveau les troupes bourguignonnes qui, après s'être établies chez eux, firent de nombreuses sorties et ravagèrent les pays environnants.

Quelques partis des Anglo-Bourguignons s'étant plusieurs fois aventurés sous les murs du *fort château de Pierrefonds*, le capitaine des Bosquiaux, l'un des plus vaillants chefs de la faction des Armagnacs, qui commandait cette forteresse, résolut de punir leur témérité par un coup de main sur la ville de Compiègne, qu'il savait être souvent mal gardée, parce que la plupart des soldats en sortaient pour aller faire du butin.

Voulant mettre promptement son projet à exécution, des Bosquiaux prit avec lui un détachement considérable et se fit précéder par des coureurs qui bientôt lui rapportèrent qu'une partie de la garnison était sortie pour fourrager, mais que les portes étaient exactement fermées. Sur ce il se mit en embuscade avec sa troupe dans une épaisse futaie, voisine de la porte de Pierrefonds, et attendit patiemment qu'il se présentât une occasion favorable.

Un charretier qui conduisait une voiture de bois à

la ville étant venu à passer devant l'embuscade, des Bosquiaux le fit arrêter, l'interrogea et apprit de cet homme que la sentinelle avait ordre de le laisser entrer avec sa voiture à une heure qu'on lui avait fixée et qu'il indiqua. Aussitôt le plan de des Bosquiaux est tracé. Il donne la conduite de la charrette à un de ses meilleurs soldats, lui fait prendre les habits du voiturier et lui adjoint sept autres drilles déguisés en paysans, qui doivent le suivre à quelque distance.

Des Bosquiaux avait ordonné au nouveau conducteur de tuer le limonier aussitôt qu'il se trouverait sur le pont-levis du côté de la herse, afin qu'à la faveur de l'embarras causé par cet accident il eût le temps de le joindre avec sa troupe.

Ses instructions furent ponctuellement exécutées. Le cheval, frappé à mort, étant tombé, la voiture versa, les soldats déguisés se jetèrent sur la sentinelle, l'égorgèrent et donnèrent à leur capitaine le signal convenu. Mais, ne jugeant pas nécessaire de l'attendre, ils se précipitèrent vers la ville et y entrèrent sans obstacle.

Le concierge du gouverneur, reconnaissant dans l'un des huit soldats de des Bosquiaux un zélé partisan des Armagnacs, voulut répandre l'alarme et s'opposer à leur marche; mais celui-ci, se voyant découvert, frappa le concierge de sa hache et l'étendit à ses pieds.

Pendant ce temps, des Bosquiaux entrait à la tête de sa troupe et se portait vers la tour de Saint-Corneille, où les sires de Crèvecœur et de Chièvres, lieutenants du gouverneur, qui en ce moment était absent de la ville, s'étaient renfermés à lahâte, et où ils paraissaient vouloir se défendre.

Le redoutable capitaine de Pierrefonds les somma, sous peine de la vie, de se rendre à discrétion. Ces officiers, intimidés par la terrible réputation de des Bosquiaux, se rendirent et furent emmenés prisonniers avec tous les Bourguignons qu'on trouva dans la ville; leurs maisons furent pillées et leurs biens saisis, afin d'obtenir d'eux une meilleure rançon.

Le sire de Gamaches prit le commandement de Compiègne pour le roi; mais il le garda peu, car les Anglais s'en emparèrent de nouveau, et en restèrent maîtres jusqu'en 1429 (*).

Les partisans que Charles VII avait dans cette ville brûlaient de lui ouvrir leurs portes, surtout depuis que la fortune lui était devenue favorable et qu'il s'était fait sacrer à Reims.

Le roi, averti de ces bonnes dispositions, se présenta devant cette place; et les Anglais se préparaient déjà à soutenir un siége, lorsque les bourgeois, qui étaient d'intelligence avec les troupes royales, en introduisirent une partie dans la ville, par la poterne de *la Tour des Anglais*.

La garnison, se voyant surprise, mit bas les armes et se rendit prisonnière.

(*) Son frère, Philippe de Gamache, abbé de Saint-Corneille, prit une part héroïque à la défense de Compiègne, en 1430.

L'entrée de Charles VII dans Compiègne fut le signal d'une révolution dans tout le pays ; les places des frontières de la Picardie, le long de l'Oise, se rendirent immédiatement à ses généraux.

L'histoire de Jeanne d'Arc (*) est un de ces événements devant lesquels se brise la raison humaine. Il y a je ne sais quel mystère, quelle prédestination qui fera toujours le désespoir des sceptiques. Quelle que soit d'ailleurs l'exagération apportée dans leurs récits par les écrivains amoureux du merveilleux, la venue de cette fille extraordinaire et l'accomplissement de ce qu'elle appelait sa mission n'en ont pas moins un caractère surnaturel qu'on ne saurait expliquer par la puissance prodigieuse du hasard.

Après le sacre de Reims, en juillet 1429, Jeanne avait dit au roi : « *Je ne durerai qu'un an guère plus, il me faut donc bien employer.* »

Ses pressentiments, les infidélités de la fortune devant Paris où elle avait éprouvé un échec, *les voix de ses saintes* (**) *qui lui annonçaient qu'avant la saint Jean elle tomberait au pouvoir de ses ennemis*, tout semblait lui présager une heure fatale.

Cette heure sonna devant Compiègne. Sous ces murs qu'elle vient défendre et qui ne peuvent la sauver, Jeanne, malgré son courage, succombe devant

---

(*) Jeanne d'Arc, née à Domremy, le jour de l'Épiphanie 1412, de Jacques d'Arc et d'Isabelle Romée, était âgée de 17 ans lorsqu'elle fut présentée à Charles VII.

(**) Sainte Catherine et sainte Marguerite.

le nombre, peut-être devant la trahison, le ciel lui refuse la mort sur le champ de bataille et ne lui donne que la captivité dans les fers de l'Angleterre.

La manière dont Jeanne d'Arc fut prise en défendant Compiègne est un des plus intéressants épisodes du xv° siècle; il mérite d'être raconté avec quelques détails.

Depuis un mois, Compiègne, commandé par Guillaume de Flavi, soldat intrépide, mais avare et cruel, était bloqué par le général anglais Hundington, lorsque la Pucelle apprit à Lagny le danger que courait cette ville, investie par les troupes de Mongomery, du sire de Luxembourg et du duc de Bourgogne lui-même, qui s'était refait anglais plus que jamais. Elle entreprit de venir à son secours, et ne s'arrêtant qu'un seul jour à Crépy pour y faire ses dévotions, elle partit pour Compiègne où elle pénétra sans obstacle à la faveur de l'obscurité, quoique la ville fut entourée presque de toutes parts.

Instruite que le maréchal de Boussac venait de son côté au secours de Compiègne et lui amenait des vivres et des munitions de guerre, la Pucelle résolut de faire une sortie pour préparer les opérations qui devaient suivre l'arrivée de ce renfort.

Le 28 mai 1430, après avoir communié dans l'église Saint-Jacques, comme elle en avait l'habitude toutes les fois qu'elle se trouvait à proximité d'une église, elle fit ses dispositions; et, s'étant mise à la tête de cinq cents hommes d'armes, elle tomba à l'improviste sur le quartier de Baudon de la Noyelle, près de Margny, et y sema l'épouvante. Mais, aux premiers cris d'alarme, les Anglais, campés à Venette sous les ordres de John de Montgomery, et Jean de Luxembourg, à la tête de ses Bourguignons, logés à Clairoix, se jetèrent hors de leurs quartiers pour venir au secours de leurs frères d'armes, que Jeanne chargeait avec vigueur.

En ce moment critique, les royalistes s'apercevant qu'ils vont avoir à combattre toute l'armée ennemie, se retirent vers la ville. L'intrépide Jeanne, dont le danger exalte le courage, marche la dernière, se retournant sans cesse et faisant face à l'ennemi, afin de protéger la retraite de ses soldats et de les ramener sans perte dans la place; mais ceux-ci, effrayés par le mouvement que font les Anglais pour leur couper le chemin, se portent en désordre vers la barrière du boulevart du pont.

Alors, une décharge terrible des Bourguignons achève de jeter l'épouvante parmi les royalistes qui n'ont pu rentrer dans la ville : les uns se précipitent tout armés dans l'Oise, les autres se rendent prisonniers. Seule, la Pucelle continue à combattre; son vêtement de couleur pourpre et son étendard la font aisément reconnaître. Aussitôt une foule de guerriers l'entourent et se disputent le dangereux honneur de s'emparer de sa personne. Elle les repousse avec son épée et parvient à gagner la barrière du pont; encore quelques pas et elle est sauvée; mais la herse tombe à son approche, et l'infortunée Jeanne, abandonnée par ses compagnons d'armes, entourée d'assaillants (*), s'écrie douloureusement : « Jésus! je suis trahie!..... » Cependant cette fille guerrière fait encore des prodiges de valeur et cherche en vain la mort, qu'elle préfère à la captivité.

Enfin un archer picard se glisse entre les pieds des chevaux, la saisit par son surcot de velours rouge et la tire si violemment à lui qu'il la renverse de son cheval.

Cependant Jeanne se relève aussitôt et continue se défendre; mais, hélas! ses forces s'épuisent; elle tombe sur un genou en jetant un dernier regard sur ses soldats et rend son épée à Lionel, bâtard de Vendôme, qui lui paraît le plus considérable de ceux qui l'entourent.

Celui-ci la conduisit aussitôt au quartier de Margny et la confia à une garde nombreuse.

(*) Si l'on en croit certains historiens, Guillaume de Flavi, jaloux de l'influence de la Pucelle dans le conseil, aurait donné l'ordre de faire tomber la herse derrière laquelle l'infortunée Jeanne serait restée à la merci de ses ennemis.

Un tableau placé dans une des salles de l'Hôtel de Ville jusqu'en 1793, représentait le supplice de Guillaume de Flavi, gouverneur de Compiègne, lequel, suivant le peintre, avait été pendu aux murailles de la ville par les habitants, en punition de sa félonie envers Jeanne d'Arc; cette peinture rétrospective pouvait bien exprimer l'indignation toute patriotique des citoyens de Compiègne, mais elle n'était nullement historique. D'abord, les habitants, loin de porter à ce gouverneur des sentiments de haine, lui avaient, au contraire, donné des preuves d'attachement en le rappelant et obtenant son rétablissement en 1437.

Ensuite Guillaume de Flavi, *pendu aux murailles de Compiègne,* mourut assassiné dans son château de Nesle-en-Tardenois, dix-huit ans après le siége de cette ville, en présence et par les ordres de sa femme. Transporté à Compiègne dans une charrette *en petite compagnie*, dit la chronique de Mathieu de Coucy, il fut enterré aux Jacobins de cette ville, avec plusieurs membres de sa famille.

Là, elle fut mise à l'encan pendant plusieurs jours par ce même archer, qui le premier s'était emparé d'elle. Un guerrier d'un nom illustre, Jean de Luxembourg-Ligny, général des troupes bourguignonnes, après avoir acheté la malheureuse Jeanne, eut l'infamie de la revendre aux Anglais moyennant dix mille livres comptant et une pension de trois cents livres (*).

Jamais les victoires de Crécy, de Poitiers et d'Azincourt n'excitèrent parmi les Anglais de transports de joie pareils à ceux que fit éclater la prise de la Pucelle : officiers et soldats accouraient en foule pour contempler cette fille héroïque dont le nom, depuis plus d'une année, portait l'effroi jusque dans Londres.

La terreur que Jeanne d'Arc avait inspirée aux soldats anglais était si grande, que le roi d'Angleterre, dans des lettres datées du 21 décembre 1429, ordonnait de faire arrêter et traduire devant les cours martiales tous ceux à qui *la peur de la Pucelle* ferait abandonner leurs drapeaux. En effet l'impulsion que donnait sa présence dans les camps français, où le fanatisme des guerriers la regardait comme envoyée de Dieu, avait enfanté des prodiges.

Qui le croirait? Jeanne d'Arc, le personnage le plus extraordinaire de son époque, la femme merveilleuse, dont l'exaltation héroïque avait si puissamment contribué à maintenir la couronne chancelante sur la tête de Charles VII, fut abandonnée par ce

---

(*) Somme plus considérable que celle accordée par Édouard à celui qui avait fait le roi Jean prisonnier.

prince et par ses capitaines, auxquels elle avait enseigné le chemin de la victoire. Aucun d'eux ne fit la moindre tentative pour l'arracher à la brutale férocité de ses ennemis, aucune rançon ne fut offerte, et tous laissèrent tranquillement les prêtres français et les officiers anglais commettre le crime le plus lâche et le plus honteux de ces temps si féconds en honte et en crimes (*) !

Quatre mois se passèrent pendant lesquels la vierge intrépide tenta deux fois de se sauver du château de Beaurevoir, où ses bourreaux la tenaient renfermée. Vains efforts ! Ayant sauté par une fenêtre, elle tomba sans connaissance au pied de la tour qui lui servait de prison. Un évêque de Beauvais, l'infâme Cauchon, la revendiqua comme une sorcière arrêtée sur son territoire (**); et le dominicain *frère Martin l'Advenu*, vicaire général de l'Inquisition en France, réclama la prisonnière « comme sentant l'hérésie » *odorentem hæresim*. Il somma le duc de Bedfort de livrer « icelle Jehanne pour être briévement mise ès-mains de la justice de l'Église. »

Du même air, du même cœur qu'elle marchait aux combats, la libératrice de la France se présente devant ses juges qu'elle confond de sa foi, de sa vertu, de sa fermeté plus qu'humaine, mais sa perte était ré-

---

(*) Vingt-cinq années après, en 1455, Charles VII fit réviser le procès de celle qu'il avait laissé périr et réhabilita sa mémoire par une mesure tardive et complétement inutile.

(**) Et il mentait effrontément ! La rive droite de l'Oise où fut prise Jeanne d'Arc dépendait du diocèse de Noyon. On appelait Cauchon *l'indigne évêque, l'indigne français* et *l'indigne homme*.

solue, « le roi d'Angleterre ne l'avait pas achetée aussi cher pour qu'elle ne fut pas condamnée (*). »

Enfin, le 31 mai 1431, l'horrible sacrifice fut consommé. L'héroïne d'Orléans fut brûlée vive sur la place de Rouen. Ah! qu'aujourd'hui le peuple anglais voudrait pouvoir déchirer deux pages de son histoire! celles où on lit : *Jeanne d'Arc à Rouen, Napoléon à Sainte-Hélène.*

Quelque temps après la prise de la Pucelle, le comte de Vendôme et le maréchal de Boussac firent lever le siége de Compiègne; après un combat acharné dans lequel les Anglais et les Bourguignons furent complétement défaits et perdirent toute leur artillerie, leurs bagages et leurs munitions; depuis lors, cette ville fut délivrée de leur présence.

Nous avons vu au chapitre précédent l'astucieux Louis XI érigeant une chapelle à Notre-Dame de Bonnes-Nouvelles, pour la remercier de la mort de son beau cousin de Bourgogne. Ce roi, dans ses nombreux voyages à Compiègne, logeait habituellement dans une maison de la rue de Pierrefonds, voisine de cette chapelle, appelée l'Hôtel de la Croix-d'Or. Le château, dévasté pendant les siéges du règne précédent, étant encore inhabitable.

Charles VIII fit en 1486 une entrée solennelle dans cette ville.

Trois ans auparavant, il y avait confirmé les pri-

(*) Paroles du duc de Bedfort.

viléges accordés aux Compiégnois par son aïeul, pour les récompenser de *leur grande et vertueuse résistance* pendant le siége de 1430.

Des fêtes somptueuses eurent lieu en 1498 pour célébrer le retour à Compiègne de Louis XII, qui venait de se faire sacrer à Reims.

L'empereur Charles-Quint assista dans l'abbaye de Saint-Corneille à la réception de dix-huit chevaliers créés par François Ier, et à un chapitre de l'ordre de Saint-Michel.

L'usage s'étant établi que les rois vinssent habiter Compiègne au retour de leur sacre, Henri II, pour se conformer à cette coutume, y séjourna quelque temps en 1547.

Ce roi y reçut dix ans après la première nouvelle de la perte de la bataille de Saint-Quentin, qui porta la terreur dans toute la France.

Au mois de décembre de la même année, une armée de vingt-cinq mille hommes et un train de grosse artillerie se rassemblèrent dans cette ville.

Le 1er janvier 1558, l'armée se mit en marche sous les ordres du duc de Guise, et, sept jours après, elle avait repris Calais que les Anglais occupaient depuis plus de deux cents ans.

Cette perte fut si sensible pour la reine Marie qu'elle déclara sur son lit de mort, que si l on ouvrait son cœur, on y trouverait le mot CALAIS profondément gravé.

Lorsque Charles IX ou plutôt l'illustre chancelier de l'Hôpital, créa sous le nom de juridictions consulaires les tribunaux de commerce dans les principales villes du royaume, Compiègne devint le siége de l'une de ces juridictions. En 1570 ce roi célébra à Compiègne son mariage avec la belle et vertueuse Elisabeth d'Autriche.

L'Hôtel des Monnaies, supprimé jadis par Louis-le-Gros, fut rétabli par ordre de Henri III, en 1575, sur l'emplacement de la tour des Forges et définitivement transféré à Paris par Henri IV.

Les habitants de Compiègne, commandés par leur gouverneur, Charles d'Humières, s'unirent en 1589 à l'armée royale qui délivra Senlis assiégé par les Ligueurs. Ils ramenèrent en triomphe plusieurs drapeaux et six canons, qu'ils s'enorgueillissaient de posséder, et qu'ils gardèrent jusqu'en 1798, époque à laquelle ils furent enlevés par ordre du ministre Schérer de désastreuse mémoire.

Henri III, si rarement reconnaissant pour les services rendus, témoigna cette fois sa gratitude à la ville de Compiègne d'une façon digne de la belle conduite des habitants de cette cité, en leur envoyant deux canons de bronze aux armes de la ville, avec une patente par laquelle il stipule que Compiègne entretiendra à toujours une compagnie de canonniers dans son sein (*).

En 1553, Jeanne d'Albret, qui habitait Compiègne avec la reine Catherine de Médicis, étant arrivée au

---

(*) Ce qui se lit tout au long sur une pancarte rappelant cette glorieuse circonstance et placée entre les deux canons, présent de Henri III, lesquels sont conservés dans l'une des salles du rez-determe de sa grossesse, quitta cette ville en toute hâte pour aller faire ses couches en Béarn, suivant le désir de Henri de Navarre, son père. Quelques jours encore, et Compiègne aurait pu se glorifier d'avoir vu naître dans ses murs *le seul roi dont le peuple ait gardé la mémoire.*

Henri IV avait pour les habitants de Compiègne une prédilection toute particulière. Il fit dans cette ville jusqu'à douze voyages dans l'espace de deux ans (*). On raconte qu'un jour il répondit avec sa bonté devenue proverbiale, aux bourgeois qui lui offraient leurs présents d'usage : « Je reçois vos présents, mais j'aime bien mieux vos cœurs. »

Louis XIII, ainsi que son père, fit de fréquents voyages à Compiègne, devenu dès lors une succursale des résidences de Paris et de Versailles.

Ce roi y conclut le mariage de sa sœur avec l'infortuné Charles Ier, roi d'Angleterre.

Après la journée des Dupes, Marie de Médicis, arrêtée par ordre de son implacable ennemi, le cardinal de Richelieu, eut pour prison le palais de Compiègne, où elle demeura pendant quelque temps et d'où elle parvint à s'échapper et à se réfugier en Flandre.

Christine, reine de Suède, ayant abdiqué la cou-

---

chaussée de l'Hôtel de Ville, où figurent également les attirails de guerre des Compiégnois.

En 1814, ces deux canons, aujourd'hui inoffensifs, montrèrent énergiquement aux Prussiens l'à-propos du présent reçu en 1589.

(*) N'oublions pas que Gabrielle d'Estrées habitait souvent Compiègne.

ronne, vint à Compiègne en 1656 et y fut reçue par Louis XIV.

En 1698, ce roi ordonna l'établissement d'un camp de soixante mille hommes qui avait pour objet avoué l'instruction de ses petits-fils : ce camp devait être formé à Compiègne.

Dès le 1ᵉʳ août, le maréchal de Boufflers fut envoyé dans les environs de cette ville pour visiter les lieux propres à une grande réunion de troupes. Dangeau fait remarquer que « Louis XIV eut la bonté de différer le camp jusqu'à la fin de la récolte. »

Cependant l'impatience du roi était telle, qu'il fit partir deux bataillons suisses pour aller à Compiègne aider aux paysans à faire la moisson, sans qu'il leur en coûtât rien ; et quelques jours après les divers corps arrivèrent au camp.

Enfin, le 28 août, le roi partit pour Compiègne, accompagné du duc de Bourgogne, alors âgé de seize ans, et des deux autres fils du dauphin, les ducs d'Anjou et de Berri.

La duchesse de Bourgogne et les autres princesses de la famille royale suivirent le roi. L'empressement des seigneurs et des dames de la cour à être de ce voyage fut si grand, que le roi, accablé de demandes, se vit obligé de permettre à tout le monde de venir à Compiègne.

Le duc de Bourgogne reçut les ordres du roi comme général en chef ; mais le véritable commandant était le maréchal de Boufflers, qui avait son quartier-général à Coudun. Il y déploya un faste et une somptuosité sans exemple.

Chacun rivalisa de zèle et fit des dépenses excessives pour plaire au maître, qui avait témoigné le désir que les troupes fussent belles. « C'en fut assez, dit un écrivain contemporain, pour exciter une telle émulation, qu'on eut après tout lieu de s'en repentir; non-seulement il n'y eut rien de si parfaitement bien que toutes les troupes, et toutes à tel point, qu'on ne sut à quel corps en donner le prix ; mais leurs commandants ajoutèrent à la beauté majestueuse et guerrière des hommes, des armes, des chevaux, les parures et la magnificence de la cour; et les officiers s'épuisèrent encore par des uniformes qui auraient pu orner des fêtes. »

Ecoutons le duc de Saint-Simon, narrateur fidèle de toutes les magnificences qui firent de ce simulacre de guerre une véritable représentation d'un camp de Darius, suivant l'expression du moraliste Duclos.

« Les colonels, dit-il, et jusqu'à beaucoup de simples capitaines, eurent des tables abondantes et délicates. Six lieutenants-généraux et quatorze maréchaux-de-camp employés, s'y distinguèrent par une grande dépense; mais le maréchal de Boufflers étonna par sa dépense et par l'ordre surprenant d'une abondance et d'une recherche de goût, de magnificence et de politesse qui, dans l'ordinaire de tout le camp et à toutes les heures de la nuit et du jour, put apprendre au roi même ce que c'était que donner une fête vraiment magnifique et superbe, et à M. le Prince, dont l'art et le goût y surpassait tout le monde, ce que c'était que l'élégance, le nouveau et l'exquis. Jamais spectacle si éclatant, si éblouissant, il faut le dire, si effrayant, et en même temps rien de si tranquille que lui et toute sa maison dans ce traitement universel, de si sourd que ces préparatifs, de si coulant de source que le prodige de l'exécution, de si simple, de si modeste, de si dégagé de tout soin que ce général, qui néanmoins avait tout ordonné et ordonnait sans cesse, tandis qu'il ne paraissait occupé que des soins du commandement de son armée.

« Il avait fait élever, à son quartier-général, des maisons de bois, meublées comme les maisons de Paris les plus superbes, et tout en neuf et fait exprès, avec un goût et une galanterie singulière; et des tentes immenses, magnifiques, dont le nombre pouvait seul former un camp.

« Les tables sans nombre et toujours neuves et à tous moments servies, à mesure qu'il se présentait ou officiers, ou courtisans, ou spectateurs, jusqu'aux bâilleurs les plus inconnus, tout était retenu, invité et comme forcé par l'attention, la civilité et la promptitude du nombre infini de ses gentilshommes, de ses officiers, de ses valets de chambre, tous plus polis et plus attentifs les uns que les autres à leurs fonctions de retenir tout ce qui paraissait, à les faire servir depuis cinq heures du matin jusqu'à dix et onze heures du soir, sans cesse et à mesure; et une livrée prodigieuse avec grand nombre de pages.

« Les vins français et étrangers et les liqueurs les

plus rares y étaient abandonnés à profusion, et les mesures y étaient si bien prises que l'abondance du gibier et de venaison arrivait de tous côtés, et que les mers de Normandie, de Hollande, d'Angleterre et de Bretagne, et jusqu'à la Méditerranée, fournissaient tout ce qu'elles avaient de plus monstrueux et de plus exquis, à jour et points nommés, avec un ordre inimitable; et un nombre de courriers et de petites voitures de poste prodigieux. Enfin jusqu'à l'eau, qui fut soupçonnée de se troubler et de s'épuiser par le grand nombre de bouches, arrivait de Sainte-Reine, de la Seine et des sources les plus estimées. Et il n'est pas possible d'imaginer rien en aucun genre qui ne fût sous la main, et pour le dernier survenant de paille comme pour l'homme le plus principal et le plus attendu.

« A quatre lieues autour de Compiègne, les villages et les fermes étaient remplis de monde, français et étrangers, à ne pouvoir plus contenir personne. Cependant tout se passa sans désordre.

« Presque tous les jours les Enfants de France dînaient chez le maréchal de Boufflers; quelquefois madame la duchesse de Bourgogne, les princesses et les dames, mais très-souvent des collations : alors la maréchale de Boufflers leur faisait les honneurs. La beauté et la profusion de la vaisselle pour fournir à tout, et toute marquée aux armes du maréchal, fut immense et incroyable.

« Louis XIV y mena dîner le roi d'Angleterre, qui vint passer trois ou quatre jours au camp.

« Il y avait longues années que le roi n'avait fait cet honneur à personne, et la singularité de traiter deux rois fut grande. Le roi pressa fort le maréchal de se mettre à table, il ne voulut jamais; il servit le roi et le roi d'Angleterre, et le duc de Grammont, son beau-père, servit Monseigneur. »

Le camp de Compiègne dura depuis le 29 août jusqu'au 22 septembre 1698. Pendant ce temps, des revues, des manœuvres, des combats simulés, des marches, des fourrages, occupèrent très-activement les troupes qui y étaient réunies.

Le roi, qui prenait un grand plaisir à tout faire voir, à tout expliquer aux dames, voulut aussi leur donner le spectacle d'un siége.

Nous continuerons à citer le judicieux Saint-Simon, témoin oculaire :

« .... On fit donc le siége de Compiègne dans les formes, mais fort abrégées; lignes, tranchées, batteries, sapes, etc. Crenan défendait la place.

Un ancien rempart tournait du côté de la campagne autour du château; il était de plain-pied à l'appartement du roi, et par conséquent élevé, et dominait la campagne.

« Le samedi 13 septembre fut destiné à l'assaut. Le roi, suivi de toutes les dames, et par le plus beau temps du monde, alla sur ce rempart : force courtisans et tout ce qu'il y avait d'étrangers considérables. De là, on découvrait toute la plaine et la disposition des troupes. J'étais dans le demi-cercle, fort près du roi, à trois pas au plus, et personne devant moi......

« Mais un spectacle d'une autre sorte, et que je peindrais dans quarante ans comme aujourd'hui, tant il me frappa, fut celui que du haut de ce rempart le roi donna à toute son armée et à cette innombrable foule d'assistants de tous états, tant dans la plaine que sur le rempart même. Madame de Maintenon y était, en face de la plaine et des troupes, dans sa chaise à porteurs, entre ses trois glaces, et ses porteurs retirés. Sur le bâton de devant, à gauche, était assise madame la duchesse de Bourgogne; du même côté, en arrière et en demi-cercle, debout, madame la Duchesse, madame la princesse de Conti et toutes les dames, et derrière elle des hommes. A la glace droite de la chaise, le roi debout, et, un peu en arrière, un demi-cercle de ce qu'il y avait en hommes de plus distingué. Le roi était presque toujours découvert, et à tout moment se baissait dans la glace pour parler à madame de Maintenon, pour lui expliquer tout ce qu'elle voyait et les raisons de chaque chose. A chaque fois elle avait l'honnêteté d'ouvrir la glace de quatre ou cinq doigts, jamais de la moitié, car j'y pris garde, et j'avoue que je fus plus attentif à ce spectacle qu'à celui des troupes. Quelquefois elle ouvrait pour quelques questions au roi; mais presque toujours c'était lui qui, sans attendre qu'elle lui parlât, se baissait tout-à-fait pour l'instruire; et quelquefois qu'elle n'y prenait pas garde, il frappait contre la glace pour la faire ouvrir. Jamais il ne parla qu'à elle, hors pour donner des ordres, en peu de mots et rarement, et quelques réponses à madame la duchesse de Bourgogne, qui tâchait de se faire parler, et à qui madame de Maintenon montrait et parlait par signes de temps en temps sans ouvrir la glace de devant, à travers laquelle la jeune princesse lui criait quelques mots. J'examinais fort les contenances; toutes marquaient une surprise honteuse, timide, dérobée; tous étaient dans un respect de crainte et d'embarras. Le roi mit souvent son chapeau sur le haut de la chaise pour parler dedans; et cet exercice si continuel lui devait fort lasser les reins. Vers le moment de la capitulation, madame de Maintenon, apparemment, demanda permission de s'en aller; le roi cria : « Les porteurs de Madame! » Ils vinrent et l'emportèrent.

« On ne pouvait revenir de ce qu'on venait de voir. Plusieurs se parlaient des yeux et du coude, et puis à l'oreille, bien bas; jusqu'aux soldats demandaient ce que c'était que cette chaise à porteurs et le roi à tout moment baissé devant. Il fallut doucement faire taire les officiers et les questions des troupes.

« Ce spectacle singulier fit du bruit dans toute l'Europe, et y fut aussi répandu que le camp même de Compiègne, avec toute sa pompe et sa prodigieuse splendeur.

« .... Le dernier grand acte de ce camp fut l'image d'une bataille entre la première et la seconde ligne entières, l'une contre l'autre.

« Les troupes se réunirent dans une plaine près Monchy-Humières, à trois lieues de Compiègne.

« M. Rose, le premier des lieutenants-généraux du camp, commanda la seconde ligne contre le maréchal

7

de Boufflers, auprès duquel était monseigneur le duc de Bourgogne comme général.

« L'exécution en fut parfaite en toutes ses parties, et dura longtemps. Mais quand ce fut à la seconde ligne à faire retraite, Rose ne s'y pouvait résoudre, et c'est ce qui allongea fort l'action. M. de Boufflers lui manda plusieurs fois de la part de M. le duc de Bourgogne qu'il était temps. Rose en entrait en colère et n'obéissait pas. Le roi en rit fort, qui avait tout réglé, et qui, voyant aller et venir les aides-de-camp et les longueurs de ce manége, dit : « Rose n'aime point à faire le personnage battu (*). » A la fin il lui manda lui-même de finir et de se retirer. Rose obéit, mais fort mal volontiers, et brusqua un peu le porteur d'ordre.

« Ce fut la conversation du retour et de tout ce soir.

« ..... Le roi partit de Compiègne le 22 septembre. Il fit donner en partant six cents livres de gratification à chaque capitaine de cavalerie et de dragons, trois cents livres à chaque capitaine d'infanterie. Il fit au maréchal de Boufflers un présent de cent mille livres. Tout cela coûta beaucoup, mais pour chacun ce fut une goutte d'eau. Il n'y eut pas un régiment qui n'en fût ruiné pour bien des années, corps et officiers, et, pour le maréchal de Boufflers, je laisse à penser ce que ce fut que cent mille livres à la magnificence, incroyable à qui l'a vue, dont il épouvanta l'Europe par

---

(*) Rose vint d'abord servir simple cavalier dans le régiment de Brinon. Il fut élevé de grade en grade, et mourut maréchal de France en 1715.

les relations des étrangers qui en furent témoins, et qui tous les jours n'en pouvaient croire leurs yeux. »

Les débris de ce camp, où on brûla près de cent milliers de poudre, furent donnés par le roi au major de Compiègne, ou lieutenant du gouverneur.

Après avoir fait dans Compiègne une entrée solennelle en 1728, Louis XV fit dans cette résidence de fréquents voyages, visitant, chaque fois avec intérêt, les grands travaux qu'on exécutait au Palais par ses ordres.

Dans l'un de ces voyages, ce prince se fit affilier, ainsi que l'Électeur de Bavière, alors prisonnier en cette ville, à la célèbre corporation des chevaliers de l'arquebuse, dont la réputation d'adresse était devenue proverbiale.

Les différentes compagnies d'arquebusiers de la province se réunissaient annuellement pour disputer un prix proposé au plus adroit. Chacune d'elles arrivait au rendez-vous revêtue d'un brillant uniforme, ayant à sa tête son capitaine, qui prenait le titre de *Roi*, et un autre personnage représentant le signe distinctif de la ville ou le sobriquet donné à ses habitants.

C'est ainsi que les arquebusiers de Compiègne se faisaient précéder d'un *dormeur*, surnom donné aux Compiégnois je ne sais pas bien à quelle occasion. On retrouve des traces de ces institutions dans la plupart des communes du département de l'Oise.

Le nom d'une rue rappelle seul aujourd'hui l'honorable compagnie de l'arquebuse, dont la réputation fut si grande autrefois.

A cette corporation guerrière a succédé de nos jours une institution plus en rapport avec la douceur de nos mœurs.

Nous voulons parler de la compagnie de musique, dont la bannière couverte de médailles gagnées dans les concours de symphonies militaires, témoigne éloquemment de la supériorité de cette pacifique corporation.

Trois camps furent aussi rassemblés dans les environs de Compiègne pendant le long règne de Louis XV, dans les années 1739, 1764 et 1769.

Louis XVI, alors Dauphin, vint à Compiègne en 1770 recevoir l'archiduchesse Marie-Antoinette d'Autriche, sa future épouse.

Au mois de juillet 1789, les habitants de Compiègne, trompés par un faux bruit, arrêtèrent le malheureux Berthier de Sauvigny, qu'ils croyaient poursuivi par les Parisiens, et le conduisirent à l'Hôtel de Ville.

Transféré à Paris, cet infortuné magistrat, dont on connaît la fin cruelle, ne put échapper au sort qui l'attendait.

Après avoir subi les vicissitudes de la Révolution et avoir été occupé, comme nous l'avons vu, par une école d'arts et métiers, le domaine de Compiègne fut mis, en 1808, à la disposition du débonnaire Charles IV, qui devait en jouir sa vie durant.

Au mois de juin de cette année, les Majestés espagnoles, accompagnées de leur inséparable favori, Manoel Godoy, arrivèrent à Compiègne. La tournure et l'accoutrement plus que bizarre du roi et de la reine excitèrent, comme tout ce qui est nouveau, la curiosité des habitants, non moins étonnés de la singularité de leur antique carrosse, dont la caisse traînait jusqu'à terre, et que faisaient mouvoir lentement cinq mules blanches attelées de cordes.

Chacun fut frappé de la vivacité des yeux de cette reine de soixante ans, et de la beauté de ses mains, qu'elle laissait voir avec quelque affectation. Charles IV, que ses domestiques ne servaient jamais qu'à genoux (*), paraissait aussi résigné comme roi déchu qu'il l'avait toujours été comme époux ; et le sang des Maures se reconnaissait aisément dans le teint basané de *son ami* le prince de la Paix, qui d'ailleurs était encore un fort bel homme.

Au commencement de l'hiver, et après seulement quelques mois de séjour, Napoléon autorisa ses nouveaux hôtes à quitter cette résidence pour aller s'établir à Marseille, dont la douce température convenait beaucoup mieux à leurs habitudes méridionales.

Le palais de Compiègne fut choisi, en 1810, par l'empereur Napoléon pour être le lieu de sa première entrevue avec l'archiduchesse Marie-Louise.

(*) *Je ne saurais me priver du plaisir de féliciter Votre Majesté impériale et royale pour ses heureux succès dans sa dernière campagne,* écrivait à l'Empereur, en 1809, ce prince, rigide observateur des usages serviles de la cour de Madrid ; et cette dernière campagne était celle d'Espagne !

Le cérémonial de cette entrevue avait été scrupuleusement réglé à l'avance, et suivant le programme : dans une tente dressée sur la route, à l'entrée de la forêt, la princesse devait s'incliner pour se mettre à genoux et l'empereur la relever, l'embrasser et s'asseoir à côté d'elle ; mais, dans son impatience extrême, Napoléon sortit furtivement du palais, accompagné du roi de Naples, dans une simple calèche, sans livrée, couvert de sa redingote de Wagram, et se fit conduire jusqu'au petit village de Courcelles, au-delà de Soissons, où Marie-Louise devait relayer. La pluie étant survenue, l'empereur se mit à l'abri sous le porche de l'église de ce village.

Dès que l'archiduchesse parut, il se précipita dans sa voiture, et, après les premiers instants d'une surprise bien naturelle, la jeune princesse laissa échapper qu'elle trouvait une heureuse différence entre l'empereur et le prince de Neufchâtel, qui était venu l'épouser par procuration à Vienne. On lui avait toujours dit que Berthier était pour la figure et l'âge l'exacte ressemblance de Napoléon (*).

Les deux époux arrivèrent à Compiègne à neuf heures, le soir même de cette entrevue, qu'on appela la *surprise de Courcelles*.

Cette union tant désirée ne devait pas toutefois préserver la France de la catastrophe de 1814, qui

---

(*) Le prince de Neufchâtel était né en 1753 ; il avait donc seize ans de plus que l'Empereur. Il était blond et avait les cheveux bouclés. Quel rapport y avait-il entre ce portrait et la belle et héroïque figure de son maître ?

vit faiblir la fortune de Napoléon et rehausser sa gloire militaire.

Le 14 mars de cette année fatale, le général prussien Jagow se présenta devant Compiègne à la tête de deux régiments venant de Noyon. Après avoir engagé la fusillade et tiré quelques coups de canon, il se retira; mais le lendemain il se présenta de nouveau avec des forces plus considérables. Il avait avec lui trois canons, un obusier et de la cavalerie.

Il somma la ville de se rendre. Le major Othenin, du 156° régiment de ligne, qui commandait la place, lui répondit : « Apportez-moi un ordre de notre empereur, et vous entrerez. » Sur cette réponse toute militaire, la canonnade commença et dura tout le jour; des communes environnantes on accourut en masse au secours de la ville; les habitants, dirigés par l'intrépide major, firent une vigoureuse sortie et mirent l'ennemi en déroute (*).

Les Prussiens renouvelèrent leurs tentatives, avec aussi peu de succès, les 29 et 31 mars, et enfin le 1er avril, où ils éprouvèrent une perte de 12 à 1,500 hommes.

Fidèles à leur devise et n'oubliant pas qu'au jour du danger « le Roi, c'est la Patrie », les citoyens de Compiègne déployèrent dans cette circonstance périlleuse la même énergie qu'avaient montrée leurs ancêtres à Bouvines, et lorsque dix siècles auparavant ils préservèrent leur ville de l'invasion des barbares.

(*) En mémoire de la belle conduite de ce brave officier, son nom a été donné à l'une des rues de la ville.

Aussi montrent-ils avec un juste orgueil les traces de cette attaque si valeureusement repoussée; plusieurs in-folio mutilés par les boulets ennnemis sont précieusement conservés dans la bibliothèque du palais, comme un témoignage de cet événement glorieux (*).

Peu de souvenirs rattachent Compiègne à l'époque de la Restauration. Tout le monde sait que la première conférence du roi Louis XVIII, et de l'empereur Alexandre eut lieu dans cette ville. Mais il est une circonstance de cette entrevue qui mérite d'être rapportée.

Les deux souverains devaient dîner ensemble. Louis XVIII, sans nulle cérémonie, entra le premier dans la salle à manger et vint s'asseoir sur un fauteuil qu'il avait fait placer devant la table; puis il invita galamment l'autocrate à prendre place vis-à-vis de lui sur une chaise qui lui était destinée. Alexandre eut le bon esprit de ne point paraître cho-

---

(*) Le maréchal Blucher avait sans doute gardé le souvenir de cette résistance, lorsqu'en 1815 il frappa l'arrondissement de Compiègne d'une contribution de guerre de 916,300 francs.

Nous avons sous les yeux la copie d'une pièce officielle intitulée :

Bordereau des pièces relatives à la contribution de guerre imposée à l'arrondissement de Compiègne par M. le feld-maréchal Blucher.

1º	Reçu	30,000	le	28	juin 1815.
2º	—	6,700	le	29.	
3º	—	3,300	le	1er	juillet.
4º	—	10,000	le	2	id.
5º	—	69,124	le	7	id.
6º	—	119,124			

7º Récépissé de dix lettres de changes tirées sur MM. Perregaux et Laffitte, formant ensemble la quotité de la contribution ci-dessus, soit 916,300 francs.

qué de cette inconvenance, mais ses aides-de-camp en murmurèrent assez haut pour l'obliger à leur imposer silence.

Le soir la conversation ayant été amenée sur ce terrain, et les officiers du czar se récriant sur l'impolitesse du roi de France : « Que voulez-vous, messieurs, leur dit Alexandre, vous oubliez que rien n'est plus sévère que l'observation de l'étiquette à la cour de France ; le pauvre bonhomme m'a traité suivant le strict cérémonial observé par ses pères avec les grands-ducs de Moscovie. En vérité, ajouta-t-il en riant, je n'ai pas le droit de me plaindre, car enfin je n'aurais pas assez de quartiers de noblesse par les femmes pour monter dans les carrosses du roi (*). »

Compiègne ayant été choisi par le roi Louis-Philippe pour la célébration du mariage de sa fille aînée, la princesse Louise, avec le roi des Belges, la famille royale vint habiter cette résidence le 5 août 1832. Le 9 du même mois, à neuf heures du soir, l'évêque de Meaux donna la bénédiction nuptiale aux époux dans la chapelle du palais.

L'épouvantable fléau qui ravageait alors la France ne permit pas d'ajouter l'éclat des fêtes à cette touchante cérémonie, qui eut lieu tout-à-fait en famille et sans aucun appareil. Des explorations, des promenades dans la forêt, quelques évolutions militaires commandées par le prince royal, de brillantes récep-

---

(*) L'empereur Alexandre était petit-fils de la célèbre Catherine Ire.

tions au palais ou un spectacle assez mal choisi, représenté sur un théâtre improvisé au Jeu de Paume, signalèrent seuls le séjour à Compiègne des deux cours de France et de Belgique.

Depuis la célébration de cet hymen royal, plusieurs camps, commandés par les ducs d'Orléans et de Nemours, sont venus en 1833, 1836 et 1837 étaler aux yeux des habitants de Compiègne le spectacle de leurs brillantes manœuvres et de leurs villes aux maisons de toile et de paille si gracieusement ornées.

Dans ces camps d'instruction, rien de plus pittoresque que cette multitude de baraques, de tentes, de tentelets pour les armes, symétriquement rangés sur une étendue de plus de deux kilomètres et formant de belles et larges rues d'une propreté merveilleuse, où s'alignent à l'envi des jardins, des obélisques de verdure élevés à la gloire de l'armée, des mosaïques composées avec le silex noirâtre de la forêt, portant les mots sacramentels : *Honneur et Patrie !*

En 1841, un camp de 20,000 hommes, placé sous le commandement du duc de Nemours, donna encore à la ville de Compiègne un aspect tout martial.

Enfin, après un intervalle de six années, au mois de septembre 1847, ces simulacres de guerre, ces grandes manœuvres ayant pour but l'instruction et la discipline du soldat et de l'officier, se renouvelèrent dans les plaines qui avoisinent Compiègne.

L'épisode le plus remarquable du camp de 1847 fut

la réception de l'ambassadeur persan Mirza-Mehemet-Ali-Khan, venu en France pour complimenter le roi au nom de son souverain.

Cette cérémonie eut lieu le 23 septembre, dans la salle du trône, avec toute la pompe et la solennité usitées en pareille circonstance. Toutefois les dames n'y furent pas admises.

Introduit en présence du roi, l'ambassadeur prononça en persan un discours où se remarquaient les passages suivants :

« Mon souverain, dont la puissance égale celle de
« la constellation de Saturne, le Padischa de Perse,
« dont les troupes sont aussi nombreuses que les
« étoiles et dont l'empire est au niveau du ciel, m'a
« chargé, etc... »

Par réciprocité, le roi des Français est représenté dans ce discours comme l'image sublime du soleil, et la cour de France comme la rivale du firmament.....

Après la réponse du roi à ce discours oriental, traduit immédiatement par le premier secrétaire interprète, l'ambassadeur s'approcha respectueusement du trône et remit au roi une lettre autographe de son souverain, *l'illustre rival de Saturne*, accompagné d'un portrait en miniature de ce prince, et des décorations du Soleil et du Lion, conférées par le Schah à S. M. le roi des Français.

Le portrait, d'un travail exquis, était enrichi de brillants ainsi que la décoration du Soleil.

Reconduit à son hôtel dans les voitures du roi qui l'avaient été prendre en cérémonie, Mehemet-Ali-

Khan témoigna toute sa reconnaissance pour la réception qui lui avait été faite en ouvrant lui-même les fenêtres de son salon du rez-de-chaussée et en disant dans un français assez pur, à la foule de curieux qui se pressait devant son hôtel :

« Je veux que vous me voyez à votre aise ; je suis
« trop bien reçu pour ne pas me sentir heureux d'être
« au milieu de vous. »

Nous imiterons la discrétion de la république de 1848, qui a eu le bon goût de faire peu parler d'elle à Compiègne.

Depuis le rétablissement de l'empire, l'empereur Napoléon III est venu chaque année habiter cette belle résidence que Sa Majesté paraît affectionner tout particulièrement ; cette préférence donne à Compiègne une vie nouvelle et est déjà pour cette cité privilégiée l'assurance d'une transformation complète.

Terminons ce chapitre par la nomenclature obligée des hommes célèbres auxquels Compiègne s'honore d'avoir donné le jour.

Après l'illustre cardinal Pierre d'Ailly, né à Compiègne, en 1350, et dont nous avons donné une courte biographie, cette nomenclature se réduit à une dizaine de noms ayant tous appartenu à l'Église ou aux sciences, et qui, malgré leur mérite, sont peu connus aujourd'hui.

En effet, peu de personnes ont entendu citer les noms des deux frères *Simon* et *Arnoul Gréban*, religieux et poètes du xiv° siècle, traducteurs estimés des *Actes des Apôtres*;

Le nom du mathématicien *Jacques de Billy*, jésuite du commencement du xvii° siècle;

Celui du chanoine *Jérôme de Hangest*, né en 1480, plus connu par le nom sonore qu'il portait que pour sa polémique contre Luther;

De *Jean Leféron*, que ses travaux héraldiques avaient mis en grand renom aux xvi° et xvii° siècles.

On doit excepter toutefois le célèbre prieur de l'abbaye de Longpont, *Antoine Muldrac*, né en 1603, sur la paroisse Saint-Antoine, et dont les écrits sur le *Soissonnais* et le *Valois* sont encore consultés tous les jours, et méritent de l'être.

On doit excepter surtout le nom vénéré de *Marc-Antoine Hersan*, né à Compiègne en 1652. La mémoire de ce vrai philanthrope est restée chère à tous les gens de bien : professeur de rhétorique au collége du Plessis, puis professeur d'éloquence au collége de France, protégé par le ministre Louvois, Marc-Antoine Hersan sacrifia les avantages de sa position pour se retirer dans sa ville natale, y fonder une école et y consacrer ses soins aux enfants des pauvres. Cet homme modeste mourut à Compiègne, en 1724, au milieu de ces honorables occupations;

Mais *Élie-Marcoul Boucher*, docteur de la faculté de théologie, mort en 1754;

Mais le savant Bénédictin *Pierre Coustant*, né à Compiègne en 1654;

Mais enfin le chirurgien si renommé au XIV° siècle, *Charles Nepveu* lui-même, ne sont-ils pas entièrement inconnus de nos jours ?

Faut-il citer le nom de *Claude Mercier*, né à Compiègne en 1762, mort à Paris en 1800 ? Les poèmes, les romans, les contes et les nouvelles de ce littérateur aussi médiocre qu'infatigable ne lui ont pas survécu.

Tout le monde connaît au contraire le nom du savant archéologue *Seroux d'Agincourt* (né à Venette suivant quelques biographes), auteur du magnifique ouvrage : *Histoire de l'Art par les Monuments* depuis sa décadence au IV° siècle jusqu'à son renouvellement au XVI°. Cet amateur éclairé passa la plus grande partie de sa vie à Rome, où il mourut en septembre 1814, cultivant les arts et protégeant les artistes.

V

LE MONT GANELON

> Pour le traître Ganelon, il eût donné de bon cœur sa servante, et sa nièce par dessus le marché, pour lui pouvoir donner cent coup de pieds dans le ventre.
>
> Don Quichotte de la Manche.

VENETTE. — CLAIROIX. — LE MONT GANELON. — COUDUN. — CHOISY-AU-BAC. LES BONS-HOMMES. — LE PLESSIS-BRION. — SAINTE-CROIX-D'OFFÉMONT. — SAINT-CRÉPIN-AU-BOIS.

Nous avons vu ce que fut avant l'invasion des Francs l'antique territoire que les Romains nommèrent *Silvacum;* nous avons suivi tous les embranchements de la chaussée de Brunehaut. Après avoir pénétré dans la sombre forêt de Cuise et avoir assisté à ses diverses transformations, nous sommes entrés dans la vieille cité de Charles-le-Chauve ; nous avons visité ses couvents et ses églises, interrogé l'histoire de ses moines, de leurs reliques et de leurs querelles sacerdotales. Nous avons rapidement fait connaissance avec les hôtes royaux qui tour à tour sont venus habiter son palais, et chacun d'eux a payé à notre curiosité un tribut de souvenirs. Maintenant, quittons cette ville, côtoyons la rive droite de l'Oise, ancienne promenade dominicale des habitants de Compiègne, et, après un trajet de deux kilomètres, nous serons à Venette, dont nous apercevons déjà le joli clocher.

Les rois de la première race possédaient en ce lieu une maison de chasse, à laquelle les anciens auteurs donnent le titre de *Palatium* et de *Villa regia*. Il est à croire que quelques chaumières élevées successivement autour de cette vénerie, furent les commencements de ce village, dont le nom, suivant Dom Carlier, rappellerait l'origine. Mais certains chroniqueurs, peu satisfaits de cette humble étymologie, prétendent que ce village a eu pour fondateurs les *Venètes* de l'Armorique ainsi que *Venise la belle*, et que Compiègne, bâti beaucoup plus tard, s'est enrichi de ses dépouilles et lui a ravi son titre de ville (*).

Jean Fillions, romancier et chroniqueur, naquit à Venette en 1307. Dans une de ses chroniques, l'ho-

---

(*) On donnait dans le vieux langage et on donne même encore le nom de *Venette* et *Venelle* à un chemin de traverse, à une petite voie. La position topographique du village de *Venette*, traversé par le chemin de Clermont, pourrait fort bien donner le mot de l'énigme. Monstrelet et quelques anciens auteurs écrivent *la Venette*.

norable prieur du couvent du Carmel à Paris, dignité dont Jean Fillions était revêtu, fait un éloge pompeux de la vigne de Venette, qui d'ailleurs avait déjà une grande réputation au x° siècle (*).

Le voisinage d'une ville fortifiée exposa plusieurs fois Venette à recevoir ce que le maréchal Lannes appelait énergiquement *les éclaboussures d'une bataille*. Brûlé par les Normands, ce village le fut aussi par les Navarois en 1358. Lors du siége de Compiègne, le général Hundington vint occuper Venette et obligea ses habitants à lui fournir les matériaux nécessaires pour jeter un pont sur l'Oise. Au moyen de ce pont, les Anglais et les Bourguignons envoyaient des partisans sur la rive gauche de cette rivière. Quelques-uns étendaient même leurs courses jusque sous les murs du château de Pierrefonds (**).

Ce village, qui n'avait pas été épargné par les Anglais en 1430, fut, au mois de mars 1814, presque entièrement brûlé par les Prussiens. Les vestiges d'une ancienne abbaye qu'avait habitée le duc de Bourgogne pendant le siége de Compiègne disparurent dans ce désastre; mais, heureusement, l'église paroissiale fut épargnée, et l'on peut encore admirer la forme élégante et toute gracieuse de son clocher.

La commune de Venette, cette orgueilleuse rivale

(*) *Vinetum* en latin signifie un vignoble, un lieu planté de vignes, d'où aurait encore pu venir le nom de Venette.

(**) Un pont, construit en ce lieu par les Romains, faisant suite à une chaussée, a subsisté, dit-on, jusqu'au ix® siècle.

de Venise, compte environ 900 habitants et fait partie du canton de Compiègne.

Si, au lieu de descendre le long des rives de l'Oise comme nous venons de le faire pour visiter Venette, nous remontons son cours en suivant la route de Noyon qui lui est parallèle, nous trouverons le village de Clairoix, baigné par l'Aronde, qui se jette dans l'Oise un peu au-dessus du confluent paisible de cette rivière et de l'Aisne qui lui apporte le tribut de ses eaux. Ce village à demi caché dans des massifs de verdure et tranquillement assis au flanc de la montagne célèbre qui porte son nom, n'offre rien de remarquable dans son état actuel, pas même son église placée sous l'invocation de saint Étienne (*).

On a retrouvé sur le territoire de cette petite commune au lieu nommé *Prés-du-Château*, de nombreuses traces de fondations d'un édifice fortifié dont les annales n'ont conservé aucun souvenir, soit sur son origine et son importance, soit sur l'époque de sa destruction.

Une ancienne tradition place au sommet de la montagne de Clairoix un *temple* d'Esus où les druides célébraient leurs sanglants sacrifices.

(*) Un écrivain sérieux, que nous avons souvent consulté, M. Graves, attribue, d'après une vieille tradition, la fondation de Clairoix à un chevalier ou capitaine troyen du nom de *Clarius*. (*Précis statistique de l'Oise.*)

Ce capitaine avait sans doute suivi la fortune de *Francus*, *fils d'Hector*, à qui nous devons, *comme chacun sait*, la fondation de Troyes en Champagne aussi bien que celle de la capitale de la France à laquelle il imposa le nom du *beau Páris* son oncle.

Le monument celtique connu sous le nom prosaïque de *Pierre Monicart*, qui se voit sur cette montagne, si riche en souvenirs, et auquel se rattachent d'inévitables versions superstitieuses, rappelle en effet la vieille nationalité gauloise.

Viennent ensuite les légions romaines conquérantes de la Gaule Belgique sous la conduite de César, établissant en ce lieu un camp et une forteresse semblable à celles qu'elles élevèrent sur différents points de la contrée.

Le grand nombre d'armes et de médailles gauloises et romaines trouvées sur cette montagne, à diverses époques, vient à l'appui de cette autre tradition. Des vases (*), des meules à bras, de grandes tuiles à rebord, un cimetière antique ont été successivement découverts dans ce camp de César, où s'est rencontrée aussi une hache celtique en silex comme le sont les casse-têtes des sauvages.

En 1784 un collier d'or dont les grains avaient le volume d'une noisette y fut déterré par un laboureur, et fut vendu quinze cents livres ; un autre collier plus considérable y fut également découvert en 1823.

Enfin la croyance populaire veut que ce soit sur cette montagne qu'ait eu lieu le supplice du déloyal chevalier Ganelon, qui causa la mort du preux Roland et la perte de la bataille de Roncevaux ; et que depuis lors le nom de ce traître lui ait été donné pour perpétuer la mémoire de cette félonie.

(*) On voit dans le musée céramique de Sèvres des tuiles rouges et une jatte d'une pâte très fine provenant de ce camp romain.

La montagne de Clairoix ou, plus poétiquement, le mont Ganelon, est entouré de cinq communes, parmi lesquelles nous citerons Coudun, où fut établi en 1698 le quartier-général du maréchal de Boufflers, commandant le camp de Compiègne, de ruineuse mémoire.

Un beau tableau de Van der Meulen, placé dans la grande galerie du Louvre, connu sous le nom de *Camp de Coudun*, représente un épisode des fêtes somptueuses données par le grand roi à la pieuse veuve de Scarron.

Si l'on en croit une tradition pour laquelle les villageois d'alentour ont une profonde vénération, les souterrains d'un vieux manoir détruit de ce village renfermeraient d'immenses trésors, que le roi d'Angleterre Édouard III y aurait soigneusement cachés. Mais les véritables trésors de Coudun sont tout simplement dans la fertilité de son territoire.

Cette croyance populaire se retrouve d'ailleurs dans plusieurs cantons de l'ancien Valois.

Coudun a eu aussi son époque de gloire, le titre de ville, deux portes fortifiées, et une histoire dont le manuscrit, selon toute toute apparence, a été perdu à la révolution (*).

Le spectacle magnifique dont on jouit sur le plateau du mont Ganelon est certainement un des plus re-

---

(*) Un Raoul de Coudun fut évêque de Soissons en 1244.
Jean de Coudun, vaillant capitaine, fut tué à la bataille d'Azincourt.
Le grand panetier sous Charles VI était Raoul, sire de Rainval et de Coudun.

marquables de France. La vue y domine de toutes parts les riches amphithéâtres qui environnent Compiègne, et s'étend au loin à travers les sinuosités d'un sol tout à la fois fertile et pittoresque.

En traversant l'Oise au lieu nommé le Bac-à-l'Aumône, situé au pied du mont Ganelon, nous aurons peu de chemin à parcourir pour arriver à Choisy-au-Bac, que l'on nomme tantôt Choisy-en-Laigue, tantôt Choisy-sur-Aisne et Choisy-sur-Oise. Ces deux dernières dénominations indiquent suffisamment la position de ce village, placé près du delta que forme l'embranchement des deux rivières.

Un pont suspendu jeté sur l'Oise en 1851 a remplacé le bac qui avait imposé son nom au village de Choisy.

Les noms latins de Choisy varient bien plus encore; car on trouve successivement dans les chartes : *Cauciacum*, *Caugiaco*, *Caudiciacum*, *Cochiacum*, *Coceïum*. Une lettre de Carloman, adressée à Giléon, évêque de Langres, finit ainsi : *Apud Cauciacum villam*. Une autre, de Louis d'Outremer, se termine par *Actum Cusiaco palatio regio*. Ces noms dérivent tous du mot *Cotia*.

Il y avait fort anciennement à Choisy un château royal désigné, comme toutes les habitations des rois Francs dans cette contrée, par le nom de *Palatium*.

La tradition nomme aussi la *Butte du Châtelet* ou de la *Reine Berthe* le côteau qui domine Choisy et où l'on suppose que devait exister cette résidence. Mais il ne reste aucuns vestiges de la villa construite en ce lieu par les rois Mérovingiens (*).

Clotaire Ier habita souvent cette demeure royale. En chassant dans la forêt de Cuise, il tomba malade et s'y fit transporter.

C'est alors qu'il prononça en mourant ces naïves paroles que l'histoire nous a transmises : « Heu wa ! « heu wa ! Comme est grand et de merveilleuse puis- « sance ce céleste roy, qui ainsi humilie et met des- « sous les plus puissants roys de la terre. » *(Chron. de Saint-Denis.)*

Clovis III, Clotaire IV et Childebert III furent inhumés dans l'église de Choisy. On lit dans les *Annales de l'abbaye de Saint-Denis* que la reine Berthe, mère de Charlemagne, morte à Choisy, le 12 juillet 783, y fut d'abord inhumée, et qu'on la transféra dans la suite en l'église de Saint-Denis. Son tombeau portait cette belle inscription :

BERTA MATER CAROLI MAGNI.

L'église Saint-Etienne, qui renfermait ces dépouilles royales, fut saccagée par les Normands sous le règne de Charles-le-Simple, et les tombeaux des

---

(*) Les découvertes faites sur ce coteau de sarcophages, de médailles romaines et de quantité d'autres objets très appréciés par les antiquaires viennent à l'appui de cette opinion.

La commune de Choisy est très riche en découvertes de ce genre ; il serait trop long d'énumérer celles qui y ont été faites à diverses époques; nous ne pouvons mieux faire que de renvoyer le lecteur à l'intéressante notice publiée sur Choisy, en 1856, par M. Z. Rendu.

rois Francs furent détruits. Le palais de Choisy souffrit beaucoup aussi de la fureur de ces barbares.

Ces deux édifices ne furent rétablis que vers la fin du xiie siècle. Plusieurs pierres tumulaires, consacrées à des chevaliers morts en Palestine et où se lisait la devise des Croisés : Diex el volt. « Dieu le veut », se voyaient encore dans l'église de Choisy en 1785.

Le monument le plus ancien de Choisy était le monastère *Cauciacum*, fondé par Dagobert Ier, qui l'avait placé sous la protection de saint Étienne. Louis-le-Débonnaire fit présent de ce monastère et de ses dépendances à l'abbaye de Saint-Médard de Soissons, à la condition expresse que les abbés de Saint-Médard ne pourraient le donner à qui que ce fût. Suivant la charte de donation, il devait être constamment occupé par vingt-quatre religieux chargés d'y célébrer l'office divin. Mais la volonté du donateur ne fut pas longtemps respectée, et ce couvent dégénéra bientôt en un simple prieuré commendataire, où souvent il ne se trouvait pas un religieux pour dire la messe.

Suivant certains historiens, l'abbaye de Choisy avait possédé sept cents serfs travaillant sur ses terres.

Au xviie siècle, alors que sous le titre de prieuré ce monastère dépendait des Bénédictins anglais établis à Paris, les terres de ces seigneurs de Choisy étaient encore cultivées par quatre-vingt-dix familles qui leur appartenaient en propre.

Ce n'est que vers la fin du xiiie siècle qu'il faut placer la fondation de l'église paroissiale de Choisy, dédiée sous l'invocation de la Sainte-Trinité; suivant une chronique quelque peu suspecte de malignité il faudrait attribuer à une aventure scandaleuse l'origine de ce pieux édifice.

Les Bénédictins ayant encouru le blâme sévère de l'évêque de Soissons, auraient été condamnés par ce prélat à bâtir une église en expiation de leur faute.

Le château de Choisy, rebâti par Louis VII, eut à soutenir plusieurs siéges, et, quoique mal fortifié, il se défendit, en 1422, contre les attaques du duc de Bedfort; mais il ne put résister à l'assaut, et le brave des Bosquiaux, qui le commandait alors, fut pris et conduit à Paris, où il fut décapité le 20 novembre de la même année. Son seul crime était d'avoir inspiré par son courage une basse jalousie aux généraux anglais.

Au mois d'avril 1430, le duc de Bourgogne vint assiéger Choisy, dont Charles VII s'était emparé à son retour de Reims. Ce château, commandé par Louis de Flavi, frère du gouverneur de Compiègne, fut obligé de céder aux forces du duc de Bourgogne. Monstrelet raconte ainsi cet événement dans son raboteux et naïf langage : « Si fust moult travaillé par les dicts engins, tant qu'en conclusion les dicts assiégés firent traité avecque les commis du dessus dict duc de Bourgongne, tels que ils despartirent, sauf leurs corps et leurs biens en rendant la dicte forteresse, laquelle sans délay, après que ils en furent partis, fust démolie et rasée. »

Le monastère des Bénédictins survécut au château et ne fut supprimé qu'au xviiie siècle.

De ce monastère jadis puissant on ne retrouve plus guère aujourd'hui que les restes informes du portail de l'église Saint-Étienne, enclavé dans les bâtiments d'une ferme.

Lors de l'institution des maîtrises des eaux et forêts par Philippe de Valois, on établit à Choisy le chef-lieu de la maîtrise de Laigue, ce qui lui donna quelque importance. On y comptait alors près de quinze cents maisons, c'est à peine s'il y a actuellement huit cent-cinquante habitants.

Il y avait à Choisy un pont fort ancien qu'un débordement de la rivière d'Aisne renversa entièrement en 1232. Au lieu de le faire rétablir, saint Louis fit construire le pont de Compiègne dont nous avons parlé.

Un pont suspendu construit en 1836 relie aujourd'hui les deux rives de l'Aisne.

Une des dépendances de la commune de Choisy nommée le Franc-Port, où existait jadis un pont réunissant les deux forêts de Cuise et de Laigue, mérite d'être mentionnée à cause de l'élégant château des Bons-Hommes qui a remplacé le monastère de ce nom. Fondé au xiie siècle sous le nom de *Erlay* que portait aussi le vieux pont du Franc-Port, ce monastère fut doté richement par Philippe-Auguste et par les principaux seigneurs du canton.

Le cardinal de Lorraine avait été prieur de cette maison.

Les anciens bâtiments du monastère ont fait place à un vaste et somptueux château que son propriétaire fait chaque jour embellir.

Nous ne pouvons résister au plaisir de citer le paragraphe suivant de la notice de M. Z. Rendu :

« L'humble foyer du villageois a souvent entendu
« de touchants récits sur la charité exercée jadis par
« ce couvent bienfaiteur de la contrée, et cette véné-
« ration sainte pour les Bons-Hommes s'est noble-
« ment perpétuée jusqu'à nous. A l'heure qu'il est,
« jamais l'infortune ne vient inutilement frapper à
« cette porte toujours bénie, et c'est encore le même
« concert d'amour et de reconnaissance que l'on
« entend retentir autour de cette demeure. Alors on
« disait : « Allons trouver nos bons religieux »; au-
« jourd'hui le paysan tombé dans le malheur s'écrie :
« J'irai trouver ma châtelaine. »

Égarons-nous quelques heures dans la forêt de Laigue et visitons le beau parc et le château d'Offémont, dont nous ne sommes éloignés que de quelques kilomètres.

La ligne droite, mathématiquement reconnue pour être la plus courte, n'est pas toujours la plus intéressante à parcourir; n'hésitons donc pas à suivre *le chemin des écoliers*, également cher aux curieux, pour visiter aussi le vieux manoir du Plessis-Brion situé en dehors de notre périmètre aussi bien qu'Offémont.

Construit dans le commencement du XVIe siècle par Jean de Pommereu, maître général de l'artillerie, le chateau du Plessis-Brion a tout l'aspect d'une demeure féodale.

Ses fossés profonds, ses deux grosses tours cylindriques, sa gracieuse tourelle polygone recélant l'escalier ; des machicoulis et des créneaux figurés par l'attique découpée en petites fenêtres ; toutes ces décorations adroitement combinées donnent à ce manoir bâti en brique et en pierre un caractère de noblesse et de grandeur que ne démentent ni les gracieux jardins qui l'entourent ni sa porte construite dans le style de la Renaissance.

La commune, autrefois la terre du Plessis-Brion, appartenant à l'ancienne et illustre maison de Thourotte qui a fourni son large contingent de preux à l'époque des Croisades, était dans l'origine une dépendance de la paroisse de Thourotte.

La forêt de Laigue couvre les trois quarts du territoire de cette petite commune, qui compte à peine cinq cents habitants.

En continuant de nous acheminer vers le manoir d'Offémont, nous dirons quelques mots de cette forêt, l'un des démembrements de la vieille forêt de Cuise, que les chartes désignent sous les noms de *Lisigua* et *Aquilina*, parce qu'elle est environnée d'eau de toutes parts.

La plus grande partie des bois de Laigue dépendait jadis de la châtellenie de Pierrefonds. Ces bois étaient possédés en commun par les ducs de Valois, qui en avaient la suzeraineté, et par les seigneurs d'Offémont.

Aujourd'hui la forêt de Laigue, composée d'environ trois mille-cinq cents hectares, fait partie du domaine de la couronne.

Le château d'Offémont, situé à son extrémité orientale, a commencé par une maison de chasse que le roi Robert donna en 1029 à Guy de Beaumanoir, bouteiller de Senlis. Un siècle plus tard, Gérard d'Auchy, l'un de ses descendants, fit élever un château-fort à la place de cette maison et étendit le parc aux dépens de la forêt. Le château et la terre d'Offémont étaient un ancien domaine du fisc, et relevaient encore de la couronne au XIIIe siècle. Ce château fut renouvelé et mis en état de défense en 1330 par Jean de Nesle, seigneur d'Offémont, fils de Guy de Clermont, mort maréchal de France à la bataille de Courtrai. L'année suivante, ce seigneur, cédant à la prière de son frère Amaury de Nesle, prévôt de l'église de Lille en Flandre, établit dans les bâtiments d'un ancien prieuré presque abandonné, appelé la maison de Valfroy, quatre religieux Célestins qu'il fit venir de la communauté de Saint-Pierre en Chastres. Ce nouveau prieuré prit le nom de Sainte-Croix, fut amplement doté par le seigneur du lieu et reçut en outre plusieurs grâces de Philippe de Valois, qui amortit l'emplacement occupé par les bâtiments du monastère, ainsi que les terres qui en dépendaient.

Toutefois l'acte de donation de Jean de Nesle et de Marguerite de Mellene, sa femme, obligeait les religieux de Sainte-Croix, dont le nombre s'accrut successivement, à desservir l'église du prieuré où la famille d'Offémont avait sa sépulture, et à ne jamais le laisser vaquer, sous peine de se voir dépouillés des biens qu'ils avaient reçus. L'ordre des Célestins ayant été aboli en 1779, les véritables maîtres de ces biens voulurent les réunir à leur domaine, en vertu de la charte de donation, mais au grand déplaisir de nos pauvres moines. — La révolution vint anéantir les droits des seigneurs d'Offémont, qui ne parvinrent qu'en 1811 à rentrer dans la possession de l'ancien prieuré de Sainte-Croix.

Offémont tel qu'on le voit aujourd'hui est vraiment un domaine admirable. Un immense parc entoure son lourd castel dont la masse imposante rappelle les temps féodaux. Ce château, qui accuse deux époques bien distinctes, est élevé sur un rocher et domine le vallon le plus pittoresque. Du côté qui regarde ce vallon règne une magnifique terrasse de près de soixante mètres de façade d'où l'œil découvre successivement le petit village et l'église de Saint-Crépin-au-Bois qui s'est enrichie des dépouilles de Sainte-Croix (*), puis les frais ombrages du parc encadrant les ruines élégantes de l'église et du cloître de Sainte-Croix qui, hélas! voient chaque jour leurs délicates sculptures s'exfolier et tomber sous les coups inexorables du temps.

(*) Un grand autel en marbre décoré de colonnes, statues et tableaux provenant de Sainte-Croix d'Offémont a été transporté dans celle de Saint-Crépin, ainsi qu'un panneau contenant des portraits remarquables placé aujourd'hui dans la chapelle de la Vierge.

Le domaine d'Offémont a été possédé successivement par cinq Montmorency, depuis le connétable jusqu'au maréchal de Montmorency, décapité sous Louis XIII.

Le premier seigneur de ce nom, François de Montmorency était inhumé dans la nef de Sainte-Croix avec Charlotte d'Humières, sa femme.

Eh bien! ce château romantique, ce parc splendide dont les échos redisent encore les beaux noms de Nesle, de Clermont et de Montmorency, ce séjour enchanteur si bien fait pour inspirer de douces émotions, ont été possédés par cette marquise de Brinvilliers, disciple trop docile de l'empoisonneur Gaudin de Sainte-Croix, qui peut-être vint sous ces frais ombrages rêver avec elle aux affreux moyens de protéger leurs criminelles amours.

Au vrai curieux, à l'antiquaire nous dirons : Mettez en pratique le conseil que nous hasardions tout à l'heure, et visitez, dans le voisinage d'Offémont, Tracy-le-Mont et ses points de vue délicieux; visitez surtout Tracy-le-Val, dont le gracieux clocher et la tour élégante, « la perle de l'église », ont été si bien décrits par M. Vitet; parcourez le beau parc toujours ouvert, qui entoure l'habitation seigneuriale de M. de l'Aigle, et si vous ne redoutez pas la fatigue, allez jusqu'à l'ancienne résidence d'été des évêques de Noyon, à Carlepont, qui, suivant les récentes découvertes de quelques savants, aurait vu naître Karl-le-Grand.

Nous ne quitterons pas ce noble castel sans évoquer le souvenir de l'intrépide Raoul d'Offémont, qui, en 1420, battit les Anglais et les Bourguignons et les força à abandonner le siége de Saint-Riquier. — Moins heureux l'année suivante, ce brave capitaine fut fait prisonnier en portant des secours à la ville de Meaux.

ST PIERRE.

VI

LE MONT SAINT-MARC

> Une rivière au fond, des bois sur les deux pentes.
> Là des ormeaux brodés de cent vignes grimpantes ;
> Des prés où le faucheur brunit ses bras nerveux ;
> Là des saules pensifs qui pleurent sur la rive,
> Et comme une baigneuse indolente et naïve,
> Laissent tremper dans l'eau le bout de leurs cheveux.
>   VICTOR HUGO.
>   *Les Feuilles d'Automne.*

LE MONT SAINT-MARC. — L'ERMITAGE. — TROSLY. — RETHONDES.
SAINTE-CLAIRE.
BERNEUIL. — VIEUX-MOULIN. — SAINT-PIERRE.

Suivons, en quittant Offémont, le chemin de Saint-Crépin-au-Bois à Rethondes, franchissons la rivière d'Aisne au port de la Joyette, qui dut son nom au voisinage de Notre-Dame de la Joye dont nous n'apercevons même pas les ruines, et nous continuerons nos explorations dans la forêt de Compiègne où nous pénétrerons en franchissant les pentes du mont Saint-Marc, autrefois le mont de l'Ermite.

La vue du magnifique tableau qui se déroulera devant nos yeux nous dédommagera de nos fatigues lorsque nous aurons atteint le sommet de la colline.

Les cimes verdoyantes de la forêt de Laigue, qui de Choisy à Rethondes, bornent à peu près tout l'horizon, s'offriront d'abord à nos regards. A nos pieds, la grande route et la rivière d'Aisne courront parallélement depuis la vieille capitale du Soissonnais, à travers une riche vallée parsemée de riants villages et d'antiques manoirs.

Commodément assis en présence du ravissant spectacle que nous offrira l'un des points de vue ménagés sur le couronnement du mont Saint-Marc (*), nous écouterons l'histoire de son ermitage, celle des deux Trosly que nous voyons sur notre droite, et nous dirons quelques mots des anciens monastères de Rethondes et de Sainte-Claire et de la commune de Berneuil-sur-Aisne, situés sur la rive droite de cette rivière.

La fondation d'un ermitage sur les flancs du mont Saint-Marc est attribuée à Pierre de Moron, parvenu au pontificat sous le nom de Célestin V, vers la fin du XIIIe siècle. Le prétendu séjour dans le Valois de ce pieux fondateur des Célestins a donné lieu à cette opinion que nous n'entreprendrons pas de combattre.

(*) Une route carrossable facilite aux voitures l'accès de ce plateau.

Cet ermitage, qui existait déjà au xiiᵉ siècle, fut visité au xviiᵉ siècle par la reine Marie de Médicis, alors qu'il était habité par un certain *frère Revina*, ancien soldat retiré dans cette solitude. Malgré les instances de la reine, ce solitaire qui avait fait trois fois le voyage de Jérusalem ne voulut pas quitter sa paisible retraite et accepta à grand'peine le pain dont elle le dota sur une des boulangeries de Compiègne.

Quelle que soit l'origine de cet ermitage, il ne cessa d'être habité qu'en 1766. Il était situé sur le revers de la montagne, en face du *Vivier Frère-Robert*.

Le sentier dit *Chemin-de-l'Ermite* conduisait de cette solitude à une chapelle dédiée à Saint-Hubert par Louis-le-Jeune, bâtie près de la ferme de la Mothe-Blain.

Le mont Saint-Marc si riche en points de vue possède aussi son monument celtique nommé *Pierre torniche* ou *pierre qui tourne*, bloc de roche calcaire haut de trois mètres et de vingt-sept mètres de circonférence (*).

Trosly-Breuil et le hameau de Trosly-sous-Bois, distants l'un de l'autre d'environ huit cents pas, ne formaient jadis qu'un seul et même lieu que les historiens rendent témoin d'événements mémorables.

Certes, rien n'annonce aujourd'hui que Trosly-Breuil ait eu quelqu'importance dans les premiers siècles de la monarchie; cependant, si nous consul-

---

(*) Sur la pente de la colline, vis-à-vis Rethondes.

tons les anciennes chroniques, elles nous diront qu'une maison royale y existait déjà du temps de Dagobert; que la terre de Trosly, nommée dans les chartes *Broïlum Compendii*, fut donnée par le maire du palais Ébroïn à l'abbaye de Notre-Dame de Soissons, et qu'en l'année 858 Charles-le-Chauve confirma cette donation en se réservant toutefois le droit de justice et la plus grande partie du palais. Nous trouverons ensuite diverses ordonnances du xive siècle datées de ce lieu, une entre autres de Carloman ayant pour objet de réprimer les vols et les brigandages, gentillesses du bon vieux temps. Puis nous verrons, cinquante ans plus tard, un concile se réunir à Trosly sous la présidence de Gehbard Hervé, archevêque de Reims. Nous y entendrons les doléances de ce prélat sur la triste situation de l'Église et de l'État, sur les villes dépeuplées, les monastères brûlés, les campagnes changées en solitude; enfin, sur l'intrusion des abbés laïques dans certaines abbayes où ils logeaient leurs femmes, leurs enfants et leurs chiens.

En 921, Trosly sera encore le siége d'un concile présidé par l'archevêque de Sens; Charles-le-Simple y demandera la grâce d'un seigneur de la cour, excommunié pour avoir ravi de grands biens à l'église de Reims; et six ans plus tard l'élargissement de ce même Charles, retenu prisonnier à Péronne par l'astucieux Herbert, comte de Vermandois, sera l'objet d'un concile que ce perfide vassal y assemblera pour se jouer de l'usurpateur Raoul. Enfin, en 955, le roi Lothaire y convoquera les États du royaume, et de tous les points de la France les grands feudataires et les vassaux de la couronne s'empresseront de s'y réunir. Mais nous ne connaîtrons ni le motif ni l'issue de ce parlement, dont les monuments historiques ne font qu'une simple mention.

Trosly a plusieurs homonymes que tant d'illustrations n'ont pas manqué de rendre jaloux. Aussi voit-on quelques historiens revendiquer en faveur d'un Trosly près Coucy, les événements dont le nôtre a été le théâtre, selon les vieilles chroniques recueillies par Adrien de Valois dans ses *Annales françaises*.

Nous ne prendrons pas sur nous de trancher une aussi importante question; nous le laisserons jouir de sa gloire passée. Que Dieu nous garde de révoquer en doute l'existence de son palais qu'illustrèrent toutes ces assemblées et que les Normands détruisirent impitoyablement.

La grande quantité de tuiles brisées et de fragments d'architecture répandus sur une étendue de deux hectares, les grandes dalles découvertes au siècle dernier, et qui ont fait donner à cet emplacement le nom de *Terre-à-Carreaux* confirmeraient d'ailleurs l'opinion reçue que ce palais était situé entre la route de Soissons et la rivière d'Aisne.

Les deux Trosly, toujours inséparables, forment maintenant une commune dépendante du canton d'Attichy; sa population s'élève à neuf cents habitants.

La section nommée Breuil, brûlée par la Jacquerie en 1359, possède l'église paroissiale reconstruite au xvie siècle.

Saint Drausin, surnommé le Guerroyeur, ayant fondé en 654, sur les bords de l'Aisne, un monastère pour douze religieux Bénédictins de l'abbaye de Saint-Crépin-le-Grand de Soissons, dont il était évêque, quelques chaumières de paysans se groupèrent peu à à peu autour de cette sainte habitation, et formèrent le village de Rethondes, que détruisirent en partie les Normands sous le règne de Charles-le-Simple.

Ces Bénédictins, qui ne devaient vivre que d'aumônes et du fruit de leur travail, entreprirent avec beaucoup d'ardeur le défrichement des bois contigus à leur nouvelle colonie ; mais bientôt, enrichis par de nombreuses donations, ils foulèrent aux pieds la règle que leur avait prescrite leur saint fondateur, et se livrèrent à tous les plaisirs mondains.

Vers le milieu du XI° siècle, ces religieux se mirent sous la protection d'un chevalier de Pierrefonds nommé Richard, qui bâtit un manoir à Rethondes et vint s'y établir en qualité d'avoué du monastère. Ce prieuré, renouvelé plusieurs fois, fut supprimé en 1758. Le prieur était seigneur de Rethondes, avec haute, moyenne et basse justice. Les restes de l'église Saint-Pierre, aujourd'hui convertie en grange, ont conservé de nombreux vestiges de l'ancienne destination de ce monument. L'église actuelle de Rethondes, placée sous l'invocation de Notre-Dame d'Août, paraît moderne.

Des médailles d'argent et des tuiles romaines ont été trouvées au lieu dit *le Plat-Port* où était, suivant la tradition, un ancien château du nom de *Galle*. La commune de Rethondes compte six cent-cinquante habitants.

Un élégant château a remplacé le couvent hospitalier de Sainte-Claire, que quelques personnes charitables avaient fondé en 1234 pour y recevoir de pauvres malades et donner asile aux voyageurs. Cette maison était administrée par de pieuses filles, qui, voulant joindre la vie régulière aux soins plus utiles qu'elles prodiguaient, prièrent l'évêque de Soissons, Jacques de Bazoches, de leur donner un règlement de vie. Celui-ci leur prescrivit la règle de Cîteaux, et les autorisa en même temps à recevoir et à former des novices. On fit alors des augmentations aux bâtiments et à l'église, qui fut dédiée sous l'invocation de Notre-Dame-de-la-Joie. Saint Louis confirma cet établissement, et, en revenant de la Terre-Sainte, Guillaume de Berneuil, Enguerrand et Robert de Coucy, Adam d'Attichy et plusieurs autres seigneurs des environs, firent au nouveau monastère des présents en terre et en argent, qui cette fois étaient bien placés.

Un pèlerinage institué en l'honneur de sainte Claire, l'une des onze mille vierges, dont les reliques étaient en vénération dans l'église de Notre-Dame-de-la-Joie, avait pour objet d'obtenir la guérison des maux d'yeux. La croyance populaire qui lui attribuait cette puissance se fondait uniquement sur un mauvais jeu de mots : on disait, faisant allusion à son nom, que la sainte faisait voir *clair*. Cette dévotion valut à l'église et au monastère de la Joie le nom que porte aujourd'hui le château qui leur a succédé (*).

Les bâtiments de cet utile établissement furent brûlés par les Anglais en 1430, les religieuses dispersées et les terres abandonnées sans culture.

En 1451, Jean de Wion, abbé de Cîteaux, considérant que la situation entre deux forêts n'était pas tenable pour des femmes, fit venir des religieux de l'abbaye d'Ourscamp pour occuper de nouveau ce monastère, relevé de ses ruines et réduit en simple prieuré. L'hospice fut alors supprimé.

En 1567, les Huguenots pillèrent le prieuré de Sainte-Claire et brûlèrent l'église, qui ne put être reconstruite qu'en 1628.

Église et prieuré ont disparu pour faire place à l'élégante résidence de M. le duc de Coigny, propriétaire actuel.

La commune de Berneuil-sur-Aisne, dont les fumées bleuâtres se dessinent harmonieusement sur le ciel, florissait déjà au xie siècle.

Berthe, sœur de Louis-le-Débonnaire, en avait fait présent à l'abbaye de Saint-Médard-de-Soissons pour l'entretien du luminaire de son église, donation que ne manqua pas de confirmer le pieux Charles-le-Chauve par une charte datée de l'an 842.

(*) Une fontaine dite de Sainte-Claire, aujourd'hui tarie, dont les eaux étaient réputées pour la guérison des maux d'yeux, se voyait contre le mur d'enceinte du château de Berneuil.
Sainte-Claire est une dépendance de la commune de ce nom.

La seigneurie de Berneuil dépendait jadis du marquisat d'Attichy et était échue, au XVIII° siècle, à l'illustre maison de la Trémouille.

L'église de Berneuil, dédiée à saint Remy, possède une nef fort remarquable par ses antiquités ; cette partie de l'édifice, de l'époque romane, est assurément l'une des plus anciennes constructions religieuses du département de l'Oise.

Le rétable d'un bel autel représentant l'ensevelissement du Christ, a été placé dans cette église lors de la suppression du prieuré de Sainte-Claire, auquel il appartenait.

Après avoir joui successivement des différentes perspectives panoramiques offertes à nos regards, nous nous mettrons sous la protection des beaux ombrages qui couvrent le mont Saint-Marc, et nous nous laisserons doucemenet entraîner vers la charmante prairie que le rû de Berne fertilise. Sorti des montagnes que domine le château de Pierrefonds, au lieu dit la Folie, ce ruisseau serpente dans la prairie, traverse les étangs qu'il rencontre dans son paisible cours, et vient mêler ses eaux à la rivière d'Aisne, au-dessous de la ferme de la Mothe-Blain.

Sur cet immense tapis de verdure s'éparpillent gaîment les chaumières de Vieux-Moulin, ancienne dépendance du monastère de Saint-Pierre-en-Chastres, but de notre promenade. Dans une ordonnance de saint Louis, datée de Royaumont, il est question de ce village, ainsi que d'un *château verd* dont la tradition place l'origine au x° siècle, et dont il ne reste aucun vestige. On suppose que c'était seulement une métairie érigée en fief, à laquelle était joint un moulin que faisait mouvoir le rû de Berne. Ce moulin, détruit depuis fort longtemps, a légué son nom à notre petite commune, qui compte environ quatre cents habitants, en y comprenant toutefois le hameau du Vivier-Frère-Robert, donné en présent, avec une centaine d'arpents de marécages, aux moines de Royallieu par le roi Charles VIII en 1493.

De toutes les dépendances de la commune de Vieux-Moulin, le seul domaine qui soit véritablement digne d'attention, c'est l'ancien prieuré de Saint-Pierre-en-Chastres, élevé sur le plateau de la montagne de ce nom, et qui se dérobe à nos regards derrière un rideau de hêtres majestueux.

Le large sommet de cette montagne, qui domine la forêt de Cuise et les pays d'alentour, présentait aux Romains une position trop avantageuse pour qu'ils négligeassent d'en profiter lorsqu'ils envahirent les Gaules, aussi y construisirent-ils trois tours ou châteaux fortifiés peu distants l'un de l'autre, et y placèrent-ils un de ces établissements militaires qu'ils nommaient *Castra-Stativa*, ce qui valut à cette montagne le nom de mont de Chastres.

Bergeron, auteur du *Valois-Royal*, qui écrivait en 1583, assure que de son temps il y avait encore des vestiges de ces anciens châteaux. Un assez grand nombre de médailles romaines et quelques armes y ont été recueillies à différentes époques.

On pourrait diviser en quatre périodes l'histoire de presque tous les lieux anciens du Valois : l'époque des Romains, celle des rois, celle des moines, et enfin l'époque qu'attendent toutes choses, celle de la destruction. Cette division conviendrait surtout à l'histoire des trois forts élevés jadis sur le mont de Chastres. Bâtis d'abord par les Romains pour commander le pays conquis, ils devinrent le partage du fisc royal, lors de l'invasion des Francs. Quelques siècles plus tard, Charles-le-Chauve fit présent de ces châteaux et de leurs dépendances aux religieux de Saint-Crépin-le-Grand de Soissons. Enfin la dernière période, celle de la destruction, vit, en 960, leurs ruines servir à l'édification d'un corps d'hôtel et d'une chapelle dédiée à saint Pierre.

Les Bénédictins de Saint-Crépin, ayant reçu ces biens à la condition expresse d'en consacrer le revenu au soulagement des vieillards et des personnes infirmes de leur monastère, y envoyèrent quelques desservants sous la conduite d'un prêtre.

Les bois dépendants de ce prieuré, connus jadis sous le nom de forêt de Chastres, *Nemus* ou *Saltus de Castro*, furent partagés entre les religieux de Saint-Crépin et le monastère de Notre-Dame de Soissons. La portion qui échut aux religieuses de Notre-Dame prit le nom de *Boscus Sanctæ-Mariæ*, que les vieilles chartes traduisent par celui de *Buchettes-Notre-Dame*.

Dans les temps de troubles et de perturbation qui suivirent la mort de Charlemagne, les moines, ne pouvant défendre leurs propriétés contre l'avidité entreprenante des seigneurs, se virent dans la nécessité de se mettre sous la sauvegarde des hommes de guerre. Les religieux établis au mont de Chastres réclamèrent alors la protection puissante des châtelains de Pierrefonds, et pour se les acquérir, leur abandonnèrent un certain nombre d'arpents de bois que ceux-ci réunirent à leurs immenses propriétés. Au moyen de cet abandon, ils vécurent en paix, se reposant sur la terreur qu'inspiraient dans le canton leurs redoutables voisins. Cependant l'un de ces châtelains, Conon, comte de Soissons, trouvant bon d'agrandir son parc aux dépens des pauvres Bénédictins, troubla leur douce quiétude, et s'empara d'une partie de leurs bois et de leurs terres labourables. Toutes remontrances étant inutiles avec un tel usurpateur, nos révérends se résignèrent ; mais après sa mort ils portèrent leurs doléances aux pieds de la dame Agathe, sa veuve, et obtinrent de sa justice la restitution des biens qu'il avait usurpés. L'acte de restitution, daté de l'année 1184, porte en substance que « Agathe, veuve de Conon, vicomte de Pierrefonds, rend en nature aux bons religieux du mont de Chastres, tous les biens dont ils avaient été dépouillés par son noble époux, déclarant ces mêmes biens affranchis de tout droit de garde, sauvement, etc., etc. »

En 1308, Philippe-le-Bel proposa au supérieur des

Bénédictins d'échanger le prieuré de Saint-Pierre contre deux cent-quatre-vingts arpents de bois, dans la forêt de Laigue, neuf familles de serfs et les bâtiments d'un monastère occupé par des moines de son ordre, et connu depuis sous le nom de Saint-Crépin-au-Bois. Cette proposition fut acceptée, et le prieuré du Mont-de-Chastres fut alors renouvelé et occupé par des religieux Célestins, création nouvelle du pape Célestin V.

Rien ne laisse supposer qu'il y eût disette de moines en France sous le règne de Philippe-le-Bel. Cependant ce roi avait chargé Pierre de Sorra, son ambassadeur à la cour de Naples, de solliciter l'envoi de douze religieux Célestins.

Six furent placés au prieuré d'Ambert, dans la forêt d'Orléans, et six au prieuré de Saint-Pierre-en-Chastres. Plus tard ce nombre fut augmenté par diverses fondations.

Par lettres-patentes datées du palais de Verberie, Philippe-le-Bel accorda à ses nouveaux hôtes de la forêt de Cuise cent livres parisis de rente à prendre sur les droits et émoluments du péage de la rivière de Jaulzy, et quatre-vingts livres sur les tailles de Pierrefonds.

Tant de soins et de générosité pénétrèrent de reconnaissance ces bons Italiens. Aussi, à la mort de leur bienfaiteur, témoignèrent-ils une grande douleur et décidèrent-ils en chapitre que chaque religieux prêtre dirait une messe par mois à son intention. L'acte capitulaire où se trouve consignée cette dé-

cision se termine ainsi : « Soyent avertis les frères
« oblats de Chastres, tant profès que novices vestus,
« que ils sont tenus de dire tous les mois cinquante
« *pater* et cinquante *ave* pour le roi Phelippe nostre
« fondateur et pour sa postérité. »

Louis X, Philippe-le-Long et Charles-le-Bel protégèrent aussi ce nouvel établissement; bientôt les deux pépinières de Célestins eurent des rejetons en France; une colonie tirée du Mont-de-Chastres alla s'établir à Sainte-Croix d'Offémont, dans la forêt de Laigue, et six autres religieux de la même maison, appelés à Paris par Robert de Jussi, secrétaire de Charles V, vinrent y fonder le célèbre couvent des Célestins, qui fut dans la suite une des plus riches communautés religieuses.

Le nom de l'illustre Pierre Dailly (*) doit figurer parmi les nombreux bienfaiteurs de ce monastère, pour lequel il professait une affection toute particulière.

Par un acte daté du 9 novembre 1400, ce prélat, alors évêque de Cambrai, fait don aux religieux du Mont-de-Chastres d'une maison avec ses dépendances qu'il possède à Morienval, à la charge par lesdits religieux de célébrer à perpétuité, chaque année, en leur église, trois messes basses : une pour le roi, l'autre pour le donateur, et la troisième pour Colard Dailly et Périne, sa femme, ses père et mère et pour tous ses amis. En ce jour la communauté aura double pitance (**).

(*) On lit d'Ailly dans plusieurs actes.
(**) Dom Gilleson, *Antiquités de la ville de Compiègne.*

Louis de France, frère de Charles VI, avait pour le prieuré de Saint-Pierre une prédilection toute particulière. Il s'y était fait construire un logement voisin de l'église d'où il pouvait assister aux offices sans être vu et sans distraire les moines de leurs pieuses occupations. Ce prince fit à cette maison des donations nombreuses en fonds de terre, en bâtiments et en ornements de tout genre, et y fonda par son testament une chapelle consacrée à saint Jacques et à saint Jean-l'Évangéliste. Dans ce testament il appelle ces religieux « les Célestins de monsieur saint Pierre, l'apostre du Mont-de-Chastres, lez ma bonne ville de Pierre-font, » et les prie d'accepter cent livres parisis de rente, deux mille francs d'or pour accroître leurs dortoirs et faire *aisances nouvelles*, et le don de sa grande croix d'or avec des ornements d'église d'un travail remarquable, ce que les bons pères n'eurent garde de refuser.

La règle de saint Benoît, que devaient suivre les Célestins, était très rigoureuse. Elle les obligeait à se lever à minuit pour dire les matines, à ne manger de la viande en aucun temps, à moins qu'ils ne fussent malades ; à jeûner tous les mercredis et tous les vendredis, depuis Pâques jusqu'à la fête de l'Exaltation de la sainte Croix, à ne manger ni œufs ni laitage pendant l'avent et le carême, et à ne prendre que la moitié de leur pitance tous les vendredis de ce temps de retraite. Mais ils s'éloignèrent peu à peu de la sévérité de ce genre de vie et se firent au contraire une grande réputation par leur amour pour la bonne chère, et surtout par leur habileté à faire les omelettes. On a pu détruire leur ordre, mais non pas les glorieux souvenirs que rappellent *les omelettes à la célestine.*

Ces moines étaient les Sages et les Épicuriens de l'Église ; constamment occupés du soin de s'enrichir et de jouir de leur fortune, ils se gardaient bien de s'immiscer en rien dans les affaires de l'État. Toutefois un orgueil extrême qu'on leur reprochait leur acquit une singulière célébrité : quand on voulait abaisser la fierté d'un sot on employait cette expression proverbiale : *Voilà un plaisant célestin !* Mais qu'importe? les religieux qui habitaient Saint-Pierre n'en ont pas moins laissé après eux une mémoire honorable. L'hospitalité était une de leurs vertus. Possédant un revenu de 30,000 livres, ils secouraient sans cesse les malheureux et faisaient du pain pour distribuer aux pauvres. Il est de tradition, dans les lieux voisins de la forêt, que, lorsque les paysans envoyaient leurs enfants au bois, ils leur recommandaient toujours *d'aller déjeûner à Saint-Pierre.*

Toute messe vaut son prix ; néanmoins il faut croire que celle des Célestins de Saint-Pierre était d'une qualité supérieure, puisque Louis XI, grand connaisseur en cette matière, leur donna quatre-vingt-douze arpents de bois qu'ils convertirent dans la suite en prés et en étangs, à la charge seulement de célébrer tous les ans, à l'Octave de la Saint-Louis, une messe à son intention.

Arthur Bluet, prieur des Célestins de Saint-Pierre, qui représenta le clergé du Valois aux États de Blois, fit faire de grandes réparations et quelques changements aux bâtiments de ce monastère. Ces bâtiments formaient un parallélogramme dont les deux petits côtés étaient occupés par l'église et par le corps de logis destiné aux visiteurs. Il ne reste plus aujourd'hui de ce dernier que le principal pavillon qui renfermait la bibliothèque, et dont la construction paraît appartenir au xvi° siècle (*). Les autres parties contenaient le logement du duc d'Orléans, celui du prieur et trois dortoirs occupés par les prêtres et les clercs, par les frères servants et par les oblats.

Le peu que les démolisseurs ont laissé de l'église de Saint-Pierre est de deux époques bien distinctes : une jolie tourelle, étroitement enlacée de lierre, et quelques croisées en ogives, appartiennent au xvi° siècle; quant à la portion du chœur où se voient encore de gracieuses têtes d'anges, c'est une restauration du xvii°. Les statues de saint Pierre et de saint Paul, qui décoraient autrefois cette église, sont maintenant à Saint-Jacques de Compiègne (**).

Plusieurs sépultures de distinction, entre autres celle de Robert de Jussi, secrétaire de Charles V, et une tombe de marbre noir renfermant les dépouilles

---

(*) Au pied de ce pavillon coule la *Fontaine des Miracles*, source d'eau fraîche et limpide, à laquelle villageois et villageoises attribuaient jadis la vertu merveilleuse de guérir de la stérilité.

(**) C'est seulement en 1821 que ces deux statues ont été transportées à l'église Saint-Jacques, dont elles décorent le maître-autel.

mortelles de Pierre de Sorra, à qui la France était redevable de ses premiers Célestins, se voyaient encore dans l'église de Saint-Pierre au moment de sa destruction.

Au commencement du règne de Louis XVI cet ordre fut supprimé. Cependant l'ordonnance de suppression laissant aux moines de Saint-Pierre la jouissance de leurs revenus jusqu'à leur mort, ils n'en continuèrent pas moins à officier avec la même pompe et le même cérémonial qu'à l'époque la plus prospère de leur ordre.

La tourmente révolutionnaire vint étouffer les chants des deux seuls religieux qui eussent survécu à leurs frères, et les força d'abandonner le toit hospitalier sous lequel ils espéraient mourir.

Les biens de ce prieuré, au moment de la suppression des Célestins, se composaient de l'enclos et des bâtiments du monastère, des étangs de Saint-Pierre et de Batigny, des bois et de la plaine qui se prolongent jusqu'à Saint-Lazare, près de Pierrefonds, et de vingt-deux arpents de prés. Ils furent vendus trente-trois mille francs en assignats. Après avoir passé dans différentes mains, l'ancien prieuré de Saint-Pierre et ses dépendances furent réunis au domaine de la couronne lors de la Restauration moyennant une somme de cent-six mille francs.

Les moines de Saint-Pierre comptaient autrefois au nombre de leurs propriétés la ferme de Palesne, près de Pierrefonds, contenant cinq cents arpents de terre, et plusieurs fermes à Jaulzy, Saint-Étienne, etc.

Lors du mariage de la reine des Belges à Compiègne, le roi Louis-Philippe et sa famille vinrent admirer le magnifique paysage que présente, du sommet de la montagne de Saint-Pierre, l'immensité de ces masses de verdure, de ces voûtes majestueuses, diversement éclairées, qui laissent à peine pénétrer l'œil dans leurs vastes profondeurs. Mille vapeurs légères s'élèvent des étangs et des ruisseaux qui sillonnent la forêt, et se balançant mollement au-dessus de la cime des arbres, semblent un voile jeté sur le feuillage pour le protéger contre la chaleur du jour.

Une tablette de marbre noir scellée dans la muraille de la ruine rappelle cette visite royale.

Adressons nos adieux à cette paisible retraite; suivons cette pelouse escarpée nommée la *Route des Moines*, et visitons le tout petit village de Saint-Jean-au-Bois avant d'accomplir notre pèlerinage historique aux ruines de Pierrefonds.

St JEAN-AU-BOIS.

VII

SAINT-JEAN-AU-BOIS

> Il se présente ici depuis quelque temps un si grand nombre de novices, que j'ai bien de la peine à me défendre de leur empressement.
>
> Frère JEHAN.
> Épître II.

SAINT-JEAN-AU-BOIS. — SAINTE-PERRINE. — SAINT-NICOLAS-DE-COURSON. LE FOUR D'EN-HAUT.

Saint-Jean-au-Bois! que ce nom obscur est loin de rappeler de grands souvenirs! Dans ce pauvre village, pas une trace du palais habité par les rois et dont la fondation remontait à la domination romaine.

Défriché d'abord par les Silvanectes, le sol de ce village et son territoire ne tardèrent pas à être transformés en une de ces immenses fermes où les rois Francs tenaient leur cour, et dont ils préféraient le séjour à celui des plus belles villes de la Gaule.

Le nom de *Cuise*, autrefois *Cautum*, *Cota* et *Cotia*, donné à ce domaine royal par les anciens chroniqueurs, indique sa situation dans la vaste forêt dont jadis il occupait le centre.

Cette *Villa Regia*, qui comprenait dans son enceinte le territoire occupé de nos jours par Saint-Jean-au-Bois, la Brevière et Sainte-Perrine, n'avait pas l'aspect militaire des châteaux du Moyen-Age. Suivant Venantius Fortunatus, écrivain du vi^e siècle, qui donne des détails sur les monuments de son temps, ce devait être « un vaste bâtiment entouré de portiques d'architecture romaine, construit en bois poli avec soin, et orné de sculptures qui ne manquaient pas d'élégance. Autour du principal corps de logis se trouvaient, disposés par ordre, les logements des officiers du palais, soit barbares, soit romains d'origine, et ceux des chefs de bande, qui, suivant la coutume germanique, s'étaient mis avec leurs guerriers dans *la truste* du roi, c'est-à-dire sous un engagement de vasselage et de fidélité. » D'autres maisons, de moindre apparence, étaient occupées par un grand nombre de familles qui exerçaient, hommes et femmes, toutes sortes de métiers. Des bâtiments d'exploitation agricole, des haras, des étables, des bergeries, des granges, les masures des cultivateurs et les cabanes des serfs complétaient le domaine royal de Cuise, où l'on comptait près de deux mille esclaves.

Grégoire de Tours parle des fréquents voyages de Clotaire I*er* au palais de Cuise, et du long séjour que firent dans ce palais Chilpéric et Frédégonde pour se distraire de la vive douleur que leur causait la mort de leurs fils.

Plusieurs ordonnances datées de ce lieu prouvent que les rois de la seconde race vinrent quelquefois l'habiter. Le roi Eudes y assembla, en 890, les évêques et les grands vassaux qui avaient embrassé son parti.

Mais vers la fin de la race carlovingienne, le siége de la juridiction de la maison royale de Cuise, qui s'étendait sur toutes les parties de la forêt, ayant été établi en ce lieu, les rois cessèrent d'y séjourner et en abandonnèrent la jouissance au juge royal et à ses officiers.

Cette charge, érigée en fief, n'était pas d'une mince importance, puisqu'on voit les seigneurs qui en étaient pourvus chercher tous les moyens de la rendre héréditaire dans leur maison. Vers le milieu du XI*e* siècle, l'un des châtelains de Béthisy étant parvenu à fixer la possession de cette charge dans sa famille, sous le titre de *fief héréditaire de la gruerie de Cuise*, en transporta le siége à Béthisy. Ce changement amena la décadence de l'antique maison de Cuise, laquelle, dépouillée de toute prérogative, descendit au rang de simple métairie.

En l'année 1060, Philippe I*er*, ayant assisté à la dédicace de Saint-Adrien de Béthisy, donna aux chanoines de cette collégiale la maison de Cuise et ses dépendances, voulant se conformer à un vieil usage qui prescrivait à tout parrain d'un enfant ou d'une église, de faire un présent proportionné à sa fortune.

Après avoir conservé pendant cinquante ans ce domaine, dont l'administration leur était devenue à charge, ils acceptèrent l'offre d'un échange que leur fit la reine Adélaïde, veuve de Louis-le-Gros, et lui abandonnèrent la propriété de la maison de Cuise moyennant une rente de cent muids de vin, de cinq sols, monnaie de Châlons, un setier de froment, un muid et demi d'avoine et la propriété de cinq mesures de terre sises à Béthisy, chaque mesure devant avoir cent pieds de long sur cinquante de large. Le roi Louis-le-Jeune autorisa cet accord, et l'évêque de Soissons, Ansculphe de Pierrefonds, y donna son consentement. Dès lors la maison de Cuise changea de nom et prit celui de Vieux Palais d'Adélaïde, qu'on retrouve dans les chartes. Malgré sa prédilection pour ce séjour, la reine n'en conserva pas longtemps la jouissance. Elle y installa une communauté de Bénédictines établie depuis longtemps dans le voisinage, leur fit construire des dortoirs, relever l'église du palais, qui tombait en ruines, et élever une tour pour servir de clocher.

Cette église est celle qu'on voit encore aujourd'hui et dont on admire les élégants piliers si sveltes et si hardis, et surtout les curieux vitraux dont les peintures et les grisailles sont d'un travail très remarquable.

La tour, les cloîtres, en un mot, tout ce qui portait un caractère abbatial, a été renversé.

A la mort de la reine Adélaïde, Louis VII prit sous sa protection la nouvelle fondation de sa mère, et lui accorda la dîme du pain et du vin qui se consommaient pendant son séjour aux palais de Compiègne, de Verberie et de Béthisy. Il fit achever l'église, dans laquelle on érigea trois autels; le premier fut placé sous l'invocation de saint Jean-Baptiste, patron de l'ancienne chapelle, et donna son nom au petit village qui s'est élevé sur les débris de l'antique maison royale.

Les seigneurs de Pierrefonds firent aussi des présents, en terres et en rentes, au nouveau monastère, à la condition cependant que ces biens et les autres possessions de cette maison releveraient de leur châtellenie.

Dès qu'on vit Louis VII et les seigneurs de Pierrefonds accorder leur protection à cette communauté, il y eut un tel empressement à s'y faire admettre, que le roi fut forcé de défendre à Rosceline, première abbesse de Saint-Jean, de recevoir aucune novice avant que le nombre des professes eût été réduit à quarante.

C'était sans doute une excellente chose pour les religieux que les donations royales, mais ils aimaient aussi joindre à des revenus fixes le casuel, dont les reliques étaient la meilleure source. Grâce à l'habileté de son abbesse Rosceline, la nouvelle communauté de Saint-Jean ne tarda pas à posséder la châsse de sainte Euphrosine d'Alexandrie, en religion *frère*

Smaragde, nom que les érudits traduisent par pierre précieuse.

Cette *pierre précieuse*, dont la légende, pour être peu connue, n'en est pas moins fort émouvante, ne craignant pas de désobéir à son père, qui la destinait au monde et voulait la marier, s'enfuit un beau jour de la maison paternelle, et, pour mieux se cacher, se présenta sous des habits d'homme à un saint abbé nommé Théodose, qui, sur sa bonne mine, l'admit au nombre de ses novices.

Trente-huit années durant, Euphrosine, ou frère Smaragde, habita la même cellule.

Qui pourrait dire combien de fois, dans les moments où il n'était pas avec Dieu, le cœur de la recluse dut s'ouvrir au regret amer d'avoir abandonné son vieux père !

Un jour ce vieillard est informé qu'un religieux agonisant l'appelle au couvent de l'abbé Théodose. Il arrive ; il reconnaît sa fille !... La joie de la retrouver fait aussitôt place au désespoir de la perdre à jamais.

Édifié par les pieux sentiments de celle qu'il a tant pleurée, il demande et obtient de finir ses jours dans cette même cellule que sa fille a sanctifiée.

Dans la suite, des miracles s'étant manifestés sur le tombeau d'Euphrosine, elle ne tarda pas à être canonisée.

Les habitants d'Alexandrie ayant offert à Louis VII les reliques de sainte Euphrosine, ce roi les destina à la ville de Reims et chargea des députés de cette ville d'y transporter la précieuse châsse.

Parcourant la chaussée de Brunehaut qui traverse le territoire de Saint-Jean-au-Bois, ils s'arrêtèrent pour se reposer au lieu même où est aujourd'hui la croix de sainte Euphrosine, que les villageois nomment *Sainte Iphraise*.

L'abbesse Rosceline, informée à temps de la venue des saintes reliques, fait offrir aux députés fatigués de leur voyage, de prendre quelques repos au monastère. Ceux-ci ont l'imprudence d'accepter cette fallacieuse hospitalité et l'imprudence plus grande encore d'abandonner sans garde le dépôt qui leur est confié. Dans le même temps, les cloches s'ébranlent à toute volée sans aucun secours humain. De toutes parts les paysans accourent en criant miracle! s'agenouillent autour de la châsse, remerciant Dieu qui leur envoie ces reliques protectrices et jurant qu'ils ne se les laisseront pas ravir.

Forcée de se rendre à ces pieuses manifestations, l'abbesse Rosceline fait transporter en toute hâte dans le sanctuaire de son église cette châsse dont elle convoitait bien un peu la possession.

Semblables au renard de la fable, les pauvres députés furent contraints de se retirer non sans gémir de leur folle confiance.

Dans le cimetière de Saint-Jean-au-Bois, près de la porte de l'église, on remarque un tombeau fort curieux et surtout fort ancien, qui a donné lieu à bien des versions contradictoires. Les vieilles traditions de la contrée veulent que ce monument appartienne à la reine Berthe *aus grans piés*, femme de Pépin-le-Bref; et pourtant, ainsi que nous l'avons vu, cette reine, qui mourut à Choisy-en-Laigue, fut transportée à Saint-Denis par les soins de son fils Charlemagne.

Une version suffisamment accréditée verrait dans ce tombeau celui de la reine Blanche, mère de Saint Louis (*), morte à soixante-cinq ans.

Vient ensuite une autre opinion aussi peu fondée que la première, laquelle attribue ce tombeau à la reine Adélaïde ou Alix de Savoie, fondatrice du monastère de Saint-Jean. Malheureusement cette chronique, malgré tout son attrait, tombe devant l'évidence. L'inscription qui se voyait au moment de la révolution sur le tombeau de cette reine, placé au milieu du chœur de l'abbaye de Montmartre, ne laisse aucun doute à cet égard. Cette inscription commençait ainsi :

CY GIST MADAME ALIX QUI DE FRANCE FUT ROYNE,
FEMME DU ROI LOYS SIXIEME DICT LE GROS.
SON AME VIT AU CIEL, ET SON CORPS EN REPOS
ATTEND DANS CE TOMBEAU LA GLOIRE SOUVERAINE.

L'ouverture du tombeau de Saint-Jean-au-Bois se

(*) Cette tradition populaire qui place partout le nom de la *reine Blanche* et lui confère ainsi le don d'ubiquité, vient sans aucun doute de l'usage où étaient les veuves des rois de France de porter le deuil

fit le 14 juillet 1817, en présence des autorités de Compiègne. On trouva dans l'intérieur du caveau les débris d'un cercueil de bois ayant renfermé le squelette d'une femme *jeune encore* suivant le procès-verbal. L'antiquité de ce tombeau est incontestable; mais, à en juger par son architecture, cette antiquité ne saurait remonter au-delà du XIII° ou du XII° siècle : on ne peut supposer d'ailleurs qu'il soit antérieur à la réédification de l'église, qui date de cette dernière époque.

Il existait encore au XIV° siècle un bâtiment spacieux, dernier témoin de la splendeur du vieux palais de Cuise. Plusieurs rois de France occupèrent, à divers intervalles, les restes de cette ancienne résidence. Les tablettes de cire de Philippe-le-Bel attestent que ce roi vint habiter Saint-Jean-en-Cuise le 17 octobre 1308, et qu'il en partit le 25 du même mois, pour aller visiter ses nouveaux hôtes, les Célestins du Mont-de-Chastres.

En 1634, les religieuses de Saint-Jean quittèrent ce monastère isolé et le cédèrent aux Génovéfains, qu'elles remplacèrent dans leur maison de Royallieu.

---

en blanc, ce qui leur valait le titre de *reines blanches,* remplacé depuis par celui de reines douairières.

Cet usage subsista jusqu'à la mort de Henri II. Chacun sait que la reine Catherine de Médicis porta des vêtements noirs pendant son long veuvage.

L'épithète consacrée s'étendit sur des édifices souvent postérieurs au règne de saint Louis; de là le grand nombre de palais et d'hôtels de la *reine Blanche.* Ne voit-on pas la chapelle de la *reine Blanche* à l'hôtel de Cluny, édifice du XV° siècle, que la veuve de Louis XII, Marie d'Angleterre, avait en effet choisi pour retraite?

Quelques années après, des détachements de l'armée du maréchal de Turenne donnèrent aux moines de Saint-Jean un échantillon de leur savoir faire; ils pillèrent le couvent, détruisirent une partie des bâtiments réguliers et tout ce qui restait de l'ancien palais de Cuise.

Sous le règne suivant, ces Génovéfains furent supprimés et remplacés par un prieur-curé, à l'occasion d'un événement tragique : une femme attachée à la basse-cour, y avait été assassinée dans le clocher et enterrée clandestinement.

Il ne reste donc plus maintenant de ce saint asile fondé par une reine dans son propre palais, de cette abbaye protégée par tant de rois et gouvernée pendant près de cinq cents ans par trente-cinq abbesses, que quelques murailles ruinées et une église devenue paroissiale, dont les beaux restes disent encore ce qu'elle fut au temps de sa prospérité. Parmi les anciennes salles du monastère qui ont été épargnées, une seule rappelle son origine, quoiqu'elle soit bien loin de sa destination première. Elle paraît antérieure à l'église, et pourrait bien avoir appartenu au monument religieux qui avait précédé sa réédification au XIIe siècle.

Cette salle pittoresque dans laquelle, suivant une tradition locale, on rendait la justice, a servi pendant longtemps d'asile aux mulets d'un *brioleur* (*).

(*) Le brioleur est un personnage qui va constamment de la forêt à la rivière, de la rivière à la forêt, poussant devant lui quelques chevaux ou mulets chargés de bois ou de charbon.

Rachetée par la commune, elle est maintenant occupée par les pompes à incendie, en attendant la réalisation des vœux de son pasteur, qui désire y installer la sacristie.

Semblable à ces religieux du Moyen-Age qui cultivaient les arts, non pour la gloire, mais pour conquérir le ciel, M. le curé de Saint-Jean-au-Bois vient de doter son église et le cimetière de la commune, d'un baptistère et d'une croix en pierre blanche sculptés de ses mains pendant les rares loisirs que lui laissent l'exercice de son saint ministère et l'instruction d'un certain nombre d'enfants pauvres de sa commune auxquels il consacre ses soins éclairés.

Le village de Saint-Jean-au-Bois, protégé par deux petites tours qui défendaient jadis le pont-levis de l'abbaye, ne compte pas quatre cents habitants. Il fait partie du canton de Compiègne, dont il est éloigné de huit kilomètres.

En 1794, le besoin s'étant fait sentir de changer encore une fois le nom de ce village, il reçut et ne garda pas celui de *la Solitude*.

La maison religieuse de Sainte-Perrine, dont l'origine et l'ancien nom nous sont inconnus, était occupée par de pauvres filles n'ayant souvent pas de quoi pourvoir à leurs plus pressants besoins, lorsque la reine Adélaïde les tira de ce monastère pour les placer dans le vieux palais de Cuise. L'affluence des novices dans la nouvelle abbaye ayant bientôt nécessité d'autres logements, l'abbesse Perrine Ire, qui avait succédé à Rosceline, envoya dans l'ancienne maison celles qui excédaient le nombre de quarante fixé par le roi. Elle y fit construire une chapelle en l'honneur de sainte Perrine sa patronne, qui légua son nom au pauvre moutier.

En 1240, saint Louis transféra les religieuses de Sainte-Perrine à Saint-Germain, faubourg de Compiègne, et leur fit quelques donations. Revenues à Sainte-Perrine au xive siècle, elles retournèrent encore à Compiègne sous le règne de Louis XIII.

Après bien des translations et des déplacements, ces religieuses obtinrent, sous le règne de Louis XIV, l'autorisation de venir habiter un monastère de La Villette, près Paris; et, changeant encore une fois de demeure en 1745, elles se réunirent aux Filles de Sainte-Geneviève de Chaillot. Depuis cette réunion, le couvent de Chaillot prit le titre d'abbaye royale des chanoinesses de Sainte-Perrine.

Comme souvenir, consacrons seulement quelques lignes au hameau de La Brevière, où il existait jadis, sous le nom de Brevière-la-Muette, un établissement destiné pour la mue des cerfs et des daims.

Dès que Philippe Ier eut abandonné le palais de Cuise aux chanoines de Saint-Adrien, il cessa de s'y arrêter et fit bâtir à La Brevière un manoir où il séjournait quelquefois. Une ordonnance de Charles VI confirme les priviléges accordés par Louis-le-Jeune

Piné par J. Dubois Fils   Lith. de Kaeppelin

PIERREFONDS
ÉTABLISSEMENT DES BAINS.

aux habitants de La Brevière, où sa mère Adélaïde avait établi quelques familles de son domaine.

L'antique chemin des *Plaideurs* (*) voisin de Saint-Jean-au-Bois nous conduira à Pierrefonds; nous dirons en le parcourant quelques mots du plus ancien prieuré du Valois, de Saint-Nicolas de Courson, dont la fondation remonte, dit-on, aux premiers siècles du christianisme, et qui participa bien innocemment à la damnation éternelle du vainqueur des Sarrazins en passant dans les mains de l'un de ses vaillants capitaines. On sait que Charles-Martel fut le premier qui osa disposer des biens du clergé en faveur des laïques.

Ce prieuré, détruit plusieurs fois par les Normands, fut rétabli au XII° siècle et réuni à l'abbaye de Marmoutiers en 1632. Sa position agreste, dans une vallée baignée par un petit ruisseau qui traverse la forêt, et abritée par une montagne couverte de bois, rappelle le séjour des premiers anachorètes. Les bâtiments du prieuré et l'église, transformés en une élégante habitation après la révolution de 1793, furent rachetés par la Liste civile de Louis XVIII pour cent et quelques mille francs avec les terres qui en dépendaient. Cette habitation est maintenant occupée par trois gardes forestiers.

Les traces de la chaussée de Brunehaut se rencontrent çà et là entre ce prieuré solitaire et le Four ou

---

(*) Pendant combien d'années ce chemin ne fut-il pas sillonné, aux jours d'audience, par les nombreux vassaux des puissants seigneurs de Pierrefonds!

For-d'en-Haut, construction mutilée qui conserve encore quelques vestiges du vieux temps.

Une ordonnance de Charles VI autorise l'établissement ou la restauration en ce lieu d'une verrerie.

Une autre construction aujourd'hui ruinée, datant de même du règne de Charles VI, portait le nom de Loge-Lambert. L'imagination populaire remplissait ces ruines de spectres proposant aux passants des énigmes à la manière du sphinx de l'antiquité.

La Loge-Lambert, le Four-d'en-Haut et Saint-Nicolas de Courson dépendent du territoire de Morienval.

VIII

PIERREFONDS

> Un imposant château se présente à la vue ;
> Par des portes de fer l'entrée est défendue,
> Les murs en sont épais et les fossés profonds ;
> On y voit des créneaux, des tours, des bastions,
> Et des soldats armés veillent sur les murailles.
> Quentin-Durward.

PIERREFONDS : PREMIER CHATEAU ; DEUXIÈME CHATEAU. — BAINS. FONTENOY. — CASCADES. — ANCIENS FIEFS.

Le château de Pierrefonds (*), dont nous apercevrons bientôt les ruines formidables, avait succédé, vers la fin du XIII° siècle, à une autre forteresse du

---

(*) Le nom latin de Pierrefonds est *Petræfons, Petrifons,* dont on fait *Pierrefont, Pierrefonts,* et enfin *Pierrefonds.* L'usage n'a pas consacré l'ortographe de ce nom d'une manière absolue.

même nom qui devait son existence aux possesseurs de l'antique palais du Chesne mentionné dans les vieilles chroniques, qui, seules, en ont conservé le souvenir.

Ce *palatium* ayant été détruit par les Normands, ou pendant les troubles du règne de Charles-le-Simple, Oger de Bérogne, qui en était châtelain, obtint du faible monarque la permission de s'établir sur la montagne de Pierrefonds, où se voit aujourd'hui la ferme du Rocher (*). Il y construisit une vaste et lourde forteresse défendue par des fossés profonds et par de grosses tours carrées. Telle fut l'origine du premier château de Pierrefonds, dont la puissance, toujours croissante, inspira pendant près de trois siècles, une terreur que ses maîtres surent exploiter à leur profit. Un monastère était-il menacé d'invasion? il envoyait demander du secours à Pierrefonds; un seigneur allait-il à la Terre-Sainte; un voisin plus puissant que lui venait-il l'attaquer? il s'adressait au châtelain de Pierrefonds, soit pour conserver sa terre, soit pour la défendre; mais il s'en fallait de beaucoup que cette protection fût gratuite. On convenait d'abord que le monastère ou le château en péril relèverait de la justice du protecteur et lui paierait une redevance en fonds de terre proportionnée au nombre des soldats envoyés pour le secourir. Comme les chevaliers qui

---

(*) Cette ferme fut établie par les religieux, auxquels Philippe-Auguste céda la jouissance du premier château de Pierrefonds. Détruite par le feu de la forteresse en 1616, elle fut rétablie aussitôt après que celle-ci eût été démantelée.

commandaient les troupes du château de Pierrefonds n'étaient point soldés, ils recevaient aussi du protégé une portion de sa terre, qui désormais leur appartenait sans retour. Le seigneur de Pierrefonds érigeait ces terres en fief, et comme généralement ces chevaliers n'avaient point de patrimoine, ils s'y bâtissaient un manoir ou une maison forte, avec courtines, tourelles et fossés, mais sans girouette, sans tours et sans donjon, signe de puissance réservés au fief dominant. Cette coutume fit éclore le grand nombre de castels qui couvrit pendant si longtemps le comté de Valois.

La châtellenie de Pierrefonds, la plus importante des châtellenies de ce comté, étendait sa juridiction sur près de deux cents villages ou seigneuries.

Une charte de 1047 fait connaître toute l'étendue des biens de Nivelon Ier, seigneur et vicomte de Pierrefonds, et arrière-petit-fils d'Oger de Bérogne. Il possédait, outre son fief héréditaire, une grande portion des forêts de Cuise et de Retz, diverses seigneuries, bon nombre de bénéfices, de cures, de prieurés, des vicomtés, des avoueries où il avait le droit et le pouvoir de lever des troupes ; en un mot, cette immense châtellenie étendait sa puissance d'un côté jusqu'au faubourg de Soissons, et de l'autre sur quelques maisons du Bourget, près Paris.

Toutefois ce haut et puissant seigneur eut quelques scrupules sur la manière dont ses biens avaient été acquis, et, pour rendre à Dieu une partie de ce qu'il avait usurpé sur ses voisins, il fit bâtir, à la place d'une petite chapelle qui existait au bas de la montagne, une église collégiale à l'usage des habitants du bourg, qui se trouvaient placés sous sa protection immédiate, et pouvaient, en cas d'attaque, se réfugier dans la forteresse par des passages souterrains.

La nouvelle église de Pierrefonds fut dédiée sous l'invocation de saint Sulpice. Nivelon y fonda un chapitre de chanoines, et en donna la direction à son frère Thibaud (*), qui fut depuis évêque de Soissons. Il lui accorda la dixme de Pierrefonds, deux fermes et une portion de la forêt de Cuise, nommée le *Bois-des-Moines*. Ce chapitre fut remplacé dans la suite par des religieux de Marmoutiers.

Nivelon Ier fut inhumé dans la chapelle droite de la crypte ou église souterraine de Saint-Sulpice. On lisait sur son tombeau :

> CI GIST NIVELON Ier, SEIGNEUR DE PIERREFONT
> QUI A FONDÉ CE LIEU
> ET QUI A FAIT LE PRIEUR SON PAIR
> DE FIEF ET DE NOBLESSE

La pairie du château de Pierrefonds était une des plus nobles et des plus anciennes de France (**).

De curieuses formalités se pratiquaient quelquefois

(*) Quatre évêques du nom de Pierrefonds gouvernèrent le diocèse de Soissons. L'un d'eux, Hugues Ier, mourut à Aquilée en 1103, ayant quitté son évêché pour suivre une armée qui se rendait à la Terre-Sainte.

(**) L'érection de la pairie en dignité date du règne de Louis-le-Gros, qui fixa le nombre des pairs à douze. Auparavant ce titre était seulement une dénomination marquant l'égalité entre plusieurs seigneurs qui étaient pairs, *pares*.

lorsque les établissements monastiques recevaient des donations.

Dans les premières années du XIII° siècle, Nivelon Ier fit hommage aux religieux de Marmoutiers de l'église de Saint-Mesmes ou Saint-Maxime (*), dépendant de son château de Pierrefonds, avec accompagnement obligé de plusieurs *aisances*. L'acte fut signé à Pierrefonds dans l'église de Saint-Sulpice et placé par Nivelon dans le livre des Collectes. Le donateur s'avança ensuite vers l'autel, suivi de sa femme et de ses enfants, et remit le livre au prieur du monastère, en présence du sénéchal et de l'écuyer de Pierrefonds, de treize chevaliers, treize bourgeois et de deux archers (**).

Le XII° siècle fut témoin du plus haut période de la puissance de la seigneurie de Pierrefonds et de sa décadence. Après une succession non interrompue de Nivelon et de Drogon, un comte de Soissons, nommé Conon, acquit cette seigneurie par son mariage avec la dame Agathe, fille de Drogon II. Enchérissant encore sur le despotisme de ses prédécesseurs. ce terrible châtelain s'emparait de tous les domaines à sa convenance, y mettait des garnisons, méprisait les plaintes des parties lésées, et bravait même l'animadversion du roi. La mort vint mettre un terme à ces

---

(*) La relique de Saint-Mesmes, confiée à la garde des Célestins de Saint-Pierre en Chastres par les religieux de Marmoutiers lors de la construction du vieux château, fut rapportée à Saint-Sulpice de Pierrefonds pendant le XVIII° siècle, et enfin enterrée en 1785 dans le cimetière de cette paroisse.

(**) *Archives de la Picardie et de l'Artois*, t. Ier, par Roger.

spoliations, et la dame Agathe n'ayant point laissé de postérité, ses biens furent partagés entre trois branches collatérales.

Philippe-Auguste, à qui ce pouvoir exorbitant avait souvent porté ombrage, résolut de l'anéantir en acquérant la plus grande partie des biens de la châtellenie. Nivelon, évêque de Soissons, lui céda ses droits sur la propriété du château, moyennant la remise du droit de gîte que devaient les évêques de cette ville. Le roi racheta ainsi de la plupart des fieffés de Pierrefonds leurs droits et leurs priviléges sur cette vicomté. Il confia ensuite l'administration de la châtellenie à un bailli et à un prévôt, et abandonna en grande partie la jouissance des bâtiments du château aux religieux de Saint-Sulpice.

Les *hommes coutumiers* du bourg obtinrent de ce roi une charte de commune qui proscrivait l'exercice des droits de servitude de main-morte et de for-mariage, à la condition, dit cette charte, que les hommes affranchis ne pourront contracter aucune alliance avec des serves des lieux voisins sous peine de retomber dans l'état de servitude (*).

En retour de cette immunité, les manants de Pierrefonds devaient fournir au roi soixante sergents, avec une voiture attelée de quatre chevaux. Les arriè-

---

(*) Une loi des Ripuaires s'exprime ainsi : « Si une femme libre a
« suivi un serf et l'a épousé, les parents de celle-ci ont le droit de la
« faire comparaître au tribunal du roi ou à celui du comte. Là on lui
« présente une quenouille et une épée. Si elle prend l'épée, elle doit
« sur-le-champ tuer le serf; si elle prend la quenouille, elle reste
« toute sa vie en esclavage avec son mari. »

re-fiefs dépendants de la commune payaient également une redevance au seigneur suzerain. Suivant un compte de l'année 1202, la terre de Pierrefonds rapportait annuellement onze cent-cinquante livres au trésor royal, environ 24,000 francs d'aujourd'hui.

« En 1308, » dit la chronique de Pierrefonds, « Philippe-le-Bel alla à Pierrefonds où il fut hébergé les mardi et mercredi 23 et 24 octobre de cette même année. Lors y fit enfermer deux Templiers qu'il avait menés avec lui pour les occire. » Ces deux soldats du Christ furent brûlés sur la plate-forme du château sans avoir confessé les prétendus crimes dont on les accusait.

Louis d'Orléans, frère de Charles VI et premier duc de Valois, voulant, en 1390, augmenter le nombre de ses places de sûreté, ordonna le rétablissement de la forteresse de Pierrefonds. Mais comme cette ferté, abandonnée depuis deux siècles aux chanoines de Saint-Sulpice, tombait en ruines (*), il se détermina à faire élever, à une portée de couleuvrine plus loin, un autre château sur la croupe d'une montagne que la nature semblait avoir destinée à recevoir les fondements d'une citadelle, en l'isolant pour ainsi dire de toutes parts.

Les écrivains contemporains de ce château n'en

(*) A peu de distance des ruines actuelles, on a mis à découvert, en 1850, les fondations du premier château. En déblayant le terrain en deçà de ces fondations, on a trouvé des fosses contenant de quatre à huit squelettes; tous paraissant avoir appartenu à des hommes de vingt-huit à trente-cinq ans; plusieurs d'entre eux avaient plus de deux mètres de longueur.

parlent qu'avec une sorte d'admiration respectueuse. Monstrelet l'appelle *un châtel moult bel et puissamment édifié, moult fort défensable et bien garni de choses appartenantes à la guerre.*

Cette *grande forteresse*, ce *fort châtel*, comme il se plaît à le nommer, affectait la figure d'un trapèze irrégulier, ayant à peu près 94 mètres de longeur réduite sur 68 mètres de longueur moyenne, et couvrant une surface d'environ 6,390 mètres carrés. Il était assis sur une plate-forme établie en partie sur le roc. Cette plate-forme, soutenue par des murs de plusieurs mètres de haut, faisait saillie dans l'intervalle des tours; c'était comme une terrasse qui entourait le château, dont l'entrée se trouvait placée sur le milieu du côté faisant face au plateau. Cette entrée était sans doute couverte d'un petit châtelet, ou ravelin, avec fossé, tandis que le passage au travers d'une tour carrée formant châtelet à l'intérieur, était muni de tous les moyens de fermeture alors en usage. Une haute muraille surmontée d'un double chemin de ronde, avec créneaux et machecoulis, reliait les sept tours circulaires qui flanquaient la forteresse. Quatre coupaient les angles, trois étaient au milieu de chacun des côtés, de l'Est, du Nord et de l'Ouest. Leur hauteur n'était pas la même, elle variait de 30 à 35 mètres. La tour sur le côté de l'Est, qui renfermait la chapelle dédiée à Saint-Jacques, avait une saillie extérieure de six mètres plus grande que celle des autres tours (*). Vers le

---

(*) Cette tour, entièrement consacrée au service religieux, était bien

centre du château s'élevait un bâtiment presque carré, à plusieurs étages, couvert d'une terrasse avec parapet crénelé et garni à chacun de ses angles d'une guérite ronde en encorbellement. Ce bâtiment, appelé le donjon, servait au logement du prince, dont les appartements étaient décorés avec tout le luxe du temps. D'autres bâtiments pour les gens de sa suite, les offices, les cuisines, et autres accessoires d'une maison royale, étaient adossés au mur d'enceinte à droite et à gauche de l'entrée du château. Enfin, de vastes souterrains, dont une partie subsiste encore, entouraient intérieurement toute la cour ou préau. Rien n'avait été épargné pour obtenir une grande solidité et donner à cet édifice toute l'ornementation architecturale de l'époque (*); aussi avait-il été jugé digne de figurer dans la galerie des Cerfs du palais de Fontainebleau lorsqu'Henri IV y fit peindre les principales forteresses de son royaume.

Reportons-nous un instant par la pensée au commencement du xiv° siècle, exhumons les débris d'un château-fort (**), et figurons-nous-le au soleil levant, lorsque ses galeries extérieures reluisaient des armures de ceux qui faisaient le guet, et que ses

éclairée et bâtie avec une délicatesse que n'excluait pas la solidité. Dans les travaux de déblaiement entrepris dans ces dernières années, on a mis à découvert les restes de l'entrée de cette chapelle et des stalles en pierre que devaient occuper les douze chanoines chargés de la desservir. On a aussi retrouvé dans la sacristie une piscine ou cuvette taillée dans l'épaisseur du mur.

(*) *Recherches sur l'origine des divers châteaux de Pierrefonds,* par M. Leroux; 1853.

(**) A. A. Monteil, *Histoire des Français des divers États.*

tours se montraient toutes brillantes de leurs grandes grilles neuves; figurons-nous tous ces hauts bâtiments, qui remplissaient de courage ceux qui les défendaient, et de frayeur ceux qui étaient tentés de les attaquer.

La porte se présentait toute couverte de têtes de sangliers et de loups, flanquée de deux tourelles et couronnée d'un haut corps-de-garde. On avait à franchir plusieurs fossés, plusieurs ponts-levis pour entrer dans la grande cour carrée où se trouvaient les citernes, les écuries, les poulaillers, les colombiers, les remises. Les caves, les souterrains, les prisons étaient par-dessous, et ces prisons étaient creusées comme des puits au-dessous de la région de l'air et du jour; par-dessus se trouvaient les logements, et par-dessus les logements les magasins, les lardoirs ou saloirs et les arsenaux. Tous les combles étaient bordés de mâchecoulis, de parapets, de chemins de ronde, de guérites. Au milieu de cette cour s'élevait majestueusement le donjon, qui renfermait les logements du duc et de son châtelain, les archives et le trésor. Il était profondément fossoyé dans tout son pourtour, et l'on n'y pouvait entrer que par un pont presque toujours levé. Bien que les murailles eussent, comme celles des tours, une très grande épaisseur, il était revêtu, jusqu'à la moitié de sa hauteur, d'une chemise ou second mur en pierre de taille. Rien de plus somptueux que les appartements, que les salles de parade, que les chambres de parement qui prenaient le nom particulier des couleurs ou des représentations des précieuses tapisseries dont elles étaient tendues. Dans quelques-unes, les piliers et les poutres qu'ils soutenaient étaient incrustés de filets et de fleurs d'étain ; dans d'autres, les personnages de grandeur naturelle peints sur les murs, portaient dans leurs mains ou tenaient à leur bouche des rouleaux sur lesquels de belles sentences se lisaient au grand profit de la morale.

Des lits de dix pieds, des cheminées de douze pieds de large, proportionnées à l'état des maîtres, de grands guéridons à bas-reliefs représentant l'Enfer et le Purgatoire ; de grandes armoires en fenêtres d'églises, de grands bancs à dossiers grillés de vingt pieds de long, avec housses traînantes de draps brodés et armoriés, décoraient ces grandes chambres voûtées à croisées ogives, à vitres de verre peint, et ces salles pavées en carreaux de diverses couleurs (*).

Tout dans ce château était en harmonie avec la grandeur de ses tours, de ses murailles : dans les cuisines, les pincettes ou tenailles, les pelles ou trayefeu n'étaient maniées que par deux hommes ; les chenets ou contre-hâtiers ne pesaient pas moins de cent livres, les trépieds moins de quarante livres. Des broches de onze ou douze livres se garnissaient de deux ou trois veaux, de deux, trois, quatre moutons ; le

---

(*) On voit encore dans les salles ruinées du donjon des traces qui indiquent leur décoration intérieure, consistant en boiseries appliquées contre les murs. Les rainures destinées à recevoir les bâtis de ces lambris existent, ainsi que de nombreux scellements et quantité de clous à crochet propres à suspendre des tapisseries. *(Description du château de Pierrefonds,* par M. Violet-Leduc.)

gibier, la volaille, la venaison y rôtissaient à la fois devant des âtres de quinze pieds de largeur. Sans discontinuer, les caves, les celliers, les huches, les laiteries, les fruiteries s'emplissaient et se désemplissaient avec une profusion qui annonçait la magnificence en même temps que la richesse; y prenait qui voulait, quand il voulait et tant qu'il voulait, et à peine toutes ces provisions trouvaient-elles leur écoulement malgré le grand nombre de chevaliers, d'écuyers, de fauconniers, de veneurs, de pages, de gens de l'office, de la sommellerie, de la boulangerie, le grand nombre de serviteurs, d'ouvriers, de fourriers, de concierges, de portiers, de soldoyers, de gardes. De toutes parts venaient encore des parents, des alliés, des voisins, des amis, des pèlerins, des voyageurs, qui tous séjournaient plus ou moins, qui tous s'en retournaient rassasiés comme au lendemain d'une noce ou d'une fête patronale.

L'emploi de chaque jour était très varié. Le matin, la cour se remplissait d'écuyers, de piqueurs, de pages, qui faisaient faire à leurs chevaux mille différentes voltes. Quelquefois, les damoiseaux, dont plusieurs étaient de vrais prodiges de force, de jeunes Samsons, assaillaient ou défendaient pendant plusieurs heures, avec leurs longues piques ferrées, un petit carré de fumier, une petite butte de terre, aux applaudissements de tous les spectateurs. Après le dîner, qui ne se faisait guère que vers le milieu du jour, les barres, les quilles, le palet et plusieurs autres divertissements tels que les papegais, les singes, le fou du seigneur, les jongleurs, les sauteurs, les concerts de flûtes, de chalumels, de tambours, de trompes, de sonnettes, de rebecs, occupaient agréablement les nombreux hôtes, qui, le soir, à la veillée, écoutaient attentivement les histoires de l'aumônier ou du pèlerin nouvellement arrivé de la Terre-Sainte.

La vie de ce château aurait été trop heureuse si, comme tout autre, elle n'avait été mêlée d'anxiétés et d'alarmes; mais quelquefois, au moment où l'on s'y attendait le moins, pendant le repas, au milieu du sommeil, le guet sonnait la cloche, on entendait un cri; à cette alerte tout s'animait : les ponts étaient levés, les herses tombaient, les portes se fermaient; tout le monde quittait précipitamment la table, le lit, on courait aux créneaux, aux mâchecoulis, aux meurtrières, aux barbacanes.... Et malheur aux vaincus !

Le château de Pierrefonds, qui, à peine terminé, avait déjà fait ses preuves en 1407 sous les ordres du brave des Bosquiaux, officier dévoué à la cause des Armagnacs, fut attaqué de nouveau par le comte de Saint-Pol, envoyé par Charles VI pour réduire les places du Valois. (*)

(*) Nous devons à l'obligeance de M. Pelassy de l'Ousle, bibliothécaire du palais de Compiègne, la communication suivante: « Il existe dans la collection des manuscrits de la bibliothèque du Louvre une quittance autographe de 60 livres tournois payées au capitaine de Pierrefonds signée BOQUIAUX. Il résulte de l'authenticité de cette pièce que le véritable nom de ce vaillant homme de guerre ne serait ni *Bosquiaux* ni *des Bosquiaux*, comme on le trouve indifféremment écrit. »

Secrétement instruit des intentions du duc d'Orléans, qui préférait rendre pour quelque temps *sa belle forteresse* au roi, plutôt que de l'exposer aux hasards d'un siége en règle, des Bosquiaux ne se résolut néanmoins à abandonner son gouvernement qu'après avoir dicté lui-même les conditions de la capitulation. Il se fit payer deux mille écus d'or, et sortit de la place à la tête de sa garnison avec les honneurs de la guerre. Saint-Pol fut nommé par le roi capitaine *à perpétuité* du château de Pierrefonds; mais bientôt après le faible Charles VI ayant rendu ses bonnes graces à son neveu, lui octroya la permission de rentrer dans tous ses biens confisqués, et ordonna au comte de Saint-Pol de remettre à ce prince la forteresse dont il avait reçu le commandement.

Désirant se faire restituer les deux mille écus d'or qu'il avait payés à des Bosquiaux, Saint-Pol résista longtemps aux injonctions du roi, et ne se détermina à livrer le château qu'après avoir tiré une vengeance éclatante du duc d'Orléans, son ennemi personnel. Sous divers prétextes, il fit disperser dans le château tout le bois qu'il renfermait, et y fit mettre le feu au moment d'évacuer la place. Ses mesures avaient été si bien prises que l'incendie ne put être attribué qu'à un accident. En peu d'instants, les flammes eurent consumé la plus grande partie des toits et endommagé quelques-unes des tours en calcinant les murs jusqu'à la hauteur du couronnement. La tour de la chapelle souffrit plus que les autres. Les appartements étant presque tous à double et triple voûte, le feu ne put y pénétrer.

Le duc d'Orléans réintégra sur-le-champ son fidèle des Bosquiaux dans la capitainerie de Pierrefonds, et fit disparaître autant qu'il le put les ravages causés par les flammes. Suivant leur exagération habituelle, les écrivains du xv° siècle comparent l'incendie de cette forteresse au désastre qui réduisit en cendres le temple de Diane.

Le calme rétabli dans le Valois par la paix d'Auxerre n'ayant duré que peu de temps, les Bourguignons dirigèrent de nouveau leurs attaques impuissantes contre le château de Pierrefonds. Nous avons vu plus haut par quel stratagème des Bosquiaux les punit de leur témérité, en s'emparant de Compiègne et emmenant prisonniers leurs principaux chefs. L'un d'eux, le seigneur de Chièvres, renfermé à Pierrefonds, avait un jeune frère qui, par un de ces hasards trop communs dans les guerres civiles, y servait sous les ordres de des Bosquiaux. La tendresse fraternelle l'emportant cette fois sur l'esprit de parti, ce brave jeune homme tenta de faire évader son frère en employant une ruse qui lui devint funeste. Surpris par le vigilant capitaine au moment où il conduisait le seigneur de Chièvres, déguisé en religieux, hors des murs de la place, il fut jeté dans un cachot et paya de sa tête sa généreuse conduite.

En 1422, les Anglais, sous les ordres de leur roi Henri V, devenu le gendre de Charles VI, profitant de la détresse du château de Pierrefonds, dont la garnison était entièrement dépourvue de vivres et de munitions par suite de la misère où les campagnes se trouvaient réduites, se présentèrent devant ses murs et le sommèrent de se rendre. Des Bosquiaux, se trouvant dans l'impossibilité de faire aucune défense, ouvrit ses portes et se retira avec ses troupes au château de Choisy en Laigue.

Charles VII, qui, grâce à l'énergie de ses capitaines et au succès de la mission divine de l'héroïque Jeanne d'Arc, commençait à mériter le surnom de *victorieux*, vint à Pierrefonds accompagné de la Pucelle, en juillet 1429, après avoir été sacré à Reims.

Ce château, délaissé pendant plus d'un demi-siècle, par suite de la captivité de Charles d'Orléans fait prisonnier à Azincourt, et par l'insouciance de ce prince, fut restauré en totalité en 1495 par le duc de Valois depuis Louis XII, auquel le roi Charles VIII avait rendu les biens avec la liberté. Un grand nombre de maisons qui avaient eu beaucoup à souffrir pendant les guerres des règnes précédents furent rebâties à cette époque.

Cet apanage passa dans les mains du comte d'Angoulême, qui régna sous le nom de François Ier. Par cet avénement, le Valois et Pierrefonds furent de nouveau réunis à la Couronne.

Catherine de Médicis, puis sa fille Marguerite, femme de Henri IV, furent successivement duchesses du Valois.

Le château de Pierrefonds appartenant par cette

alliance au vaillant chef des Huguenots, les ligueurs réussirent à s'en rendre maîtres par surprise vers la fin de 1588, en expulsèrent le sieur de Bournonville qui en était capitaine, et donnèrent le commandement de cette belle ferté à un *routier* nommé Antoine Rieux, déjà fameux par son audace et par ses brigandages. Fils ou petit-fils d'un maréchal-ferrant de Rethondes, son véritable nom était Durieux dont les Ligueurs fanatiques firent bientôt de Rieux, en opposition à l'illustre maison de ce nom qui comptait trois maréchaux de France.

Peu scrupuleux sur les moyens de s'enrichir, cet homme réunissait d'ailleurs toutes les qualités qui font un excellent chef de partisans.

Après avoir passé les premières années de sa jeunesse à travailler avec son père, il se fit maltotier, puis soldat, et ne tarda pas à déserter pour devenir chef d'une bande de *mauvais-garçons* qui désola le pays pendant plusieurs années. Il offrit enfin ses services aux chefs de la Ligue; ceux-ci les acceptèrent d'autant plus volontiers qu'ils connaissaient déjà son savoir-faire, et que Rieux ne demandait ni argent ni soldats, mais seulement la permission d'exercer *son talent* sur les terres et sur les personnes des royalistes avec telle troupe qu'il lui plairait de choisir.

Il recruta aussitôt tout ce qui se trouva de bandits dans la contrée, et se vit en peu de temps à la tête d'une petite armée.

Devenu lieutenant d'Antoine de Saint-Chamant,

capitaine pour la Ligue des forteresses de la Ferté-Milon et de Pierrefonds, Rieux eut le commandement de cette dernière. La réputation qu'il y acquit aux yeux des Ligueurs lui a fait trouver place dans la satire Menippée.

Les auteurs de cette œuvre si remarquable le font apparaître au milieu d'une assemblée générale de la Ligue composée des trois États du royaume, comme représentant de la noblesse de France en qualité de comte et gardien de Pierrefonds.

Habillé d'un petit capot à l'espagnole et portant une haute fraise, il se lève pour parler, et, après avoir mis deux ou trois fois la main à la gorge qui lui démangeait (parce qu'il fut pendu), il commença ainsi un discours qui le peint parfaitement :

« Messieurs, je ne sçay pourquoy on m'a député pour porter la parole en si bonne compagnie, pour toute la noblesse de nostre party? Il faut bien dire qu'il y a quelque chose de divin en la saincte Union, puisque par son moyen, de commissaire d'artillerie assez malotru, je suis devenu gentil-homme, et gouverneur d'une belle forteresse : voire que je me puis esgaler aux plus grands, et suis un jour pour monter bien haut à reculons ou autrement. . . . .
. . . .
Je voy je ne sçay quels degoustez de nostre noblesse qui parlent de conserver la religion et l'Estat tout ensemble : et que les Espagnols perdront à la fin l'un et l'autre, si on les laisse faire : quant à moy je n'entends

point tout cela : pourvu que je leve toujours les tailles, et qu'on me paie bien mes appointements, il ne me chaut que deviendra le pape, ny sa femme. Je suis apres mes intelligences pour prendre Noyon; si j'en puis venir à bout, je serai evesque de la ville, et des champs (*), et feray la moue à ceux de Compiègne (**). Cependant je courray la vache et le manant, tant que je pourray : et n'y aura paysan, laboureur, ny marchand autour de moy, et à dix lieues à la ronde, qui ne me paie taille ou rançon. Je sçay des inventions pour les faire venir à raison; je leur donne le frontal de corde liee en cordelière : je les pends par les aisselles, je leur chauffe les pieds d'une pelle rouge, je les mets aux fers, et aux ceps : je les enferme en un four, en un coffre percé plein d'eau : je les pends en chapon rosty : je les fouette d'estrivieres : je les sale : je les fais jeusner : je les attache estenduz devant un ven : bref j'ai mille gentils moyens pour tirer la quinte-essence de leurs bourses, et avoir leur substance pour les rendre belistres à jamais, eux et toute leur race . que m'en soucie je pourveu que j'en aye. . . . . . .

. . . .

« La justice n'est pas faicte pour les gentils-hommes comme moy : je prendrai les vaches et les poules de mon voisin quand il me plaira : je leveray ses terres, je les renfermeray avec les miennes dedans mon clos,

---

(*) *Évesque des champs*, expression proverbiale qui signifie un pendu, *qui donne la bénédiction avec ses pieds.*

(**) Parce que *ceux de Compiègne* le pendirent et qu'un pendu fait la moue.

et si n'en oseroit grommeler : tout sera à ma bienseance : je ne souffriray point que mes subjects payent de taille, sinon à moy : et vous conseille, messieurs les nobles, d'en faire tous ainsi : aussi bien n'y a il que les trésoriers et les financiers qui s'en engraissent et usent de la substance du peuple comme des choux de leur jardin . . . .
. . . .

« Enfin, messieurs, s'il faut eslire un roy, je vous prie vous souvenir de moy, et de mes merites : on m'a faict croire qu'il s'en est faict autrefois de pires que moy : les Lydiens (comme on dit, car je ne sçay qu'elles gens ce sont) en firent un qui menoit la charrue. Les Flamands firent un duc qui estoit brasseur de bierre. Les Normands un cuisinier : les Parisiens un escorcheur (*). Je suis plus que tous ceux là : car mon grand père estoit mareschal en France.

« A ce compte vous pouvez bien me faire roy, et ferez bien : car je vous laisseray tout ce que vous voudrez. J'abolirai toutes ces mangeries de justice : je supprimeray tous les sergents, procureurs, chiquaneurs, commissaires et conseillers, excepté ceux qui sont de nos amis : mais il ne se parlera plus d'ajournements ni de saisies, criees et exécutoires, ny de payer ces debtes : vous serez tous comme rats en paille, et me suffira que m'appelliez sire : Vous y adviserez : pour le moins je sçay bien que j'en vaut bien

---

(*) L'écorcheur *Caboche*, qui commandait la troupe infernale des *Cabochiens* pendant le règne de Charles VI.

un autre : et vous en diroy davantage, sinon que je suis pressé d'aller exécuter mon entreprise sur Noyon. »

Malgré l'ironie versée à pleines mains dans ce discours, on y voit combien était énorme le pouvoir de Rieux, et combien on avait lieu de le redouter dans le canton.

Henri IV, parvenu au trône, entreprit de réduire à son obéissance les forteresses du Valois qui tenaient encore pour la Ligue. Le duc d'Épernon, chargé de faire le siége de Pierrefonds, parut devant cette forteresse dans le courant de mars 1591.

Mais le présomptueux général, méprisant trop son ennemi et croyant qu'il suffirait de se présenter à la tête des troupes royales pour se rendre maître d'un château qui n'était occupé que par une bande de brigands, négligea de faire les dispositions nécessaires pour assurer le succès. Après quelques démonstrations infructueuses, le duc fut contraint de se retirer, n'emportant de son expédition que la honte d'un échec et un coup de feu au menton qui le mit hors de combat.

Ce nouvel avantage porta l'insolence de Rieux à son comble ; désormais il se crut invincible. Souvent il lui arrivait de quitter son château et de se porter avec ses intrépides compagnons partout où les Ligueurs avaient besoin de secours. C'est ainsi que, lorsque Henri IV assiégeait Noyon en personne, il parvint à faire entrer dans cette ville un renfort considérable, ce qui prolongea le siége de vingt-un jours, et rendit le roi tellement furieux, qu'il excepta Rieux de la capitulation et jura de le faire pendre ; celui-ci ne jugeant pas à propos d'attendre l'effet de ces menaces, s'échappa de Noyon et se retira dans sa bonne forteresse.

Le siége de Noyon fut suivi d'une nouvelle expédition dans le but de réduire Pierrefonds. En conséquence, le maréchal de Biron vint investir ce château rebelle à la tête de forces imposantes, mais avec une artillerie dont la faiblesse ne lui permettait pas d'entamer d'aussi fortes murailles et d'y faire brèche. Après plusieurs jours passés en vaines tentatives, après avoir perdu beaucoup de monde, Biron imita son prédécesseur et se retira dans la crainte d'être pris entre deux feux par l'armée des Ligueurs qui désolait la Picardie.

Rieux, enorgueilli par le succès, et ayant, disait-il, à se plaindre de Henri IV, voulut se venger de ses menaces en le faisant tomber dans une embuscade; peu s'en fallut qu'il n'y réussît. Ce roi étant venu à Compiègne pour y visiter Gabrielle d'Estrées, l'astucieux capitaine de Pierrefonds conduisit le duc d'Aumale avec un fort détachement de cavalerie dans un lieu couvert par où il savait que Henri devait passer pour retourner à Senlis; mais un paysan qui avait rencontré ce détachement dans la forêt, s'imaginant que c'était l'avant-garde d'une armée ennemie, courut à toutes jambes annoncer à Compiègne que les Ligueurs marchaient vers la ville.

Le roi, ne se souciant pas de soutenir un siége dans

PIERREFONDS.

Ruines du Château.

une place aussi faible, en partit sur-le-champ et arriva à Senlis avant que la cavalerie du duc d'Aumale eût été informée de son départ.

Rieux exerçait souvent ses talents sur les grands chemins, et n'était quelquefois accompagné que d'un petit nombre de ses gens, emmenant dans sa forteresse tous ceux qui lui semblaient devoir payer une rançon (*).

Dans une de ses expéditions, il tomba entre les mains d'un détcahement de la garnison de Compiègne. Condamné par des commissaires à être pendu, il fut *lancé dans l'éternité* sur la place de l'Hôtel-de-Ville, vers la fin de l'année 1593, au grand contentement des habitants de la contrée, qui, suivant la chronique, assuraient que c'était la seule chose qu'il n'eût pas volé (**).

Le sieur de Saint-Chamant, baron Dupesché, prit lui-même le commandement du château de Pierrefonds après la mort de son digne lieutenant.

Henri IV, persistant plus que jamais dans la résolution de s'en emparer, fit occuper par le corps d'armée du duc de Nevers toutes les avenues conduisant

---

(*) Une captive célèbre de ce bandit fut la jeune et malheureuse épouse du gouverneur de Senlis, Montmorency-Boutteville, le même qui fut décapité sous Louis XIII, pour avoir enfreint la loi contre les duels en se battant dans la place Royale de Paris. Son fils posthume fut l'illustre maréchal de Luxembourg, l'émule du grand Condé.

(**) Les habitants de Pierrefonds, exposés chaque jour à se voir dévalisés par Rieux et sa bande, s'étaient faits ligueurs avec lui, mettant ainsi en pratique le proverbe *Il faut savoir hurler avec les loups.*

Cette conduite leur valut le sobriquet qui leur resta longtemps. On les appelait les *Rieux de Pierrefonds* (M. Leroux, *Recherches sur l'origine... etc.*)

à Pierrefonds, et fit avancer devant le château une partie des troupes et de l'artillerie qui venaient de réduire Laon sous les ordres de François des Ursins.

Toutefois, après quelques attaques infructueuses, ce dernier crut reconnaître que les *bons procédés* feraient plus auprès de Saint-Chamant que tout cet épouvantail de guerre. En effet, après une assez longue négociation, il accepta une grosse somme d'argent, livra la forteresse et se retira à la Ferté-Milon. François des Ursins reçut la capitainerie de Pierrefonds pour récompense de ses services.

Ce château rebelle, que la beauté de son architecture avait préservé de la destruction lorsque Henri IV fit démanteler la forteresse de la Ferté-Milon, devint encore le boulevart des factieux à l'époque de la guerre des Mécontents.

Le marquis de Cœuvres, vicomte titulaire et capitaine de Pierrefonds, ayant embrassé ce parti, renforça la garnison de cette place et en confia le commandement à un officier d'une grande bravoure nommé Villeneuve.

Le château, amplement pourvu de munitions de guerre, était très mal approvisionné en vivres, ce qui obligea son nouveau commandant à imiter la conduite de Rieux et à exploiter militairement les lieux voisins pour nourrir sa garnison.

Les excès inévitables qui accompagnaient cette mesure violente excitèrent des plaintes si fortes contre la garnison de Pierrefonds, qu'enfin le cardinal de Richelieu fit décider en 1616, dans le conseil du roi, que Charles de Valois, comte d'Auvergne, irait s'emparer de cette forteresse.

Ce général avait sous ses ordres quatorze mille hommes d'infanterie et trois mille chevaux, l'une des plus fortes armées de ce temps.

Dix grosses pièces à battre en brèche et vingt autres de moindre calibre, remontèrent l'Oise et arrivèrent en même temps à Verberie.

Le comte d'Auvergne ayant fait ses dispositions de manière à éviter les fautes de ses devanciers, attaqua vigoureusement les ouvrages extérieurs protégés par une artillerie formidable, qui, dans les premiers jours, riposta d'une manière si subite, qu'elle fit taire un instant les batteries ennemies. Toutefois, Charles de Valois reconnaissant que le capitaine de Pierrefonds prodiguait ses munitions sans discernement et faisait jouer des batteries qui ne pouvaient lui faire aucun mal, excita pendant quelque temps cette ardeur indiscrète, et dès qu'il la vit se ralentir, il démasqua sa réserve, écrasa de tout son feu les ouvrages avancés, les emporta presque aussitôt l'épée à la main, et ruina à coups de canon deux fortins dont l'emplacement devenait précieux pour battre en brèche le grand donjon. Sans donner à Villeneuve le temps de se reconnaître, le comte d'Auvergne y plaça deux batteries de son plus gros calibre, et commença à foudroyer de ce poste une magnifique terrasse qui servait de soutènement à ce donjon, tandis qu'une autre batterie, établie dans un angle formé par le chemin du château et l'extrémité de la chaîne de collines qui est à sa droite, dirigeait tous ses coups contre l'une des grosses tours de défense de la principale porte. Enfin la grande terrasse, sapée dans ses fondements, laissa voir, par une énorme brèche, le côté vulnérable de la forteresse. On reconnut qu'en cet endroit les murs avaient beaucoup moins d'épaisseur que dans les autres parties.

Dans le même instant, la grosse tour du donjon, assaillie sans relâche depuis deux jours, succombant tout à coup sous le feu incessant des royalistes, s'écroula entraînant dans sa chûte une partie des courtines environnantes.

Villeneuve, convaincu aussitôt de toute l'imminence de sa position, demanda à parlementer, et obtint une capitulation plus avantageuse qu'il ne pouvait l'espérer après six jours d'une défense qui lui fit beaucoup d'honneur.

Richelieu, ce grand démollisseur de la noblesse féodale et des forts châteaux, décida, en 1617, quelques mois seulement après la victoire du comte d'Auvergne, que cette ferté incorrigible serait démantelée, afin qu'elle ne servît plus désormais de refuge aux mécontents.

La hache du cardinal traita le château de Pierrefonds comme les Sauvages traitent leurs prisonniers : elle lui coupa les jarrets et lui énerva les bras. Sans pitié pour cette puissance déchue, elle la déchira du haut en bas, la mutila, décapita le géant et ne s'émoussa point.

Au fracas des armes, aux clameurs des soldats, au bruit monotone des pas de l'archer vigilant qui sans cesse faisait le guet du haut de ces tours, succédèrent désormais le silence et la solitude.

Pendant de longues années les habitants du bourg de Pierrefonds vinrent fouiller les entrailles du colosse, emportant les matériaux nécessaires pour la construction ou plutôt pour la reconstruction de leurs maisonnettes à pignons dentelés.

En effet, tant de ces humbles demeures du pauvre avaient souffert du voisinage de la forteresse, qu'à peine si on peut montrer aujourd'hui plus de deux ou trois maisons antérieures à l'année 1617.

Jusqu'en 1792 les débris du château de Pierrefonds firent partie de l'apanage de la maison d'Orléans. En l'an VII, ils furent vendus comme propriété nationale pour la somme de 8,100 francs et achetés en 1813, moyennant le prix de 2,750 francs, par l'empereur Napoléon Ier qui les réunit au domaine de la couronne.

Visitées en 1832 par la famille royale de France à l'occasion du mariage de la reine des Belges, ces ruines furent entourées de massifs d'arbres à feuilles persistantes, dont l'effet ne présenta pas plus tard l'aspect pittoresque que l'on se proposait. A cette même époque, l'établissement dans la tour Nord-Est de harpes éoliennes, parodie maladroite des harpes allemandes, n'eut guère plus de succès.

Après avoir été la plus belle ferté du *gentil pays de*

France, le château de Pierrefonds en était encore naguères la plus belle ruine.

D'importants travaux de déblaiement entrepris depuis 1848 ont fait apparaître successivement diverses parties de ce monument que recouvraient depuis plus de deux siècles des amas de décombres, et mis à jour des indices certains de l'ancien niveau du sol. On reconnut tout d'abord, sur le pavage de l'entrée, l'empreinte des roues des nombreux chariots qui devaient servir au transport des approvisionnements.

Le grand perron conduisant à l'escalier principal de l'habitation seigneuriale fut également mis à nu. Un pont fixe remplaçant le pont-levis qui donnait accès dans la cour du donjon fut jeté sur le fossé, dont on a retrouvé aussi le dallage.

Ces travaux, continués avec persévérance et dirigés avec une intelligence remarquable, amenèrent chaque jour la découverte de portions infiniment curieuses de ce monument d'un autre âge.

En même temps que se poursuivaient ces travaux de déblaiement on entreprenait en 1857 la restauration de l'une des tours, celle du nord-est, et des chemins de ronde contigus, ainsi que le rétablissement d'un escalier montant au donjon.

D'autres parties du château ont été dégagées des décombres et des terres sous lesquelles elles étaient enfouies, et ont laissé voir des statues malheureusement mutilées, des boulets de pierre ou de métal en grand nombre, des débris de toute nature qu'il serait trop long d'énumérer.

La véritable destination de la tour du coin où se trouvaient les *oubliettes*, cet épouvantail traditionnel de tous les visiteurs, a été désormais constatée par la découverte récente mentionnée dans le récit suivant :

« Dans la tour dite des Oubliettes, à quinze mètres
« au-dessous du sol de la cour, existe un cachot d'une
« parfaite conservation. Une barre de fer était scellée
« dans la muraille, à cette barre était rivée une
« chaîne d'une certaine longueur; elle devait servir
« à enchaîner le malheureux retenu dans cette triste
« prison. En effet, tout près de là se trouve un petit
« cabinet pour les besoins du captif; les angles de
« la porte paraissent en avoir été usés par le frotte-
« ment de sa chaîne.

« Au milieu de ce cachot existe une ouverture de
« cinquante centimètres carrés; elle devait être fer-
« mée d'une grille dont on voit encore les crampons.
« Par cette ouverture, on descend dans une oubliette
« de sept mètres de profondeur. Rien n'est plus beau
« que la construction de cette demeure souterraine.
« Sur une des parois, on lit le nom de Gilles de
« Boing ou Loing, en écriture du xive siècle. Ces mots
« paraissent avoir été gravés avec un clou (*). »

Lorsqu'un patient devait périr dans cette oubliette on l'y jetait par la trappe, puis on l'abandonnait aux tortures de la soif et de la faim; d'autres fois, et pour

---

(*) René Gandon.

prolonger son martyre, on lui descendait ce qu'on appelait énergiquement le pain de douleur et l'eau d'angoisse.

L'éminent architecte auquel l'Empereur a confié les travaux de restauration du château de Pierrefonds, écrivait en 1857 :

« Il n'est pas un château dans lequel les *guides*
« ne nous fassent voir des oubliettes, et générale-
« ment ce sont les latrines qui sont décorées de ce
« titre et que l'on suppose avoir englouti des vic-
« times humaines, sacrifiées à la vengeance des
« châtelains féodaux, mais cette fois il serait diffi-
« cile de ne pas voir de véritables *oubliettes* dans
« la tour sud-ouest de Pierrefonds.

« Au-dessous du rez-de-chaussée est un étage
« voûté en arcs-ogives, et au-dessous de cet étage,
« une cave d'une profondeur de sept mètres voûtée
« en calotte elliptique.

« On ne peut descendre dans cette cave que par
« un œil percé à la partie supérieure de la voûte,
« c'est-à-dire au moyen d'une échelle ou d'une corde
« à nœuds ; au centre de l'aire de cette cave circu-
« laire est creusé un puits qui nous a paru avoir huit
« mètres de profondeur, bien qu'en partie comblé,
« puits dont l'ouverture de 1 mètre 60 de diamètre
« correspond à l'œil pratiqué au centre de la voûte
« elliptique de la cave. Cette cave, qui ne reçoit de
« jour et d'air que par une étroite meurtrière, est ac-
« compagnée d'un siége d'aisance pratiqué dans l'é-
« paisseur du mur. Elle était donc destinée à rece-

« voir un être humain, et le puits creusé au centre
« de son aire était probablement une tombe toujours
« ouverte pour les malheureux que l'on voulait faire
« disparaître à jamais (*). »

Cette lumineuse appréciation de l'artiste s'est de tous points vérifiée lors de l'exécution des travaux ultérieurs.

On a aussi trouvé dans les fouilles faites au pied des ruines des petits caveaux renfermant chacun un corps. On pense que ces caveaux furent la sépulture des officiers morts pendant le siége. Dans plusieurs d'entre eux on a trouvé des pots en terre blanchâtre et des assiettes d'étain, trois de ces dernières paraissent sortir des mains du pauvre soldat qui les a *placées* sur le corps de son capitaine (**).

Espérons que le goût éclairé qui préside à la restauration du fort châtel de Louis d'Orléans saura conserver le prestige qui se rattachait à ces ruines majestueuses et ne fera pas regretter le désordre éloquent de la destruction, qui naguère encore offrait aux visiteurs tant de charme et de poésie (***).

Le bourg de Pierrefonds, dépendant du canton

(*) *Description du château de Pierrefonds,* par M. Violet-Leduc; 1857.
(**) René Gandon.
(***) Au moment où nous collationnons ces lignes pour les livrer à l'impression, la tour Nord-Est est terminée, celle Nord-Ouest s'achève; le donjon est élevé jusqu'à la toiture; en un mot, peu d'années encore et l'infatigable activité apportée dans cette restauration offrira aux curieux du XIXe siècle un précieux spécimen d'un château-fort du XIVe.

d'Attichy compte environ seize à dix-sept cents habitants.

L'accroissement de cette population suivra impérieusement le mouvement progressif des constructions nouvelles que chaque année voit s'élever dans cette commune, laquelle gagne en élégance et en comfort ce qu'elle perd en rusticité pittoresque.

D'élégantes maisons de campagne, des villas, des châlets, présentant une très grande variété de style, se groupent au pied de l'antique donjon féodal, ou bien s'épanouissent sur les bords du beau lac qui, sous le nom plus prosaïque d'étang de Pierrefonds, reçut il y a quelques années dans ses eaux une gracieuse flottille en miniature dont les connaisseurs admirent encore le gréement fin et délicat.

Cette transformation doit principalement être attribuée à l'affluence des étrangers attirés par la découverte faite en 1845 d'une source d'eau sulfureuse dont les vertus curatives, aujourd'hui constatées, assurent un succès durable au bel établissement de bains, conséquence nécessaire de cette découverte. Fondé l'année suivante dans une charmante villa située sur les bords du lac de Pierrefonds, cet établissement qui, depuis dix années, a reçu une grande extension, voit chaque jour s'accroître sa renommée et accourir pendant la saison des eaux un grand nombre de buveurs plus ou moins malades.

L'église paroissiale, fondée par le redoutable Nivelon Ier, sous le patronage de Saint-Sulpice, présente

St. SULPICE.

comme beaucoup de monuments religieux divers styles bien accusés.

Le clocher, dont la base paraît appartenir au XIII° siècle, fut en partie reédifié par les ordres de François Ier alors duc de Valois, et ne fut entièrement terminé qu'en 1557.

Les bâtiments du prieuré voisin de l'église, aujourd'hui convertis en ferme, laissent voir quelques portions d'arcades ogives et des parties du cloître avec des chapitaux romans. En défonçant près de ces bâtiments, en 1820, on a découvert de trente à quarante cercueils en pierre et en terre cuite.

Une découverte de même nature a également été faite sur le plateau qui domine l'église, à la ferme du Rocher, élevée sur l'emplacement du premier château.

Le plus considérable des hameaux dépendants de Pierrefonds est celui de Fontenoy, qui n'en est séparé que par la prairie et les étangs.

La vue de charmantes cascades formées par les eaux de la montagne y attire l'attention des promeneurs. On retrouve en ce lieu des vestiges de l'antique voie romaine vers un vieux manoir nommé le Grand-Logis, dont la fondation, attribuée à un chevalier de Pierrefonds, remonte au XII° siècle.

La maladrerie de Pierrefonds était située dans le *Grand-Logis,* au lieu dit l'Hôpital Saint-Ladre.

Le fief de Bournonville, possédé au XVI° siècle par le sire Nicolas Esmangard, capitaine du château de

Pierrefonds pour le roi, fait de même partie du hameau de Fontenoy.

Il n'existe plus sur le territoire de Pierrefonds que de bien faibles restes des fiefs contemporains de la seconde forteresse. Tels sont entre autres les hôtels du Grand et du Petit-Outreval ruinés en partie dans les guerres du xvii° siècle. Ces fiefs, distincts de la graude seigneurie appartenaient aux vicomtes de Pierrefonds, d'où ils échurent en partage à la maison d'Estrées.

Un autre fief dont les possesseurs sont nommés dans des actes du xvi° siècle, existait près du chemin des Plaideurs sous le nom de Baudon ou de Champ-Baudon.

Ce fief avait été érigé et 1160 par Nivelon III en faveur d'un de ses chevaliers nommé Baudon. Une chapelle dédiée à Saint-Maur et desservie par les religieux de Saint-Sulpice se voyait aussi près de ce manoir, dont il n'est resté que le souvenir.

Nous ne terminerons pas le chapitre de Pierrefonds sans mentionner *La Folie*, gracieux domaine que l'on aperçoit du haut des Ruines, et où les visiteurs sont assurés d'un bienveillant accueil de la part de son châtelain, toujours prêt à étaler sous leurs yeux ses richesses archéologiques.

Le château actuel de La Folie a succédé à un manoir dont l'origine ne remontait pas au-delà du siècle de Louis XIII.

Ce manoir avait dû être précédé, vers l'époque

gauloise ou gallo-romaine, par un de ces rendez-vous de chasse qu'au Moyen-Age on nommait *Folie*.

Le sanglant niveau des invasions et des guerres intestines n'a laissé de ce lieu que le nom. « Le mot « *Folleia,* » dit M. Peigné-Delacourt dans son remarquable travail sur la *Chasse à la Haie*, « s'applique « aux maisons de plaisance ou de chasse construites « en partie avec des arbres non façonnés et couvertes « avec des feuilles (*). »

Tout dans cette jolie vallée, qui porte aussi le nom de Folie, présente aux curieux quelque motif d'intérêt.

Ce sont d'abord les deux sources, l'une ferrugineuse, l'autre sulfureuse, dont l'identité avec celle de Pierrefonds a été constatée. Puis la naissance du rû de Berne, qui alimente le lac de Pierrefonds ainsi que les étangs de la prairie, qu'il parcourt jusqu'à la rivière d'Aisne.

La présence d'une grande quantité de poteries de formes et de couleurs diverses, ainsi que d'objets curieux que la terre a restitués, atteste l'existence au milieu de cette vallée non seulement d'une habitation gallo-romaine, mais peut-être encore d'une fabrique de produits céramiques; des médailles gauloises, romaines et d'autres d'une époque plus récente, des figurines de diverses matières, des armes

---

(*) Depuis, par analogie, on a donné ce nom à des constructions plus solides, mais ayant la même destination. De là ce grand nombre de *Folies* qui se rencontrent en divers lieux.

de cuivre et de fer, celtiques et romaines, font partie de la belle collection si obligeamment offerte à la curiosité des visiteurs du château de La Folie (*).

(*) Une savante dissertation sur toutes ces raretés se lit dans une Notice récemment publiée sur La Folie, près Pierrefonds, par M. E. Caillette de l'Hervillers.

MORIENVAL

IX

MORIENVAL

> Déjà l'herbe qui croît sur les dalles antiques
> Efface autour des murs les sentiers domestiques,
> Et le lierre flottant comme un manteau de deuil,
> Cache à demi la porte et rampe jusqu'au seuil.
>   LAMARTINE.

SAINT-ÉTIENNE. — MARTIMONT. — CHELLES. — BÉROGNE. CHÊNE HERBELOT. MORIENVAL. — LE CHATEAU DE VEZ.

Le plus court chemin pour se rendre à Morienval, but de notre prochaine exploration, n'est certes pas celui que nous proposons ici, mais il est sans contredit le plus intéressant, car il nous conduira par Saint-Étienne et le territoire de Chelles, vers l'antique Bérogne et ce *Palatium Casnum*, dont les ruines, enfouies depuis des siècles, ont complétement disparu ; n'hésitons donc pas à suivre cette dernière route.

Chemin faisant, nous rappellerons l'existence du grand donjon de Martimont (en latin, *Martis mons*), qui s'élevait jadis sur la montagne de ce nom, et dont l'importance lui avait attiré, comme au château de Pierrefonds, l'honneur insigne d'être représenté dans la galerie des Cerfs de Fontainebleau.

On sait qu'en changeant d'objets les cultes n'ont pas changé de place, et que de tout temps et chez tous les peuples les hauts lieux ont été consacrés à la Divinité ; aussi cette montagne a-t-elle vu tour-à-tour les pierres sanglantes des Druides, un temple au dieu Mars, dont elle garde le nom, et un oratoire des premiers chrétiens du Valois, remplacés plus tard par une église que, de nos jours, une modeste croix représente.

Bien que l'époque de la fondation du fort château de Martimont soit inconnue, cependant quelques auteurs se hasardent à la faire remonter jusqu'à l'occupation romaine (*). Ce château qui, au milieu du xviiie siècle, était encore debout, n'offre plus aujourd'hui qu'un amas de décombres appelé les Tournelles de Martimont, où on a recueilli des médailles gauloises. Les ruines d'un ancien prieuré occupé jadis par dix chanoines mondains que les gens du lieu nommaient les *moines rouges*, subsistent encore au pied de la montagne.

(*) Le hameau de Martimont, voisin de Chelles, est une dépendance de la commune de Croutoy.

Ces moines, si l'on en croit le dit-on populaire, furent tous exterminés dans une seule nuit par un farouche châtelain des environs qui, ayant à se plaindre de l'un d'eux, s'en vengea traîtreusement sur toute la communauté.

Sur le territoire de la petite commune de Saint-Étienne-lez-Pierrefonds se trouve l'emplacement romain auquel on donne le nom sonore de *Ville des Gaules !*

Cet emplacement, situé entre la route Marillac, la plaine du Mont-Berny et la chaussée Brunehaut, est jonché de tuiles brisées et de constructions démolies ou enfouies, sur un espace de quatre hectares limité au nord par une muraille sèche appuyée d'un fossé. Des sarcophages, des figurines, des poteries, des armes de bronze et un grand nombre de médailles ont été recueillis dans ce lieu dont l'existence enveloppée d'un profond mystère laisse le champ libre aux conjectures les plus contradictoires.

Le village de Chelles, situé près de la chaussée de Brunehaut, dans une charmante vallée que forme la petite rivière de Vandi, doit son nom et son origine à une chapelle ou à un oratoire (*cala, cella*) bâti en ce lieu dans les premiers temps du christianisme.

Après avoir été donné par l'un de ses seigneurs à l'église cathédrale de Soissons, il fut placé par le chapitre de cette église sous la protection d'un certain chevalier de Pierrefonds, qui prit le titre de vicomte de Chelles et vint s'y établir.

A l'époque où les croisades étaient la panacée universelle, le vrai remède à tous les maux de ce bas monde, Jean Ier de Pierrefonds, vicomte de Chelles, brûlant d'ardeur pour la gloire et manquant d'argent pour aller en Palestine, céda tous ses droits sur cette vicomté au chapitre de Saint-Gervais de Soissons, moyennant seize marcs d'argent et deux sous de cens à ses héritiers. Par le même accord, le chapitre s'obligea à faire chanter une messe tous les samedis, pendant son absence, à donner un repas à l'issue de la messe, et à laver les pieds à un pauvre. Ce traité fut ratifié par Frédelinde, femme de Jean, par ses cinq enfants, ses trois frères, vingt ecclésiastiques et seize chevaliers. C'est ainsi que les églises et les monastères rachetaient souvent les domaines que la terreur leur avait fait abandonner aux seigneurs sous la protection desquels ils s'étaient placés dans des temps de troubles, ceux-ci croyant désormais n'avoir plus besoin que d'un peu d'or et de leur courage pour aller en Asie conquérir des royaumes.

Parmi les divers fiefs de la vicomté de Chelles, nous citerons celui de Ronquerolles, dont on retrouve encore des traces dans la ferme qui lui a succédé. Il existe dans le parc de ce vieux manoir, à quelques pieds sous terre, et même à sa surface, une grande quantité de sarcophages en pierre creusés en forme d'auge et pour la plupart recouverts d'une dalle. On a trouvé dans plusieurs de ces tombes des ossements et des débris d'armures entièrement défigurés. En dehors de ce parc, sur le penchant du coteau, se voient plusieurs de ces cercueils à demi déterrés. Le chemin qui les sépare de la ferme est connu dans le pays sous le nom prestigieux de *ruelle des Sarrazins.*

Quel vaste champ ouvert aux conjectures! Aussi n'est-il pas un seul archéologue qui n'ait donné son opinion sur cette étrange dénomination.

Voici celle de Duchesne, dans son *Traité de l'Antiquité des villes* : « Joignant le fief de Ronquerolles-lez-Chelles, habitation de Nicolas de Liévré, sieur de Humerolles, vivant, bailly de Senlis, s'est découvert depuis quarante ans (1591) par la ravine, en une ruelle dicte *des Sarrazins*, un nombre de sépulchres et tombeaux anciens qui furent, comme il est croyable, de quelque troupe de juifs vagabonds et fugitifs. »

Cette opinion de Duchesne est au contraire très invraisemblable. Peut-on supposer que dans ces temps d'intolérance religieuse on ait fait de grands frais de sépulture pour des *juifs vagabonds et fugitifs* auxquels on accordait à peine un abri?

Quant à la tradition locale, elle veut que les Sarrazins aient été défaits dans une grande bataille livrée près de Chelles, mais elle ne dit pas si le parti vaincu portait dans son bagage ce grand nombre de cercueils pour y ensevelir ses morts.

La forme de ces antiques sarcophages ferait supposer qu'ils remontent à l'époque de la première race, ou même à celle de l'occupation romaine.

La ferme contiguë à l'église a remplacé un prieuré occupé par des *moines rouges* en tout semblables à ceux de Martimont.

Il ne reste plus aujourd'hui du château détruit en 1770, et qui s'élevaient vis-à-vis de l'église, qu'une seule tour cylindrique à toit conique en pierre qui paraît appartenir à la fin du xve siècle.

Cette église, dédiée à Saint-Martin, possède un chœur d'un style fort curieux de l'époque de transition.

Le hameau de Bérogne, dépendance de la commune de Chelles, laquelle compte à peine quatre cents habitants, était autrefois un lieu considérable qui fut ruiné par les Bourguignons sous le règne de Charles VI, pendant que les habitants, abandonnant leurs pauvres demeures, s'étaient réfugiés dans le château de Pierrefonds.

La villa romaine à laquelle nos vieux chroniqueurs ont donné le nom de *Palatium Casnum*, Palais de Chesne, était située entre Bérogne et Saint-Étienne, sur le plateau au Sud-Est de Pierrefonds, dominant dans cette belle position tout le pays environnant, depuis les bords de l'Aisne jusqu'à ceux de la petite rivière d'Automne. La proximité de deux belles forêts n'était pas le moindre de ses avantages, car, à cette époque comme dans tous les temps, la chasse était l'une des premières jouissances des puissants de la terre, ce qui pourrait peut-être porter à croire que ce palais, éloigné de quelques centaines de mètres seulement de la chaussée romaine était sous les empereurs du domaine impérial et à l'usage de l'un des hauts fonctionnaires de la province (*).

Les rois de la première race habitèrent souvent ce *Palatium Casnum*, ainsi nommé, disent certains auteurs, à cause de sa proximité du chêne Herbelot, contemporain de la villa romaine.

Une ordonnance de Charles-le-Chauve désigne sous ce nom ce berceau des seigneurs de Bérogne, fondateurs du premier château de Pierrefonds.

Louis-le-Bègue convoqua au palais de Chesne les grands vassaux du royaume, lorsqu'en 877 il reçut la nouvelle de la mort de son père. Détruit par les Normands au xe siècle, ce palais fut dès lors abandonné par ses possesseurs.

Quelle que soit la véritable origine du nom donné à ce palais, le chêne Herbelot, dont l'antiquité ne peut pas du moins être contestée, et qui étalait ses rameaux gigantesques sur les ruines mêmes du vieux manoir mérovingien ou dans leur voisinage, fut abattu, dit-on, en 1806, par un ouragan. Il n'avait pas moins de huit mètres de circonférence et vingt mètres d'élévation sans branches (**).

(*) *Recherches sur les divers châteaux de Pierrefonds*, par M. Leroux.
(**) En retirant de terre les racines du chêne Herbelot on rencontra des pans de murs alignés dans la direction de Chelles.

De combien d'événements cet arbre majestueux, témoin impassible des prouesses de ses seigneurs, n'aurait-il pas été l'historien! que de passions diverses ont dû s'agiter sous ce chêne, jadis le siége de la justice du Palais !

Jusqu'à la fin du XVIe siècle, l'usage de tenir les audiences en plein air, dans les places publiques ou à l'ombre des chênes et des ormeaux, s'était maintenu dans tout le Valois. Cet usage, qui faisait dire proverbialement au peuple, *point de beau temps, point de justice*, et qui permettait à un grand nombre d'auditeurs d'assister au jugement, était sans doute un reste des mœurs gauloises que n'avait pas dû contrarier l'introduction des coutumes des Romains, habitués à la large publicité du Forum.

Ces arbres judiciaires étaient en grand nombre dans la contrée ; on pourrait citer entre autres l'arbre Jacquemart à Attichy, l'orme de Duvy, l'arbre de la justice ou l'épine de Pierrefonds (*), le chêne de Neuilly-Saint-Front, l'épinette de Rhuys, l'ormel de Verberie, enfin l'arbre des Grueries au carrefour de ce nom, à l'ombre duquel les gardes généraux jugeaient les délits forestiers. Le nom du chêne Herbelot, leur doyen à tous, n'est prononcé qu'avec un orgueil mêlé de regrets par les villageois du canton ; à son existence se rattachait une sorte de prestige, et les vieillards qui tour-à-tour sont venus sous son feuillage aimer et se souvenir, redi-

---

(*) On voit auprès de cet arbre deux grosses pierres, restes probables d'un ancien gibet.

sent avec enthousiasme l'histoire de ce tronc vénérable, dont ils déplorent la perte comme celle d'un vieil ami (*).

Plusieurs écrivains, grands dénicheurs d'antiques origines, attribuent celle de Morienval, ou Mornienval, à des Morins, anciens peuples du Boulonais, qui, suivant eux, seraient venus s'établir et se fortifier dans la vallée où se trouve situé ce village, dont le nom latin est *Moriniana vallis.* Moins ambitieux, quelques autres assurent que Morienval a commencé par une maison de chasse que Dagobert Iᵉʳ avait fait bâtir sur les ruines d'une ancienne métairie de plaisance, d'une *villa cæsarina*, pour y loger ses meutes et ses équipages de chasse.

Ils auraient pu ajouter que la fondation en ce lieu d'une abbaye sous le patronage de la Vierge Marie avait pu lui imposer le nom de *Maria in valle*, d'où *Marienval*, puis *Morienval*.

Quoi qu'il en soit, à Dagobert Iᵉʳ appartient l'honneur d'avoir fondé l'abbaye de Morienval, l'une des plus anciennes de France. Ayant fait édifier près de sa vénerie une église consacrée à la Sainte-Vierge et à saint-Denis, il trouva convenable de l'accompagner d'un double monastère d'hommes et de femmes où l'autorité suprême reposait tout entière dans les mains de l'abbesse, ce que Bayle signale comme « diamé-

---

(*) La population locale arrosait, pendant les premières années, le jeune arbre planté en 1807 pour remplacer ce doyen des chênes de la contrée.

tralement opposé à la loi salique ». A Morienval, la même église, le même cloître servaient aux religieuses Bénédictines de Notre-Dame et aux chanoines de Saint-Denis; mais le second concile de Nicée ayant ordonné dans la suite la disjonction de tous les monastères doubles quant à l'habitation dans le même logis et à l'assistance aux mêmes exercices, la double communauté ne subsista plus que pour ce qui tenait au spirituel et à la propriété.

En l'année 870, une incroyable profusion de bois, de fermes, de moulins, de brasseries, de menses, de villages entiers avec leurs *hommes de corps*, furent donnés en toute propriété à l'abbaye de Morienval, par le roi Charles-le-Chauve, à la prière de sa femme Ermentrude.

Toutes ces richesses ayant bientôt excité la cupidité des grands vassaux, cette maison fut érigée en commende et passa ès-mains d'un abbé laïque.

Entièrement détruites par les flammes lors des ravages des Normands dans la vallée d'Automne, l'église et l'abbaye de Morienval furent reconstruites en pierre par les soins de l'abbé Robert, frère du roi Eudes, le même que, dans un combat, Charles-le-Simple tua de sa propre main.

Cette construction, interrompue plusieurs fois, ne fut entièrement achevée que cent ans plus tard. Le portail de la nouvelle église, que décorait la statue équestre de Dagobert, ayant été abattu en 1580, cette statue fut placée dans le chœur et y resta jusqu'en 1716, époque à laquelle une abbesse la fit enterrer dans l'église vis-à-vis de la chapelle du Rosaire (où l'on assure qu'elle est encore), parce qu'elle avait eu un bras cassé, et surtout, dit un contemporain, parce que cette abbesse en trouvait la draperie trop grossière ; vainement jusqu'à ce jour a-t-on fait des recherches pour retrouver cette statue ; toutes ont été infructueuses.

Lorsque l'église et les lieux réguliers de l'abbaye eurent été terminés, on éleva un fort à la place du *palais du Roi*, dévoré par l'incendie en même temps que le monastère. Le commandant de ce fort se qualifiait *maire du roi*. Il ne reste plus de ce petit donjon que quelques murs d'enceinte dans les dépendances de la ferme dite de la Tour.

Non contente des libéralités de Charles-le-Chauve, une abbesse de Morienval, la dame Pétronille, voulut, en 1122, procurer à son monastère une autre source de richesses, et s'empara fallacieusement des reliques de saint Annobert, que des prêtres ambulants promenaient de province en province pour édifier les fidèles et remplir leur aumônière.

Ces bons prêtres, à leur passage près de Morienval, reçurent une généreuse hospitalité de l'abbesse Pétronille, qui eut l'attention délicate de faire placer leur reliquaire dans son église ; mais lorsque le lendemain, au moment du départ, ils voulurent reprendre la châsse de leur saint Annobert, elle se trouva si pesante qu'il leur fut impossible de la soulever. La sainte relique ayant manifesté d'une manière si éclatante sa volonté de rester à Morienval, les pauvres voyageurs furent contraints de céder au miracle.

« Cette perte, dit naïvement le chanoine qui rapporte cette véridique histoire, coûta aux passagers des sanglots et des regrets bien amers; mais plus leur tristesse était grande, plus notre joie était complète. »

La châsse, redevenue légère, fut placée dans un endroit apparent du chœur. Tous les ans, au 1ᵉʳ septembre, la mémoire de cet événement était célébrée par des fêtes et des chants d'allégresse; ce jour-là, de nombreux pélerins et de nombreuses offrandes affluaient au monastère.

La séparation de la double communauté avait bien nécessité la construction d'une seconde église pour les chanoines de Saint-Denis, mais elle n'avait pas amené de réforme dans la conduite des religieuses, qui, n'étant pas cloîtrées, y menaient une vie tant soit peu dissolue; elles voulaient à toute force avoir chacune un confesseur, bien que leurs règlements n'en prescrivissent qu'un seul pour toutes.

Néanmoins, plus indulgente et moins barbare que la loi romaine qui condamnait à être enterrées vives les pauvres Vestales qui venaient à faillir, la règle de Morienval se bornait à condamner les délinquantes à être décoiffées publiquement.

Une pieuse abbesse, Anne de Foucault, qui pendant soixante-cinq ans gouverna ce fragile troupeau, entreprit, en 1640, de réformer les abus introduits dans son bercail. Elle rassembla ses tendres ouailles, les obligea à prendre leur repas en commun et à se contenter d'un confesseur, mais elle ne put parvenir à les soumettre au vœu de clôture.

La sépulture de cette abbesse, célèbre dans le cartulaire de Morienval, celle d'Agnès de Viry et de vingt autres saintes femmes qui tinrent avant elles le bâton pastoral de cette abbaye, se voient dans la grande nef de Notre-Dame. A gauche, près de la porte d'entrée, se voit également une pierre tumulaire surmontée d'une statue couchée représentant le chevalier Florent de Hangest, sire de Viry, frère de l'abbesse de ce nom.

Ce personnage, que les habitants nomment encore familièrement le chevalier *Regnard*, succomba au siége de Saint-Jean-d'Acre en 1191; son corps, ou seulement son cœur, fut rapporté dans sa patrie et inhumé dans la commune de Morienval, dont il avait été le bienfaiteur.

Cette statue représente un chevalier de haute taille, couvert d'une cotte d'armes, ceint d'un cordon garni de mailles, les éperons aux pieds, symbole de sa mort glorieuse, et tenant dans la main droite une espèce de sceptre terminé par un fleuron ou fleur de lis; sa main gauche repose sur un écu de forme triangulaire, à la croix de gueules, chargé de coquilles. Les pieds du chevalier s'appuient sur un chien dont la tête est brisée (*).

Une fondation toute philantropique attribuée au *chevalier Regnard*, qui avait aussi établi à Morienval

---

(*) L'illustre nom de Hangest se retrouve toutes les fois qu'il y a

une léproserie et un hospice pour donner asile aux voyageurs et aux malades (*), prescrivait aux religieuses de distribuer à tous les pauvres de la paroisse, les jeudi et vendredi saints de chaque année, seize sacs de blé convertis en pains de cinq livres. A la fin du carême de 1744, la dame de Serrent, dernière abbesse de Morienval, n'ayant pas voulu se conformer aux intentions du fondateur, les habitants, irrités de ce refus, se ruèrent sur l'abbaye pour en faire le siége; mais cinquante soldats, placés à propos dans l'intérieur du moutier, eurent bientôt réprimé cette velléité guerrière. Néanmoins les religieuses, ne se croyant plus en sûreté dans cette paroisse, demandèrent leur changement l'année suivante, et furent dispersées au Parc-aux-Dames et à Royallieu.

La conduite de l'abbesse de Morienval trouvait heureusement peu d'imitateurs. Les monastères faisaient en général, aux pauvres, d'abondantes aumônes; ces œuvres de charité étaient souvent le fruit de pieuses fondations.

« Les monastères étaient, dit M. de Chateaubriand,
« des hôtelleries où les étrangers trouvaient en pas-
« sant le vivre et le couvert. Cette hospitalité qu'on
« admire chez les anciens et dont on voit des restes

---

de bons coups à donner ou à recevoir. On le voit figurer à Bouvines aussi bien que pendant les Croisades.

Le grand maître des arbalétriers, tué à Azincourt, se nommait Jean de Hangest.

Cette famille, aujourd'hui éteinte, portait : *d'argent à la croix de gueule chargée de cinq coquilles d'or.*

(*) On voit encore à Morienval la Couture ou Culture Regnard.

« en Orient, était en honneur chez nos religieux.
« Plusieurs d'entre eux, sous le nom d'hospitaliers,
« se consacrèrent particulièrement à cette touchante
« vertu... »

La communauté des chanoines, moins considérable que celle des Bénédictines, et dirigée par un prieur-doyen soumis à l'autorité de l'abbesse, avait été supprimée dès le XVIe siècle.

L'église paroissiale de Saint-Denis, située où est actuellement la place du village, fut abattue à l'époque de la dispersion des religieuses; seule l'église des Bénédictines est restée debout. Elle a passé de l'invocation de Notre-Dame sous le patronage de saint Denis, et est devenue l'église paroissiale.

Le pavillon abbatial dont on voyait encore de beaux restes il y a quelques années, a été remplacé par le bâtiment d'habitation d'une sucrerie. Les lieux claustraux, en grande partie dénaturés, servent à l'exploitation de cette usine.

Plusieurs fiefs oubliés aujourd'hui donnaient autrefois de l'importance à la commune de Morienval; tels étaient la Grand'Maison, qui conférait au titulaire le droit de pairie aux assises de Crépy, et qui avait appartenu au célèbre Pierre Dailly; les vieilles Tuileries, le moulin d'Ancien-Pont et le fief d'Hélincourt, peu distant de Morienval, dont le nom rappelle celui du chevalier Hélin, son fondateur. Ce chevalier, d'abord avoué de l'abbaye, devint grand sénéchal de Flandre, gouverneur de Crépy et commandant en chef des troupes de Philippe d'Alsace, à la tête desquelles il se distingua lorsque ce prince disputait le duché de Valois au roi Philippe-Auguste, querelle qui ne fut terminée que par la cession de cette province en faveur de la comtesse Éléonore de Nevers, fille du comte de Crépy. Le manoir de ce vaillant chevalier fut longtemps connu sous le nom d'*Hôtel des voûtes d'Hélin*, parce que, suivant la tradition, il y avait fait pratiquer d'immenses souterrains qui s'étendaient au loin dans la campagne.

La commune de Morienval, augmentée de celle de Saint-Clément, qui lui a été réunie et dont l'église est ruinée aujourd'hui, compte environ deux cents feux. Sa situation sur le penchant d'un coteau est des plus pittoresques.

Pour éviter aujourd'hui le reproche que nous avons encouru dans les premières éditions de ce volume, nous conduirons le lecteur à Vez, cet antique berceau des premiers comtes du Valois, ou plutôt le pays de Valois par excellence.

De Morienval à Vez, on ne compte guère plus de cinq à six kilomètres, et l'excuse que jadis nous aurions pu invoquer n'existe plus, puisque de jolies routes y conduisent à cette heure.

En présence de l'intéressante Notice publiée en 1857 sur le château de Vez, dont cette fois on n'a pas à rechercher l'existence problématique, nous ne pouvons mieux faire que de lui emprunter quelques mots, puis y renvoyer les touristes et les antiquaires qui y trouveront de curieux détails sur ses divers états depuis son origine jusqu'à sa décadence ; ils y liront aussi avec intérêt la légende de saint Arnoul et l'histoire du prêtre Constance, ravisseur des reliques de ce saint, ainsi qu'une autre légende très populaire, celle du *Baudelot blanc*, jadis l'effroi du canton.

« Vez ou Vé, dont le nom latin est *Vedum*, qui signifie *gué*, était dans les temps anciens la capitale du pays Valois, *ce nombril ou milieu de la vraye Gaule françoise, appelée vulgairement l'Isle de France* (*), et n'est aujourd'hui qu'un petit village comprenant environ quatre cents habitants.

« Si Vez a été négligé jusqu'ici, ce n'est pas qu'il n'ait conservé des traces même fort intéressantes de son ancienne grandeur. On a vanté et classé comme monuments historiques des édifices plus ou moins bien conservés qui ne valent pas les restes actuels du château de Vez.

« Le château tel qu'il se présente actuellement, au moins dans sa partie principale, comprend une enceinte parfaitement close et défendue de tous les côtés. Il est posé sur la croupe d'un monticule dominant en face la vallée, dégagé sur ses flancs et ne communiquant avec le plateau que par un espace comparativement étroit...

« A l'angle le plus menacé s'élève une grosse tour de forme sensiblement carrée, quoiqu'irrégulièrement

---

(*) Bouchel et Bergeron, *Coutumes du Valois*.

flanquée dans toute sa hauteur de cinq massifs cylindriques de maçonnerie pleine. Cette tour, qui a cent pieds d'élévation, peut être considérée comme un des beaux restes de l'ancienne architecture militaire. Le front du château est encore protégé du côté de la plaine par un fossé sur lequel est jeté un pont aujourd'hui fixe, autrefois mobile. Ce pont aboutit à l'entrée du château, munie de deux tourelles qui se terminent en clocheton. Toute cette enceinte est admirablement bien conservée, et l'arête des murs garde sa rectitude primitive.

« Quand on pénètre dans cette enceinte, on voit les ruines d'un corps de bâtiments qui servait d'habitation aux seigneurs du lieu et qu'on appelle le *donjon*.

« L'effet de ces ruines est fort heureux : si l'on jette les yeux par-dessus les parapets des murs d'enceinte, on aperçoit dans le fond de la vallée, à droite, les restes de l'ancienne abbaye de *Lieu-Restauré* (*).

« Sur la colline en face se voit la ferme de Saint-Marc, reconnaissable à ses deux tourelles en clocheton... » (**)

De toutes parts l'œil jouit, du haut de ces vieux remparts et surtout du sommet de la grosse tour, d'une admirable vue s'étendant sur une vallée charmante qu'arrose la rivière d'Automne.

(*) Cette abbaye d'hommes, dont le nom date de sa restauration, au XIIe siècle, n'a laissé d'autre trace de son existence que les restes de son église, aujourd'hui occupée par une fabrique. On y voit une rosace découpée à jour d'une beauté remarquable.
(**) *Notice historique sur Vez;* 1857.

La merveilleuse situation de Vez est une bonne fortune pour les explorateurs. Placées en effet à quelques lieues de Villers-Cotterêts (*), de Crépy, de La Ferté-Milon et de Pierrefonds, ce quartier-général des touristes et des artistes les ruines du vieux manoir des comtes de Valois, deviendront pour tous le but d'un pélerinage facile à accomplir.

(*) Le chemin de fer de Crépy à Villers-Cotterêts, présentement à l'étude, desservira Vez par la station de Vauciennes, distante de quatre kilomètres.

X

CRÉPY

> La ville de Crépy a cela de particulier qu'étant la capitale du Valois, elle mérite de fixer particulièrement notre attention.
>
> Dom CARLIER.

L'épigraphe placée en tête de ce chapitre démontre suffisamment l'opportunité d'une excursion vers cette vieille et historique cité qui détrôna jadis de sa puissance Vez, l'antique chef-lieu du pays de Valois, et lui ravit son titre et ses priviléges.

Écoutons les divers sentiments des historiens sur

l'origine de cette ville, distante de Vez d'environ huit kilomètres.

Jules César, dont le nom se présente toutes les fois qu'il s'élève un doute sur la fondation d'une ville ou d'une forteresse, est véhémentement soupçonné par quelques-uns d'entre eux d'avoir érigé en ce lieu une haute tour qui aurait donné naissance au château et à la ville de Crépy. D'autres rapportent à la mission de saint Crépin dans le Soissonnais les commencements de cette ville, qu'ils nomment *Crispeium, Crispiacum, Crispiacense-Castellum*. Il en est qui prétendent avec plus de raison peut-être qu'elle doit son nom à des souterrains appelés par les Romains *Crepa* et *Cryptæ* (*), où ils assurent que des familles gauloises avaient cherché un refuge. Enfin, le moine Helgaldus, écrivain du xie siècle, dans son *Abrégé de la Vie du roi Robert*, nous donne un sire Walterius ou Gaulthier pour fondateur de Crépy, ou plutôt de la forteresse et de l'abbaye qui le précédèrent, car nulle ville, au xe siècle, ne pouvait exister sans un fort château pour la défendre et sans une bonne abbaye pour la sanctifier.

Contentons-nous donc d'admettre cette respectable tradition, au risque de commettre un anachronisme de quelque cent ans, et ne recherchons pas, avec le savant prieur d'Andresy, si le règne de Dagobert Ier

(*) D'où serait venu le nom de Croûtes donné aux souterrains qu'on voit près de Béthisy, d'Oulchy, de Crotoy, de Croutoy, et dans le voisinage même de Crépy.

vit fleurir le château et la ville de Crépy, ou seulement la seigneurie du donjon apportée en dot à *son noble senieur* Valeran, comte de Vexin, par la jeune Hildegarde, dont notre Walterius ne serait que l'arrière-petit-fils (*).

De nombreux fiefs et quelques monastères couvraient déjà le territoire de Crépy lors de la fondation du château du comte Gaulthier. Le plus important, et sans contredit le plus ancien, était le palais de Bouville, quasi contemporain du déluge, suivant l'expression d'un écrivain du xiiie siècle, et transformé par la comtesse Éléonore dame du Valois, en un couvent de filles qui prit le nom de Parc-aux-Dames. Venait ensuite le château de Mèremont, dont on assure que l'existence était due aux Romains; enfin le monastère et l'église consacrés à sainte Agathe, sous le règne de Dagobert Ier, par les soins de saint Landelin, qui y avait établi une de ces communautés doubles si en vogue à cette époque.

En face de ce saint lieu, et sur une éminence escarpée qui de toutes parts domine la plaine, Walterius établit sa forteresse, fit élever de bonnes murailles pour joindre l'antique donjon qui devait lui servir de citadelle, et fonda proche de cette enceinte un monastère en l'honneur de saint Arnoul, qu'il

(*) Les premiers comtes de Crépy étaient du sang carlovingien. Les comtes de Vexin leur succédèrent et eurent leur résideuce à Crépy pendant le xe siècle. Le comté passa ensuite dans la maison de Vermandois, et fut réuni à la couronne sous le règne de Philippe-Auguste. (*Archives de la Picardie et de l'Artois*, P. Roger.)

peupla de moines de Cluny, et auxquels il confia les reliques de ce saint, déposées auparavant au château de Vez, premier chef-lieu du pays de Valois.

Peu à peu des familles, assurées d'une puissante protection derrière ces nouvelles murailles, vinrent s'y établir, en payant toutefois une redevance annuelle au seigneur châtelain. Ces nouveaux établissements formèrent bientôt un bourg que Gaulthier soumit à un gouverneur, lequel prit le nom de *Burgare*, dont la corruption a fait *Bogre*, ou pis encore. Quelques commentateurs se sont appliqués à rechercher une injurieuse origine à ce titre, qui venait tout simplement de *burgus*, bourg fortifié. C'est ainsi que par analogie on appelait *villicus* un second officier chargé du gouvernement d'une autre portion de maisons bâties hors de cette enceinte et nommée le Faubourg.

Le territoire de Crépy se divisa dans la suite en cinq quartiers : celui du Donjon, celui du Château, le Bourg, la Ville et le Faubourg ou les Bordes.

La Ville, ou plutôt le quartier désigné sous ce nom était gouverné par un maire, et s'étendait depuis le château et le monastère de Sainte-Agathe jusqu'au petit village de Duvy, qui s'honore d'en avoir fait partie, et contenait, suivant Bergeron, près de deux mille habitations ; mais elle n'avait ni fermeture « ni circuit de murailles ou forme de ville close » (*) ;

(*) A l'approche de l'ennemi les habitants de ce quartier cherchaient leur salut dans la fuite, et se réfugiaient dans la forteresse par les immenses souterrains qui y communiquaient, ou dans les nombreux manoirs autour desquels se groupaient leurs demeures.

par compensation, elle possédait environ cinq églises dont les noms même nous sont inconnus.

Ce quartier, moins ancien que le Bourg, n'a dû être formé qu'à la longue et par l'agglomération successive des masures et des manoirs de fiefs, des serfs, des censitaires et des vassaux attachés aux palais de Bouville et de Mèremont, à l'abbaye et à l'hôtel de Sainte-Agathe et au château de Crépy, tous rangés sous la même suzeraineté.

L'espace occupé par le Château se terminait du côté de la Ville au pied du glacis, à la poterne qui le séparait du couvent de Saint-Arnoul, à la Croix-au-Bourg et à la Porte-aux-Oinctiers, sur laquelle on plaça depuis l'horloge communale.

On entrait dans ce château par deux portes principales, la porte de Compiègne, donnant sur les jardins ou culture, dont on a fait la place de la Couture, et la porte aux Pourceaux. Une troisième porte, celle du Paon, abattue depuis longtemps, avait été ouverte, par les ordres de Philippe d'Alsace, près de l'église de Saint-Michel, dont on voit encore un reste précieux (*). La porte Sainte-Agathe était un simple guichet accessible seulement aux gardes de la forteresse.

Rollon, Roll ou Raoul, quatrième fils de Gaulthier, lui succéda dans ses comtés d'Amiens et de Valois; mais, ne pouvant se contenter des biens immenses qu'il avait reçus de son père, il se livrait au brigan-

---

(*) Cette ruine d'un gracieux monument gothique du XIVe siècle était occupée il y a quelques années par un barbier.

dage, dévastait les terres de ses voisins, et s'en emparait lorsqu'ils négligeaient de lui payer les contributions qu'il fixait lui-même.

Ce Raoul, qui se qualifiait *comte par la grace de Dieu*, et que la terreur qu'il inspirait et sa toute-puissance avaient fait surnommer *le Grand*, est ainsi dépeint par Guibert de Nogent, son contemporain :

« Il y a, dit-il, de nos jours plusieurs personnes qui ont vu le comte Raoul; elles peuvent dire à quel degré il avait élevé sa puissance, quelle autorité il s'était acquise et de quel despotisme il usait. Trouvait-il un château à sa bienséance? il l'assiégeait : place attaquée, place prise, tant était grande son habileté dans l'art des siéges; et de toutes les places qu'il prenait il n'en rendait aucune. »

Après la mort de Henri Ier, ce seigneur détermina Anne de Russie, veuve du roi, à lui donner sa main, bien qu'il eût déjà une première femme nommée Haquenez ou Éléonore; mais trouver un prétexte pour s'en débarrasser n'était pas chose difficile pour le comte Raoul : aussi ne tarda-t-il pas à l'accuser d'infidélité; après l'avoir répudiée, il épousa la reine, malgré Philippe Ier, son fils.

La comtesse outragée se rendit à Rome pour demander justice. Le jugement des archevêques chargés par le pape d'examiner cette affaire lui ayant été favorable, Raoul de Crépy fut sommé, sous peine d'excommunication, de quitter la reine et de reprendre Éléonore. Mais il n'hésita pas à braver les foudres de l'Église, si redoutées à cette époque, et garda sa nouvelle épouse, comme on le voit par une charte de 1069 sur laquelle sont écrits ces mots : *Charta manu mea scripta et uxoris meæ* ANNÆ.

Simon, fils de Raoul, qui portait le titre de comte d'Amiens avant la mort de son père, prit possession de tout l'héritage paternel, composé, outre son apanage, du Valois, du Vexin, du comté de Bar-sur-Aube, des seigneuries de Péronne, de Montdidier, de Mantes et de Pontoise; ce qui le rendit le plus riche seigneur du royaume. Placé d'abord par Philippe Ier à la tête de ses troupes et parmi les barons de son *parlement* ou *conseil*, son influence ne tarda pas à exciter la jalousie du monarque; la guerre éclata bientôt entre eux.

Les dévastations qui furent la suite inévitable de cette querelle firent naître des scrupules dans l'ame du vassal; il suspendit les hostilités, et se rendit à Rome pour consulter le Saint-Père sur sa conduite. Le pape (c'était Grégoire VII) lui fit d'abord déposer son épée; puis il lui imposa une pénitence qu'il fit accomplir par deux religieux, après quoi il lui rendit ses armes et le renvoya absous. A peine Simon était-il de retour, qu'il recommença la guerre contre le roi de France et le contraignit à en venir à un accommodement préjudiciable. On ne dit pas si le comte de Crépy se crut obligé de demander une seconde absolution; mais il paraît que de nouveaux scrupules sur la légitimité des biens considérables dont il avait hérité de Raoul l'assaillirent derechef, et qu'après en avoir restitué une partie il prit la résolution de se faire moine. Toutefois, pour exécuter ce louable projet, Simon ne suivit point la route ordinaire : il commença par épouser la fille du comte d'Auvergne, et le jour même de ses fiançailles il se retira dans un monastère, emmenant avec lui cinq à six chevaliers qu'il avait convertis à sa manière.

Ses vastes possessions furent démembrées à l'époque de son abdication, et passèrent d'abord dans les mains d'Herbert IV, puis dans celles de Hugues-le-Grand, frère du roi Philippe Ier, par son mariage avec la fille du comte de Vermandois.

Philippe d'Alsace, héritier de ce comté par la mort de son beau-frère Raoul V, vint habiter Crépy et s'établit au palais de Bouville, entouré d'une cour aussi brillante que celle du roi de France. Sa belle-sœur, la célèbre Éléonore de Nevers, qui depuis eut l'usufruit du comté de Crépy, occupait alors le vaste hôtel de Sainte-Agathe, nommé dès lors hôtel de la Comtesse.

Thomas Becket, archevêque de Cantorbery, habita souvent la capitale du Valois pendant son séjour en France. Devenu l'hôte et l'ami de Philippe d'Alsace, celui-ci se plaisait à le consulter sur ses diverses fondations. Un jour l'ayant mené visiter une église qu'il faisait bâtir dans le Faubourg, à la place d'une ancienne chapelle consacrée à saint Étienne, Thomas lui demanda à quel saint il comptait dédier cet édifice : « *Au premier martyr,* » répondit Philippe. — « *Est-ce à celui qui a été ou à celui qui sera?* » reprit en souriant le saint archevêque.

Quelques années après, le comte de Flandres apprit la fin tragique de Thomas Becket, assassiné dans son église ; se souvenant aussitôt de la question prophétique de l'infortuné prélat, il consacra sa nouvelle collégiale à son ancien ami, dont les éclatants miracles avaient hâté la canonisation.

Au nombre des piliers qui soutenaient la voûte de cette église s'en trouvait un plus menu que les autres, sur lequel le sculpteur avait figuré une danse de David devant l'arche. Une tradition locale assurait qu'une lampe mystérieuse qui sans cesse brûlait dans l'intérieur de ce pilier devait inévitablement entraîner la ruine de l'édifice le jour même où elle s'éteindrait.

La fatale prédiction s'est vérifiée : dans les premiers jours de la Révolution la belle église de Saint-Thomas s'est écroulée avec un fracas épouvantable ; mais la déplorable incurie de ceux qui touchaient les revenus canoniques de cette collégiale n'a certainement pas été étrangère à ce désastre.

Le clocher, resté seul debout quoique frappé par la foudre il y a environ quarante ans, témoigne encore de la beauté de ce monument, commencé au xiie siècle, et achevé seulement en 1371 par Pierre Barbette, seigneur d'Orouy, et Agnès, sa femme, dont les statues, érigées par la reconnaissance des chanoines, décoraient l'entrée du chœur de leur collégiale. Ces statues et celle de saint Thomas de Cantorbery, morceau fort estimé, ont partagé le sort de l'église.

Nous n'entrerons point dans les détails des querelles sanglantes causées par les prétentions de Philippe-

Auguste sur l'héritage du comté de Valois, et qui finirent par une cession temporaire en faveur de la comtesse Éléonore.

Cette princesse faisait de Crépy son séjour de prédilection, s'occupant de fondations pieuses et protégeant les troubadours. Le roman de sainte Geneviève, qui commence ainsi :

> La dame de Valois me prie
> De mettre en roman la vie
> D'une saincte que moult el'clame,

fut fait sous son patronage.

A sa mort, Philippe-Auguste demeura paisible possesseur de tous ses domaines.

En 1240, saint Louis donna à la reine Blanche la seigneurie du Valois. Cette princesse passait une grande partie de l'année au château de Crépy, où son fils venait souvent la visiter.

Tristan, quatrième fils de saint Louis, succéda à son aïeule dans la possession de cette seigneurie.

Philippe-le-Hardi ayant réuni les quatre châtellenies de Crépy, de La Ferté-Milon, de Pierrefonds et de Béthisy-Verberie en un seul apanage sous le titre de comté de Valois, en accorda la possession à son second fils Charles de France, dont la postérité le conserva jusqu'à Henri IV exclusivement.

Suivant un compte dressé par Pierre de Geresne, argentier de Crépy, les *menus dépens* occasionnés par la réception du roi Philippe-le-Hardi, qui fit en cette ville une entrée solennelle en 1261, s'élevèrent à cinquante-huit livres dix-neuf sols trois deniers.

En voici le détail :

MENUS DÉPENS.

	livr.	sols.	den.
Pour un sergent le roy de Béthisy	»	»	12
Pour la charrette qui amena le poisson présenté au roy	»	3	»
Aux portiers et aux échansons le roy	»	32	»
Donné à quatre varlets le roy à cheval	»	8	»
A un varlet le roy à pied	»	»	12
Pour le pot à présenter le vin au roy	»	5	6
Prix du poisson présenté au roy	20	5	»
Pour le drap... présenté	»	51	»
Pour un présent en pots et en barreaux pour le vin	33	12	9
Partant, la réception a coûté	58	19	3

Les prestations qui se renouvelaient chaque fois que les comtes de Valois venaient résider à Crépy étaient toujours très onéreuses pour les habitants, obligés d'envoyer « au château, à titre gratuit, des vins, des viandes, de la grosse et menue volaille, du poisson de rivière, des fruits, des légumes et du blé. Ils garnissaient les écuries de paille, d'avoine et de foin, et meublaient le château de lits montés, des tables nécessaires, de chariots et de harnais. Ils devaient de plus des chevaux de selle aux principaux officiers du comte.

« Ces redevances se maintinrent jusqu'à la fin du xiv° siècle. » (*)

Selon diverses chartes du xiii° siècle, le corps de ville de Crépy devait être composé d'un maire, de

---

(*) *Archives de la Picardie et de l'Artois*, t. I⁽ᵉʳ⁾, pag. 352 ; P. Roger.

huit jurés, d'un argentier ou receveur, et de douze ou quatorze *hommes jugeants* qui formaient le tribunal de la commune. A l'avénement de Charles de Valois, *li bogre* avait été remplacé par un officier qui prenait le titre de capitaine.

La baronnie d'Ognon, située entre Crépy et Senlis, appartenait, au XVIe siècle, à l'un des capitaines de Crépy, Artus de la Fontaine, grand maître des cérémonies sous plusieurs règnes. Il répéta si souvent aux États de Blois son mot familier : *Serrez vos rangs!* en assignant aux députés le rang qu'ils devaient occuper, que ce mot devint, dit-on, l'origine du proverbe : *se mettre en rang d'oignons.*

Outre le capitaine du château, il y avait encore à Crépy un gouverneur, un bailli et un prévôt.

Les fortifications de Crépy, que Monstrelet appelle *la maîtresse ville de tout le pays*, avaient éprouvé de telles dégradations par les attaques réitérées des Navarrois et des Anglais, que pendant trente-quatre ans, depuis 1358 jusqu'à 1392, cette place resta sans murailles et sans autre défense que quelques pans de murs et quelques fossés à demi-comblés.

Louis d'Orléans, pour qui son frère Charles VI venait d'ériger le comté de Valois en duché-prairie, fit rétablir ces fortifications, et accorda aux habitants de Crépy, à l'occasion de cette faveur royale, la remise de cette exaction nommée *droit de prise*, qui consistait, comme nous l'avons vu, à fournir pour l'hôtel du prince, et pour lui et sa femme, tous les objets nécessaires à la nourriture et au logement des gens et des bêtes. Les lettres-patentes qui consacrent cette immunité sont datées du mois d'avril 1399.

En 1431, les Anglais et les Bourguignons, qui plusieurs fois avaient échoué devant Crépy, vinrent de nouveau en faire le siége, résolus cette fois de s'en rendre maîtres à quelque prix que ce fût.

La résistance de la garnison fut des plus héroïques; mais forcés de céder au nombre, l'ennemi étant entré par la brèche, les malheureux Armagnacs furent impitoyablement passés au fil de l'épée pour prix de leur noble résistance.

La ville, livrée au pillage, fut entièrement saccagée. L'incendie suivit de près le meurtre et le pillage, et dévora les plus beaux édifices, malgré le général anglais, qui désirait garder sa conquête et conserver surtout les bâtiments de la forteresse (*).

L'église de Saint-Denis fut détruite en partie. Le chœur de Saint-Arnoul et la chapelle de Sainte-Marguerite, qui renfermait les tombeaux des anciens comtes de Vexin et des seigneurs de la branche royale de Vermandois, devinrent la proie des flammes au point de ne pouvoir jamais être rétablis.

Ainsi fut renversée presque de fond en comble cette ancienne ville regardée comme la métropole de tous les domaines possédés par les seigneurs du Valois, dans la Champagne et dans la Picardie, dans la Normandie et dans le Vexin, dans le Verman-

---

(*) On assure que près de deux mille maisons, hôtels ou manoirs de fiefs furent détruits lors du siége de 1431.

dois, le Soissonnais, le Parisis, dans la Flandre même et dans quelques pays étrangers.

La tour de Saint-Thomas dominait une grande partie du château et avait servi d'observatoire aux Bourguignons pour épier les mouvements des assiégés et reconnaître leur état de détresse. Cette cause innocente de la prise de Crépy ne fut pas épargnée : elle fut abattue par ordre du capitaine bourguignon au parti duquel elle avait été d'un grand secours.

L'église seule de Saint-Albin, si méconnaissable aujourd'hui, avait échappé au désastre général. L'hôtel de Sainte-Agathe, le palais et les fermes de Bouville, le château de Mèremont ; en un mot, manoirs et chaumières, églises et masures, tout disparut jusqu'à Duvy ; et il resta à peine deux cents habitants de dix-huit mille que comptait Crépy, qui s'étendait alors jusqu'à Duvy.

Cette ville fut surprise deux ans après par les troupes de Charles VII, qui, usant de représailles envers les ennemis, passèrent à leur tour la garnison au fil de l'épée.

Le duc d'Orléans, rentré dans la possession du duché de Valois, fit réparer à Crépy quelques bâtiments que l'incendie avait épargnés, et rappela les familles qui, pour échapper à la mort, avaient abandonné cette malheureuse cité ; telle est l'origine de la ville actuelle, dont les fortifications furent aussi relevées. L'église paroissiale de Saint-Denis fut presque entièrement rétablie à cette époque. La portion du chœur est surtout remarquable par la hardiesse de son exécution.

On fit aussi des réparations considérables à l'église de Sainte-Agathe. La grande tour qui la dominait fut restaurée et surmontée d'une admirable flèche de pierre sculptée en écaille et à jour depuis sa naissance jusqu'au pommeau de la croix. A la place où fut cette église paroissiale et ce gracieux clocher, se trouve maintenant une ferme dont les murs laissent voir encore un grand nombre d'ogives grossièrement bouchées.

Au mois de septembre 1544 fut signé à Crépy le traité de paix qui porte son nom, entre François Ier et Charles-Quint. Ce traité si lourd pour la France n'en fut pas moins un des événements les plus signalés de cette période en ce qu'il tira cette puissance d'un très grand péril.

A leur tour, les Ligueurs s'emparèrent de Crépy, en rasèrent les remparts, et renouvelèrent envers les pauvres habitants, et surtout les compagnies bourgeoises, les mauvais traitements dont les Anglais les avait accablés en 1431.

Henri IV, ayant repris cette ville, en fit encore réparer les murailles et rétablir le château, qui déjà avait été relevé sous le règne de Louis XII. La porte d'entrée est de cette époque. On montre au milieu de ses panneaux de vénérables clous dont les têtes représentent un H et un M, chiffres de Henri IV et de Marguerite de Valois, qui séjournèrent quelquefois à Crépy. Le couronnement de cette porte, soutenu par deux jolies colonnes, a, dit-on, été brisé et arraché pour laisser un plus facile passage aux sacs d'un marchand de farine.

Henri IV donna en faveur des bourgeois de cette ville des lettres-patentes où il déclare qu'il les prend sous sa sauvegarde spéciale et leur permet de *courir sus* à tous ceux qui contreviendront à l'ordonnance.

Les troubles politiques des règnes de Louis XIII et de son successeur faillirent encore être funestes à la ville de Crépy, si souvent victime de la fureur des partis. La garnison de Pierrefonds, commandée par Villeneuve, et, plus tard, les armées de la Fronde, inquiétèrent vivement ses habitants par leurs démonstrations hostiles.

Depuis cette dernière époque, l'histoire de Crépy se tait : silence de bon augure, qui prouve la cessation des malheurs de cette ville, autrefois capitale d'un duché, siége d'un présidial dont le ressort s'étendait sur dix châtellenies, d'une élection d'un bailliage, d'une gruerie, et qui aujourd'hui se contente d'un rôle beaucoup plus modeste.

Toutefois, Crépy n'a rien perdu de sa position pittoresque : ses environs sont admirables; et s'il avait une rivière plus grande que l'imperceptible ruisseau de Sainte-Marie, qui humecte à peine son territoire, ce serait un séjour délicieux. Une seule paroisse, l'église de Saint-Denis, déjà rebâtie aux frais des bourgeois sous le règne de Charles VII et rachetée par eux à la Révolution, suffit maintenant à ses deux mille cinq ou six cents habitants; mais elle partage avec le vénérable clocher de Saint-Thomas le soin de rappeler aux fidèles leurs devoirs religieux. A la première appartiennent les chants pieux, les solennités du culte et les offrandes pour les besoins de l'église. A la vieille ruine du saint martyr d'Albion est dévolue l'horloge et la cloche vigilante et matinale périodiquement ébranlée pendant plus de quarante ans par le même sonneur. Ce fonctionnaire, entre autres immunités, a le droit de jouir, du haut de son clocher, d'une magnifique vue qui s'étend sur tous les pays d'alentour.

Les édifices gothiques sont rares à Crépy, les Anglais y ont mis bon ordre; mais de toutes parts on rencontre dans des habitations particulières de hauts pignons, de jolies tourelles, des portes gracieusement contournées et surmontées de panonceaux, de grandes croisées de pierre portant le cachet des règnes de Louis XII et de François Ier. On remarque encore l'ancien corps de garde des officiers du château, avec sa cheminée monumentale, une porte dont le curieux travail est attribué à un collaborateur de Jean Goujon, les beaux pans de murs des fortifications et l'hôtel d'Élincourt. Quelques bâtiments rappellent aussi l'architecture du XVIIe siècle; mais presque toutes ces reliques sont défigurées par les misérables replâtrages des Michel-Anges du canton.

Un de ces nobles logis, dont il reste encore quelques portions remarquables dans la grande rue de

Crépy, fut pendant longues années le refuge d'un animal fantastique.

Voici comment on raconte la chose : le soir même de ses noces, une jeune et belle épousée, contemporaine de je ne sais qui, s'enfuit de la couche nuptiale et ne reparut plus : seulement à quelque temps de là un squelette de femme fut trouvé blotti sous de la paille dans une partie retirée de ce manoir. Depuis lors un esprit, traînant après lui de lourdes chaînes, revint quotidiennement sous la forme d'un léopard, et se postait sur le chemin pour forcer les passants à danser avec lui un galop infernal.

Cette mystérieuse demeure, à laquelle, dans le pays, on assigne bien des destinations, était occupée à la fin du xviii° siècle par l'administration de la gabelle. Un tigre ou un léopard assez grossièrement sculpté au-dessus de la principale porte de cette habitation, où l'on assure que les démolisseurs ont découvert des sommes immenses, avait nécessairement dû accréditer la légende merveilleuse de *la Bête du Liéperd*, longtemps le Croque-Mitaine des petits enfants de la ville.

A Crépy, peu ou point de traces de ses anciens monastères. La collégiale consacrée à saint Albin, dont le pèlerinage fut jadis en grand renom et qui avait succédé à la chapelle du château de Walterius, n'offre plus maintenant que quatre murailles s'appuyant tristement sur ce vieux manoir, devenu le séjour passasager des prisonniers et le siége ordinaire de l'Enseignement mutuel établi dans la salle où la justice se rendait au nom du roi.

La partie la plus considérable du château, celle que dominait l'antique et haute tour du Valois, autrefois la demeure des dames Ursulines que protégeait particulièrement le roi Louis XIII, est depuis le siècle dernier veuve de ses pieuses habitantes.

Sans la ruelle qui porte le nom de Saint-Arnoul, il nous serait difficile de retrouver la place où s'élevait l'opulent prieuré dont on vante encore l'escalier admirable, et où les savants Clunistes enseignèrent si longtemps la philosophie (*).

Les Capucins n'ont laissé à Crépy que le souvenir de leurs belles promenades, qui décorent maintenant son faubourg. Le nom de leur fondateur, l'égoïste Gaston, frère de Louis XIII, s'est conservé au-dessus de la porte qui conduisait à leur monastère.

Il ne reste rien non plus à Bouville de l'abbaye fondée par la comtesse Éléonore dans son propre palais.

Après avoir été comblée de faveurs par les rois et érigée en châtellenie par Louis XIV, cette abbaye, nommée le Parc-aux-Dames, qui renfermait la sépulture de sa fondatrice, a partagé le sort de toutes les communautés religieuses.

L'établissement du nouveau chemin de fer qui doit galvaniser cette ville un peu endormie, fera sans

---

(*) Dès la fin du XIe siècle, Hugues, abbé de Cluni, surnommé *Casse-Crosse*, avait réduit en prieuré l'abbaye de Saint-Arnoul de Crépy.

doute découvrir de nombreux vestiges de l'antique splendeur de cette ancienne capitale du Valois, qui comprenait encore, au milieu du siècle dernier, trois paroisses, deux collégiales, des communautés religieuses, et était le siége d'un baillage royal, d'une prévôté, d'un grenier à sel, etc., etc.

La ville de Crépy, insouciante aujourd'hui de sa gloire passée, ne paraît pas avoir gardé souvenance de ses enfants les plus célèbres : Simon-le-Troubadour, bâtard du comte Raoul, qui florissait au xiie siècle ; Albin et Philippe des Avenelles, poètes du xvie, et Laurent Bouchel, aussi savant jurisconsulte qu'antiquaire éclairé, né à Crépy en 1559 et mort avocat au Parlement de Paris en 1629.

CHAMPLIEU.

XI

CHAMPLIEU

> Il ceignit son camp momentané d'une ligne si profonde, que dix-neuf siècles écoulés n'ont pu combler entièrement de leur poussière les fossés qu'il creusa avec la pointe de son épée.
> A. Dumas.
> *Impressions de Voyages.*

CHAMPLIEU. — ORROUY. — LA MOTHE.

Notre excursion terminée, côtoyons jusqu'à son embouchure la petite rivière de Glaignes, qui se jette, au-dessus de Béthisy, dans la rivière d'Automne, et hâtons-nous de franchir la vallée de ce nom pour aller visiter, sur le plateau de Champlieu, des ruines romaines qui acquièrent chaque jour une plus grande valeur archéologique et un camp des Césars dont les traces sont cette fois incontestables.

Sans partager l'enthousiasme de ce savant de Vannes qui montrait avec orgueil les potences où César avait fait pendre le sénat de sa province, on ne peut cependant se défendre d'un sentiment inexplicable à la vue de ces vieux monuments que le flot romain, en se retirant, laissa sur nos terres ; peut-être y a-t-il quelque consolation à avoir été vaincu quand tant de débris imposants proclament la grandeur du vainqueur.

Le camp de Champlieu offre à l'antiquaire un attrait que ne présentent pas la plupart des camps romains qui couvrent çà et là le sol de la France; nous voulons parler du monument des *Tournelles*, ruines d'un temple ou d'un palais, et d'un théâtre dont on a depuis quelques années reconnu l'existence.

L'abbé Carlier, auquel nous avons eu si souvent recours, et dont l'opinion a tant de prix, dit expressément, en parlant du camp de Champlieu (*) : « L'emplacement occupé jadis par ce camp, destiné, sous le règne de Valentinien III, à maintenir la tranquillité dans le pays des Lètes Sylvanectes, représente un carré long de six cents toises sur deux cent-quatre-vingt-dix de large; ce carré s'étend du Nord au Sud, dans une vaste plaine qui peut passer pour un sommet de montagne à l'égard des vallées voisines. La base septentrionale de ce grand carré se perd dans la forêt de Compiègne...

(*) *Histoire du Valois*, t. Ier.

« La première partie occupe un espace d'environ cinquante toises du Nord au Sud et renferme *une terrasse en forme de fer-à-cheval*, un grand carré rempli de débris, une portion de la chaussée de Brunehaut, qui passe entre le fer-à-cheval et le carré, et enfin des restes de fossés et de puits.

« Le fer-à-cheval est une espèce de demi-lune haute de vingt-deux pieds, formée de terres rapportées et soutenues intérieurement et extérieurement par deux murs parallèles et demi-circulaires; cet ouvrage a seize toises de profondeur et vingt-quatre d'ouverture. Cette terrasse paraît avoir de dix à douze pieds d'épaisseur et finissait en talus. On m'a assuré qu'il y avait dans l'épaisseur de cette terrasse des souterrains qui régnaient d'un bout à l'autre (*).

« A trente-six toises de la terrasse, vis-à-vis l'enfoncement, on aperçoit un amas de débris qui forment un carré d'environ vingt-quatre toises. On tient qu'il y avait dans cet endroit cinq tournelles.

« La chaussée passe entre la terrasse et le carré.

« Autour du carré il y avait plusieurs puits qui ont été bouchés de nos jours.

« Dans le reste de l'espace qui règne depuis le carré jusqu'à la forêt, l'on a trouvé en différents temps un grand nombre de médailles de toute espèce. J'ai trouvé sur les lieux un *Faustus* en potin et un *Trajan* de même...

(*) Les souterrains traditionnels ne se sont rencontrés nulle part, les constructions qui existent étant assises sur le tuf.

« On sait que les Romains faisaient camper dans les plaines les légions qu'ils préposaient à la garde des provinces. Ils avaient la coutume d'asseoir ces camps sur les grands chemins publics...

« On a des exemples de ces camps qui ont donné naissance à des bourgades ou à des villes. »

Ainsi, quand les armées romaines furent chassées de la Gaule, les matériaux se trouvèrent tout disposés pour élever des habitations aux lieux mêmes où elles avaient campé. Telle fut l'origine de l'église et du village de Champlieu, en bas latin *Campi locus*.

Auprès de cette église, « en tirant sur le fer-à-cheval, ajoute dom Carlier, on a découvert des sépultures de toute espèce, des cercueils de toute forme, les uns carrés, les autres plus étroits aux pieds qu'à la tête, d'autres taillés en dedans selon les proportions du corps humain, tous rangés de suite. On a aussi trouvé des cercueils de plâtre et de briques, des squelettes sans cercueils, debout, sur le côté, à plat sur le ventre, dans des fosses séparées; quelques-uns de ces squelettes étaient d'une grandeur démesurée.

« Les ruines des Tournelles ont été le sujet d'un grand nombre de conjectures entre les savants depuis le renouvellement des sciences en France. Bergeron et Bouchel citent ce monument comme une antiquité obscure et d'une date éloignée.

« Quelques savants du siècle dernier ont été dans l'opinion que le *Fer-à-cheval* et les autres monceaux de ruines qui l'avoisinent sont les restes d'un amphithéâtre où les Romains célébraient des jeux et donnaient des spectacles (*). »

Le peuple, toujours épris du merveilleux, attribuait aux Tournelles de Champlieu, dont il nommait l'emplacement le *Champ des Ouïs*, une multitude d'événements surnaturels avec force apparitions, et donnait le nom de grande et de petite tournelle aux deux portions de terrasse qui se voient à droite et à gauche de la chaussée de Brunehaut.

Près de cent années se sont écoulées depuis que le savant prieur d'Andresy appréciait d'une manière si judicieuse l'importance archéologique du camp de Champlieu et faisait connaître, avec tant de modestie, l'opinion des érudits du xviie siècle sur ses tournelles mystérieuses.

Il était réservé à notre époque de faire revoir le jour à ces vieux débris d'un autre âge enfouis sous la poussière de tant de générations.

Déjà, de 1820 à 1826, un employé des forêts de la Liste civile (**) avait fait pratiquer des fouilles soit aux tournelles, soit encore dans un terrain attenant à l'ancien prieuré de Champlieu. On découvrit successivement des chapiteaux doriques, des fûts cannelés de plusieurs modèles, des meules de grès, une tombe à couvercle orné de feuilles sculptées, dans laquelle se trouvaient de petits vases lacrymatoires et des médaillons en bronze à l'effigie de Dioclétien.

(*) Dom Carlier, *Histoire du Valois*, t. Ier.
(**) M. Georgette Dubuisson.

On recueillit en outre des armures et plusieurs casques en fer, une quantité considérable de poteries en terre rouge d'une exécution remarquable, et de plus une coupe portant cette inscription : AMBIANI.

Un grand nombre de tombes en calcaire avaient été dégagées en fouillant le terrain du prieuré. Auprès des squelettes que renfermaient ces tombes se trouvaient des débris de fer de lances à lame étroite et garnis d'une douille, des sabres, quelques boucles de ceinturons, des fibules et des agrafes en bronze plaqué d'un métal argenté qui avait été respecté par la rouille.

En 1850, le propriétaire du sol (*), puis la Société française pour la conservation des monuments, firent exécuter des fouilles à Champlieu. L'une des éminences en terre, la tournelle du nord, restitua des tronçons de colonnes dont les fûts étaient couverts d'ornementation accusant les premiers temps de la décadence romaine. Des fragments très nombreux de bas-reliefs ayant servi à la décoration d'un édifice de luxe et *l'impluvium* d'un temple, furent promptement mis au jour.

Ces curieux débris furent déposés, pour la plupart, dans le parc du château de la Mothe ; quelques-uns toutefois furent laissés gisants sur le sol, abandonnés aux intempéries de l'air. C'est à peine si la plus faible partie du tertre qui renfermait ces précieux restes avait été interrogée.

(*) M. de Seroux, propriétaire du château de la Mothe.

M. Caillette de l'Hervilliers a donné de ces nombreux fragments de sculpture une savante description que nous reproduisons en partie :

« La sculpture statuaire, dit-il, est de beaucoup supérieure à la sculpture d'ornementation dans les bas-reliefs de Champlieu, toutefois le fond des moulures est rehaussé par des couleurs qui en font ressortir les détails et dissimulent l'infériorité du travail.

« On remarque : une *Bacchante* dont le torse, d'un style pur et élégant, se présente de dos au spectateur ; le visage de profil est tourné vers l'épaule gauche et la tête porte une magnifique chevelure enroulée autour du front ; son bras gauche soutient à la fois un thyrse et les plis d'un voile qui retombe sur le devant de la poitrine.

« Ici c'est un *Mercure* encaissé dans deux listels et formant un pied-droit. La tête du dieu porte des ailes, mais sans pétase ; son visage, de profil et tourné à gauche, est relevé et regarde le ciel. Il semble attendre un ordre de Jupiter, et la position de l'index appuyé sur le menton marque l'attention que Mercure prête aux ordres célestes.

« Là, *Cérès* et *Démophon*. Ce bas-relief, surmonté d'un chapiteau, est composé de trois assises formant la partie haute du pied-droit. Il représente, suivant Apollodore, Cérès plongeant le jeune Démophon dans le feu pour le rendre immortel. On trouve la même fable dans Ovide, l'enfant s'appelle Triptolème. La chevelure de la déesse est couronnée d'épis ; son corps, nu jusqu'à la hauteur du fémur, est penché en avant, et elle tient suspendu en l'air, par le pied gauche, un enfant dont la face est relevée sur le côté droit. Les mains de l'enfant paraissent entrer dans des flammes épaisses. Ce mythe grec est extrêmement curieux, et nous ne croyons pas qu'on en ait trouvé d'autres exemples en Gaule.

« On remarque encore une *Léda* et le cygne qu'elle paraît repousser.

« *Mithras* armé du couteau, mais le taureau qu'il doit immoler manque à la scène.

« Plus loin, *Apollon* portant la chlamyde attachée sur l'épaule gauche par une fibule; son bras gauche est appuyé sur un autel.

« Une *Niobide* couchée la tête renversée sur les genoux d'un personnage.

« *Mars* ou un guerrier homérique ayant un manteau voltigeant sur ses épaules.

« Un *Triton* appuyé sur une rame.

« Une *Néréide* couchée sur un dauphin, et d'autres bas-reliefs curieux que nous ne pouvons pas même indiquer ici (*). »

Tels étaient, entre autres, un monstre marin à queue de poisson, un enfant ailé monté sur un dauphin, un griffon ailé à tête d'aigle et au corps de lion, un chien attaché par un collier, un bouclier d'amazone en demi-lune.

Des débris de corniches, des tronçons de colonnes cannelées, ou en écailles ou en feuilles de palmier,

---

(*) *Monde illustré*, 25 décembre 1858.

des chapiteaux, des pilastres avec ornements variés soit à feuilles d'acanthe, soit à petites feuilles de plantes aquatiques, représentent la sculpture d'ornementation.

Vers la même époque (1850), M. Caillette de l'Hervilliers, qui avait entrepris un travail remarquable sur l'ensemble du camp de Champlieu (*), était chargé par le ministre de l'intérieur de surveiller des travaux de recherches dans le tertre désigné sous le nom de *Fer-à-cheval*, et dont M. Marneuf avait la direction. Ces recherches amenèrent des découvertes bien autrement intéressantes que celles faites à la tournelle du nord.

« La seconde éminence, qu'on nommait le *Fer-à-cheval*, nous présente les restes d'un théâtre antique (**); en quittant la chaussée et en se dirigeant vers le Sud, à cent-cinquante pas du temple, on se trouve aussitôt au milieu du théâtre. Les gradins qui devaient recevoir les spectateurs n'existent pas ; tout fait présumer qu'ils n'ont jamais été placés. On aperçoit les restes d'un mur qui devait servir à fermer du côté de la salle les galeries de dégagement, renfermant à droite et à gauche deux escaliers pour conduire les spectateurs dans la partie supérieure de

---

(*) Ce travail obtint en 1851 d'être mentionné honorablement par le rapporteur de la Commission des Antiquités nationales de l'Institut, qui rendit en même temps la justice due au talent d'un habile dessinateur, M. Marneuf, chargé de reproduire les divers fragments de sculpture trouvés à Champlieu. (Séance du 28 août.)

(**) *Revue archéologique* (juillet 1851), M. Ed. de l'Hervilliers.

l'édifice. Ces galeries de dégagement, symétriquement placées, sont au nombre de cinq.

« En sortant par l'un des escaliers dont on vient de parler, on se trouve, après avoir tourné le pied-droit, dans un couloir circulaire de un mètre cinquante centimètres de largeur, et on a en face de soi le mur de la précinction extérieure qui enveloppait tout l'édifice. Les matériaux consistent en petits moellons réguliers réunis par un mortier très dur composé de sable et de chaux ; on a employé simultanément des pierres en boutisse, des pierres en carreau et en parpaing. Trente contreforts espacés les uns des autres de trois mètres soixante-neuf centimètres soutenaient ce mur contre la poussée des gradins et lui assuraient une résistance suffisante. Pour venir en aide à ces contreforts et ménager un couloir de pourtour, on avait élevé à un mètre cinquante centimètres de ce mur un autre mur circulaire enveloppé de tous côtés par celui-ci.

« C'est sur ce mur intermédiaire qu'étaient percées des ouvertures donnant accès dans les galeries renfermant les escaliers et les couloirs ou vomitoires qui amenaient de plain-pied dans la salle. Ces vomitoires, symétriquement placés sur le pourtour de l'édifice et entre les galeries de dégagement, sont au nombre de six. Les murs qui les forment sont fortement engagés dans le mur intermédiaire. N'oublions pas de dire que divers objets d'origine romaine ont été trouvés dans le théâtre de Champlieu, et notamment des monnaies à l'effigie d'Antonin-le-Pieux et de Constantin, ainsi que des fragments d'amphores en terre très fine de couleur rougeâtre (*). »

L'archéologie, cette science si diamétralement opposée à la science mathématique, dut nécessairement s'émouvoir à la nouvelle de toutes ces découvertes. Elle fit appel à ses champions les plus érudits afin qu'ils décidassent à qui de Chilpéric ou de Valentinien devait revenir l'honneur d'avoir érigé cet édifice.

Tandis que les uns attribuaient à l'époque de la décadence de l'Empire l'édification d'un théâtre au camp de Champlieu, où les soldats des légions romaines pouvaient jouir de l'agrément des spectacles, les autres déduisaient d'excellentes raisons en faveur d'un amphithéâtre, d'un cirque, qu'aurait fait construire en ce lieu l'époux de Frédégonde, pour y donner au peuple *les délassements* de beaux et bons combats de bêtes féroces.

Les travaux qui viennent d'être tout récemment exécutés au *Fer-à-cheval* ont donné raison aux Romains contre les Mérovingiens; le *proscenium* mis à nu n'a plus laissé aucun doute à cet égard.

Dans une excursion au camp de Champlieu pendant l'automne de 1857, l'Empereur ayant visité ces rui-

---

(*) Ces divers monuments et quelques autres que nous n'avons pas mentionnés, mais qui ont aussi la même origine nationale, sont déposés entre les mains d'un bon et fidèle conservateur, M. Marneuf, maire de la commune d'Orrouy. *(Camp de Champlieu, 1858,* par M. Edmond de l'Hervilliers).

nes, reconnut tout d'abord, avec cette sagacité dont il est doué, de quelle valeur pourrait être pour la science ces précieux restes de l'art ancien.

Sa Majesté les prit immédiatement sous sa sauvegarde en en ordonnant le classement parmi les monuments historiques.

L'acquisition préalable d'une centaine d'ares superficiels ayant eu lieu en vertu de cette auguste décision, des fouilles ont été entreprises en 1859 et poursuivies avec persévérance sous la direction d'hommes éclairés, afin de dégager ces deux monuments et d'en assurer la solidification.

La superficie occupée par le théâtre se trouve être présentement d'environ soixante-seize ares.

En s'étendant du Midi au Nord, on a découvert, à trente-cinq mètres du mur extérieur, le *proscenium*, qui mesure douze mètres quinze centimètres de face sur huit mètres vingt-cinq centimètres de profondeur, fermé sur toute sa largeur par deux murs distants l'un de l'autre de trois mètres quatre-vingt-quatre centimètres. Ces murs ont environ cent-trois mètres de longueur.

Trois gradins en pierre d'inégale largeur ont été mis à nu à partir du devant du *proscenium*.

Le vide intérieur de ces gradins présente une surface de treize mètres cinquante-deux centimètres sur sept mètres soixante-seize centimètres, où se trouve une partie plane dont il reste à fixer la destination.

En déblayant depuis le mur extérieur jusqu'à l'extrémité intérieure des vomitoires, on a retrouvé le talus sur lequel devaient être placés les gradins destinés aux spectateurs.

Afin de mieux faire apprécier l'importance de cette partie du théâtre, on a simulé en terre la pente venant du fond jusqu'au bord des murs dégagés en 1851.

« C'était bien sur les gradins de ce grand hémicycle qui pouvait, suivant ma supputation (*), contenir trois mille spectateurs, tant sur les bancs que dans le vaste parterre, non compris ceux à qui il était permis de voir la scène, par ses parties latérales, que les soldats des légions romaines, à leur passage ou pendant leur séjour dans ce camp permanent, séparé par une forte étape de la ville d'*Augustomagus*, Senlis, et d'*Augusta Suessionum*, Soissons, avaient dû jouir de l'agrément des spectacles...

« Quant à moi, bien qu'il ne reste rien sur le terrain, je voyais, à partir de la cavée et des siéges d'honneur placés dans la partie du théâtre où sont de nos jours le *parterre* et l'*orchestre*, s'étendre le lieu où était établi le *proscenium*, ainsi que le plancher en talus ou *pulpitum* sur lequel, à bonne portée de voix, les acteurs récitaient les œuvres comiques ou tragiques... »

Sur les ruines où se sont rencontrés les beaux fragments de sculpture dont nous avons parlé plus haut, devait s'élever, suivant l'opinion du savant antiquaire auquel nous avons emprunté ces ingénieuses présomptions, un bâtiment orné, temple,

---

(*) *Le Camp de Champlieu*, 1858, par M. Peigné-Delacourt, membre de la société impériale des Antiquaires de France.

palais ou thermes, faisant face au théâtre, et qui avait pu lui servir de *fond de scène;* ce théâtre ayant été élevé deux siècles plus tard que le temple dont il fixe la construction à l'époque des Antonins.

A la suite des fouilles dirigées de ce même côté de la chaussée de Brunehaut, on a découvert les restes d'un caniveau ayant sur les quatre faces une dimension égale de vingt-quatre mètres.

Au milieu de la face du levant se trouve un enmarchement s'élevant de deux mètres au-dessus du caniveau. Ces marches sont éclatées sur leurs arêtes et paraissent avoir subi l'action du feu.

Au-devant de ces marches, la présence de dés en pierre également espacés font croire à l'existence d'un portique.

Les mêmes traces d'incendie se reproduisent sur les pierres supérieures d'un mur situé à l'ouest et à quatre mètres du caniveau.

Jusqu'à ce jour, malgré l'intelligente direction donnée aux travaux de recherches (*), il s'est moins présenté de ces beaux fragments de sculpture trouvés en abondance en 1850 ; ne serait-on pas porté à croire que les mystérieux constructeurs des tournelles auraient entassé pêle-mêle et dans un but purement militaire ces premiers débris du monument antique ?

Toutefois, des chapiteaux composites, des fûts de colonne cannelés, des pieds-droits, des frises, etc., se rencontrent çà et là.

(*) L'architecte chargé de la restauration du château de Pierrefonds, M. Violet-Leduc, dirige également ces travaux.

On remarque dans l'un de ces pieds-droits deux figures d'hommes dont les bras sont agencés avec des ailes, tels que Dédale et Icare.

On a trouvé aussi deux morceaux de pierre malheureusement fort incomplets; l'un, de quarante-six centimètres de long sur trente-huit centimètres de haut, représente une tête de femme mutilée, couronnée d'un diadème. Sur un listel formant encadrement est gravé en lettres latines de cinquante-cinq millimètres le commencement d'un mot, R O M.

Sur l'autre morceau, qui appartient évidemment au morceau précédent, sans en être la suite immédiate, mais qui en indique la terminaison, puisqu'on voit le retour d'équerre du cadre, se voit, de profil, une tête d'homme, de même fort mutilée, et le commencement du col et de l'épaule. Sur le listel sont gravées les lettres V M I O. Ce morceau mesure quarante-et-un centimètres sur trente-cinq centimètres.

Cet état de mutilation est d'autant plus regrettable que la présence de ces figures et de ces inscriptions aurait été d'un grand secours pour fixer l'époque de la construction de cet édifice.

Des sondages faits à vingt ou vingt-cinq centimètres de la surface du sol ont constaté l'existence de murs se rattachant à ceux qui entourent ou relient les deux monuments.

Telles sont, au moment où nous écrivons, les découvertes qui ont été faites dans les entrailles de ces témoins de l'occupation romaine.

L'église de Champlieu, dont on ne voit plus que les ruines, avait été bâtie avec des pierres enlevées au monument du *Fer-à-cheval*.

Cette église, jadis dédiée sous l'invocation de la Vierge Marie (*), qu'on y honorait d'un culte tout particulier, fut écrasée par la foudre il y a environ soixante ans.

Comment les pélerins ne seraient-ils pas accourus en foule vers ce temple, séjour habituel d'une vierge mystérieuse, d'une espèce de Dame-Blanche, protégeant surtout les jeunes filles et faisant sans cesse des miracles en leur faveur! Suivant la légende de Champlieu, une gente bachelette s'étant laissé choir dans un puits, fut ramenée par trois fois à la surface de l'eau, et soutenue par la *grande dame*, dont elle ne put entrevoir que le bras protecteur. Une dévotion fut alors instituée et fixée au 16 mars de chaque année, en mémoire de cet événement surnaturel.

La vierge de Champlieu étendait encore sa protection sur les femmes enceintes, qui attribuaient à son image, portée en amulette, des vertus miraculeuses; aussi s'en faisait-il un débit considérable le 8 septembre, jour de la fête patronale et du grand pélerinage.

Les Bénédictins de Saint-Crépin-le-Grand de Soissons possédaient le prieuré de Champlieu, que

---

(*) Le portail de l'église de Champlieu est formé d'une arcade ogive à trois rentrants. On lit autour du tympan : *Respectatur in hoc templo veneranda Marie* (sic)*, quam rosa pulchra magis matris imago Dei.*

quelques prêtres et frères servants de leur monastère occupaient. Maintenant que l'église et le prieuré ont disparu, la petite commune de Champlieu n'est plus qu'un chétif hameau dépendant d'Orrouy, village situé à l'entrée de la gorge des Éluats, *Lupi saltus*, vallon étroit et sinueux où florissait jadis un manoir fortifié que ne regrettent guère aujourd'hui une vingtaine de masures formant le hameau des Éluats.

Orrouy, autrefois Orouer, et plus anciennement Oratorium, l'un des premiers fiefs du Valois, était sous l'obédience du noble châtel de Donneval ou Dunval, disparu aujourd'hui.

L'église et ses revenus étaient soumis à l'abbaye de Saint-Crépin-le-Grand de Soissons, lorsque les Normands pénétrèrent dans la vallée d'Automne. Les Bénédictins se placèrent incontinent sous la protection des comtes de Crépy qui, le danger passé, s'emparèrent de tout le domaine, sous prétexte de faire acquitter le droit de sauvement. En 995, Gaultier-le-Blanc, dont le frère était évêque de Beauvais, rendit les domaines envahis. Ceux d'Orrouy et des Éluats sont expressément désignés dans l'acte de restitution.

Une version locale, respectable au point de vue légendaire, rapporte que l'église d'Orrouy (peut-être l'*Oratorium* où se rassemblaient les fidèles dans les premiers temps du Christianisme), était placée au-dessus du village. Comme cette église menaçait ruine, on voulut en retirer les choses saintes, mais il fut impossible d'enlever une statue de vierge qui se fit tout à coup si lourde qu'aucune force humaine ne put la déplacer. Cependant l'une des plumes composant la couronne de la statue s'était détachée; longtemps suspendue dans les airs par le vent qui l'avait enlevée, elle était enfin venue s'abattre du côté de la vallée, sur un point alors inhabité. Il était manifeste pour tous que la volonté expresse de la sainte était que ce lieu fût choisi pour y élever une nouvelle église.

Nul n'eut donc garde de s'opposer à cette volonté, bien que le lieu désigné fût un sol abrupte (*).

A peine la résolution d'obéir à la sainte était-elle prise que la statue perdant sa pesanteur mystérieuse put être transportée et placée ensuite dans le nouvel édifice.

L'église d'Orrouy, dédiée à saint Remy et à saint Charles Borromée, a de nombreux vitraux dont quelques-uns portent la date de 1542.

L'une des cloches, portant le millésime de 1593, vient de Champlieu.

Le manoir d'Orrouy, qui avait jadis une chapelle particulière, est flanqué de quatre tourelles qui lui donnent un fort bon air. Placé au centre du village, ce castel offre de charmants points de vue qui s'étendent au loin sur la riante vallée d'Automne.

Si nous en croyons un écrivain respectable qui d'ailleurs n'administre aucunes preuves, le fort château de Donneval ou Dunval aurait existé avant

---

(*) Cet édifice est sombre et en partie enterré, car on descend sept marches pour pénétrer dans l'intérieur.

l'invasion des Romains, et ces conquérants l'auraient fortifié et en auraient fait la résidence d'un préfet des Lètes.

Devenu le partage d'un des compagnons de Clovis, ce vénérable manoir, dont il ne reste plus vestiges, serait devenu, lors de l'institution du régime féodal, le fief dominant de la contrée, et dès lors aurait possédé les territoires d'Orrouy, Champlieu et plusieurs autres dépendances.

Les seigneurs de Donneval sont connus jusqu'au milieu du xviie siècle, époque à laquelle ils vinrent s'établir à La Mothe, dont ils bâtirent le château avec les ruines de l'ancien manoir.

Le château de La Mothe, entièrement reconstruit en 1816, est remarquable par la beauté de son site romantique. C'est dans le parc de ce château qu'ont été déposées un grand nombre de sculptures trouvées à Champlieu en 1850.

Le hameau des Éluats, la ferme de Beauvoir et Donneval, sont des écarts dépendant de la commune d'Orrouy. Le domaine de La Mothe fait, au contraire, partie de Saint-Martin-de-Béthisy.

BÉTHISY.

XII

BÉTHISY

> Li chastiax est si bien ass'is
> Jà ne sera par force pris;
> Se par aultre n'est affamez
> Jà par noble ne sera grevez.
> (*Le Roman de Renart.*)

BÉTHISY-SAINT-MARTIN. — BÉTHISY-SAINT-PIERRE. — PATÉ DU ROI JEAN. LA DOUYE. — LE HAZOY.

Deux communes se partagent le territoire de l'ancien chef-lieu de la quatrième châtellenie du Valois, qui se divisait autrefois en trois parties, Béthisy-Saint-Martin, Béthisy-Saint-Pierre, et le château de Béthisy. L'histoire de la commune de Saint-Martin de Béthisy (suivant l'ancienne locution), nommée quelquefois la Commanderie, à cause d'une commanderie de Saint-Jean de Jérusalem qui y existait, n'offre rien de particulier, et se trouve liée à celle de Saint-Pierre. Sa position sur la chaussée de Brunehaut fait supposer qu'elle a dû être habitée par les premiers colons Silvanectes. Si l'on en croit dom Grenier, historiographe de Picardie, les Romains auraient construit en ce lieu un pont pour franchir la rivière d'Automne.

Son église, l'une des premières qui aient été érigées en paroisses au xie siècle, avait pour curé le doyen de chrétienté de la châtellenie, dont le privilége était de dresser les actes publics.

Béthisy-Saint-Pierre, dont la situation dans une vallée étroite dominée par des bois et des côteaux à pentes rapides couvertes de rochers, est gracieuse et pittoresque, a commencé par une ferme du fisc, accompagnée d'un clos de vigne et de quelques dépendances, dont Charles-le-Simple fit présent au comte Thierry, premier abbé laïque de Morienval.

Tous les historiens du Valois s'accordent à placer sous le règne du roi Robert la fondation du fort château de Béthisy. Il dut en effet son origine aux désirs ambitieux qu'avait la reine Constance de placer sur le trône Robert son troisième fils, au détriment de Henri Ier, déjà sacré à Reims du vivant de son père. Pour seconder ses projets, elle fit fortifier quelques châteaux et en construisit plusieurs autres dans ses domaines ; de ce nombre était le château de Béthisy. Pour donner plus d'importance à cette forteresse, la reine y fit transporter le siége de la juridiction établi jusqu'alors au palais de Verberie.

A la mort du roi Robert, le premier châtelain de Béthisy, nommé Richard, partisan déclaré de Constance et sa créature, ayant levé l'étendard de la révolte contre Henri I*er*, ne tarda pas à être battu et à se voir contraint de lui demander grâce et merci. Non seulement le roi lui octroya sa requête, mais il vint encore le visiter dans son château pour lui prouver qu'il comptait désormais sur sa fidélité. La reine, désespérée de n'avoir plus rien à brouiller, se retira à Melun et y mourut en 1032.

Ce châtelain, qui comptait parmi les droits de son fief celui de prélever quatre deniers sur chaque *belle fille* qui passait ou séjournait à Béthisy (*), acheva les parties du château que la reine Constance n'avait pas fait terminer. Il bâtit à ses frais une chapelle consacrée sous le titre de Saint-Adrien, et y fonda quatre prébendes et une dignité de doyen. La cérémonie de la dédicace de cette collégiale se fit avec une grande pompe. La reine Anne de Russie, veuve de Henri I*er*, y assista avec Philippe, son fils, et un grand nombre de seigneurs. Ce fut à l'occasion de cette inauguration que le roi fit présent aux chanoines, ainsi que nous l'avons vu, du vieux palais de Cuise et de ses dépen-

---

(*) Cette contribution, qui rapportait antérieurement dix sols parisis pendant la foire, n'en valait plus que cinq en 1376, suivant le dénombrement de cette année, le nombre des contribuables ayant apparemment diminué de moitié.

dances. La charte de fondation de Saint-Adrien prouve que l'usage d'inhumer dans les églises ne s'était pas encore introduit; elle fait mention de l'*atrium* ou parvis de l'église, destiné à la sépulture du châtelain et de sa famille.

Richard obtint encore de Philippe Ier la charge de gruyer général de la forêt de Cuise, que conservèrent ses successeurs jusqu'à l'établissement des maîtrises du Valois. Ce seigneur, détaché de tous biens périssables, se retira à l'abbaye de Saint-Quentin de Beauvais, laissant à son fils Hugues une bonne forteresse à défendre et de grands domaines à faire valoir.

Louis-le-Gros (*) se plaisait tout particulièrement au château de Béthisy, qui lui servait de rendez-vous pour chasser dans la forêt de Cuise. Il y passa quelque temps, en 1137, à la suite d'une maladie dangereuse.

Ce roi donna aux familles qui habitaient le bourg assis au pied de ses remparts, une charte de franchise qui contribua beaucoup à son accroissement.

Ce bourg avait une église dédiée à saint Pierre, qui, ainsi que ses dépendances, appartenait à l'évêque de Soissons. Ce prélat en fit hommage au monastère de Saint-Crépin, qui détacha à Béthisy quelques-uns de ses membres sous la direction d'un

---

(*) C'est ce prince valeureux qui, après une lutte opiniâtre, sommé de se rendre par un archer anglais, l'étendit à ses pieds d'un coup de hache d'armes en disant : *Ne sais-tu pas que, même aux échecs, on ne prend jamais le roi?*

chambrier, titre que dans les abbayes on donnait au religieux chargé de recevoir les revenus de la communauté. De là cette partie du bourg tira son nom de *Chambrerie*, qu'elle conserva même après la retraite des Bénédictins (*).

La cérémonie du mariage de Louis VII avec Éléonore de Guyenne, célébrée à Béthisy en 1138 et dont l'abbé Suger avait fait tous les apprêts, fait assez connaître que ce château était alors vaste et commode, et parfaitement convenable pour une semblable solennité.

Quelques années après, par une charte donnée à Compiègne, ce même roi accorda aux Béthisyens une bien grande faveur pour ce temps-là, en les relevant du droit de for-mariage et leur permettant en outre de choisir des femmes demeurant hors du bourg.

Philippe-Auguste, qui se rendait fréquemment à Béthisy avec toute sa cour, y assembla en 1182 les grands vassaux du royaume et y expédia plusieurs ordonnances. Deux ans plus tard, il vit cette forteresse attaquée par Philippe d'Alsace, comte de Flandres, qui lui disputait la succession du Valois, dont Béthisy ne faisait point encore partie, étant alors annexé au domaine particulier du roi.

(*) Au moment de mettre sous presse, nous apprenons la nouvelle installation en ce même lieu de huit Bénédictins-Prêcheurs. Cette installation est due à l'initiative d'une noble châtelaine qui a mis à la disposition de ces fervents religieux une maison et des terres à cultiver.

La coopération du clergé et de plusieurs autres personnes pieuses a contribué à l'érection d'une chapelle consacrée sous l'invocation de la Sainte Vierge et sous le titre de l'*Immaculée-Conception*.

La garnison, commandée par Hugues II de Béthisy, se défendit avec courage et fit une sortie vigoureuse puissamment protégée par Humfroy de Bouchain, général des troupes de Philippe-Auguste, qui força le comte de Flandres à fuir avec les débris de son armée à travers la forêt de Cuise.

Le roi récompensa la conduite de la garnison en accordant aux familles du bourg l'usage du bois dans le canton de la forêt appelé les *Monts de Béthisy*, à l'exclusion des autres communes.

Il fit aussi de grandes largesses aux chevaliers du château, et notamment à Hugues de Béthisy, que, dans une charte de 1214, il nomme *son loyal ami*; ce qui n'empêcha pas ce roi de prendre pour garantie de cette loyauté une caution de deux cents livres et pour répondants, Arnould et Nivelon de Roncherolles, Hugues de Mareuil, Dreux de Mouy et quelques autres seigneurs.

Le roi, de son côté, lui avait accordé en sus de soixante livrées de terre qui lui étaient dues à titre d'émoluments comme premier chevalier du château, toutes les rentes, hommes et familles, qu'il avait à Villeneuve-sur-Verberie, et un grand nombre de redevances féodales en divers lieux.

Dès la fin du xiiie siècle, le château de Béthisy avait perdu toute son importance; cependant le roi Jean, qui le nommait son désert, l'habitait encore volontiers.

L'enceinte, de forme ovale, dernier débris du fort château qui jadis se dressait fièrement sur la montagne, a conservé le nom populaire de *Pâté du roi Jean*.

« Les ruines de ce château occupent un mamelon conique tenant au côteau voisin par un col étroit et plus bas ; ce tertre a été augmenté de main d'homme, de manière à l'isoler de tous côtés ; ses talus sont extrêmement rapides, surtout vers le sommet, où l'on ne pourrait parvenir en voiture. La tour ou le donjon qui domine le plateau décrit un ovale d'environ soixante mètres sur quarante-cinq. Les vestiges du mur, quoique fort dégradés même depuis la destruction effectuée sous Louis XIII, parce qu'on les a exploités comme une carrière, présentent encore l'ensemble de la circonvallation ; leur hauteur varie entre trois et six mètres...

« Il y avait un puits qui servait à la fois à donner de l'eau et à descendre dans des conduits souterrains par lesquels on pouvait sortir au loin dans la campagne, dispositions qu'on remarque dans tous les châteaux-forts du Moyen-Age ; mais il ne faut pas croire, avec la tradition locale, que ces galeries s'étendaient jusqu'à Compiègne, Crépy et Pierrefonds.

« Le donjon, entouré d'une triple enceinte fortifiée, était assez élevé pour que de la plate-forme on pût correspondre, au moyen de signaux, avec les forteresses de Montépilloy, Vez, Longueil-Sainte-Marie, Clermont en Beauvaisis, etc. (*) »

(*) *Annuaire de l'Oise*, par M. de Graves.

Lors des guerres qui signalèrent le règne de Charles V, les Navarrois et les Anglais réunis se présentèrent devant cette forteresse et tentèrent un assaut; mais ils furent repoussés avec une telle vigueur dans une sortie faite à propos par la garnison, que la plupart d'entre eux furent taillés en pièces dans un lieu qui en a conservé le souvenir et que l'on nomme encore *la Cavée aux Anglais*. Ceux qui échappèrent à cette action meurtrière rejoignirent avec peine le château de Creil, leur quartier-général.

La ruine du château de Béthisy, causée par les guerres civiles du règne de Charles VII, entraîna nécessairement celle de la commune. Les greniers du Valois, qui y étaient établis, furent dès lors transférés à Verberie. Les chanoines de Saint-Adrien se retirèrent à Saint-Quentin de Beauvais et furent remplacés par un prieur-curé à la nomination de l'évêque de Senlis, qui lui-même en prit le titre dans plusieurs actes.

Néanmoins la tour et le château furent réparés et mis à l'abri d'un coup de main par Catherine de Médicis en sa qualité de duchesse de Valois, pour procurer, disait-elle, un asile aux gens du lieu contre les exactions des partis qui désolaient ce pays pendant les guerres de religion : aussi les gens du lieu payèrent-ils de leurs propres deniers le prix de ses nombreuses réparations. La seule compensation pour ces dépenses fut le rétablissement du marché, qui avait été supprimé en 1450.

Le grand clocher de Saint-Pierre de Béthisy indique lui-même quels furent ses constructeurs et dans quelle année ils le commencèrent; les noms de Renaud Bouché, vicaire perpétuel et chambrier de Béthisy, de Jehan Brûlé et Jehan Charpentier, maçons, se trouvent inscrits en relief sur le premier couronnement de la tour, ainsi que le millésime de 1520.

Ce monument remarquable, qui s'élève à une hauteur de cent-cinquante pieds à partir du pavé de l'église, se compose d'une tour carrée avec une plate-forme surmontée d'une flèche en pierre très ouvragée.

Dans le tympan d'une porte à plein cintre et à colonnettes du latéral Sud de cette église, on lit l'inscription suivante :

> VIVANT CHRESTIEN
> QUY PAR ICI PASSÉ
> PRIEZ DIEU POUR LES
> TRESPASSEZ. NOUS
> AVONS ETEZ COMME
> VOUS ET VOUS VIENDREZ
> COMME NOUS.

Indépendamment de la collégiale de Saint-Adrien et des deux églises de Saint-Martin et de Saint-Pierre, le territoire de Béthisy possédait encore d'autres églises dont il est veuf aujourd'hui. Celles de l'Hôpital, de l'Hôtel-Dieu et de la Maladrerie ont existé à Béthisy jusque vers la fin du XVIe siècle.

Une bulle du pape Eugène III, portant la date de

1147, nous apprend que l'église de Montmartre, près Paris, possédait à Béthisy une chapelle, dix arpents de prés et quarante arpents de terres labourables; car, dans ces temps de béatitude, rarement voyait-on une fondation pieuse sans qu'elle fût accompagnée de bons fonds de terre et de dîmes à lever sur les manants.

Un temple protestant, qui était situé au-dessous de la tour du côté du midi, ayant été le théâtre de conférences tumultueuses entre des prêtres catholiques et quelques zélés religionnaires, sa suppression et sa démolition furent ordonnées en 1682.

Au mois de septembre 1584, les officiers de la juridiction de Béthisy prescrivirent aux curés des paroisses de la châtellenie de tenir registre de tous les baptêmes, mariages et enterrements célébrés dans leurs églises. Cette mesure, accueillie froidement dans les autres baillages du royaume, ne fut généralement adoptée qu'en 1668 (*). Béthisy peut donc se vanter à bon droit d'avoir donné naissance à l'utile institution des registres de l'état civil.

En 1618, l'inflexible Richelieu ordonna la démolition de la forteresse de Béthisy, dont les habitants du bourg réclamaient vainement la conservation. Ils ne purent même pas obtenir la faculté de vendre les matériaux provenant des fortifications, pour acquitter une somme de mille livres empruntée sous le règne

---

(*) En 1691, Louis XIV donna un édit, daté de Fontainebleau, portant création d'officiers, de greffiers, gardes et conservateurs des baptêmes, mariages et sépultures.

de Charles IX afin de subvenir aux frais de leur réédification. On abattit la grosse tour et l'on fit de larges brèches à ces murailles féodales, réparées encore une fois à la hâte pendant les troubles de la Fronde.

Les pauvres Béthisyens s'estimèrent bien heureux d'y pouvoir trouver un refuge contre l'atroce conduite des soldats de Turenne et de Condé, qui ravageaient cette partie du Valois. Partout sur les chemins on rencontrait des gens mutilés, des femmes coupées par morceaux ou expirant sous les ruines de leurs chaumières; des hommes conservant encore un souffle de vie dans un corps déchiré par des broches ou des pieux aiguisés. Un témoin occulaire rapporte qu'ayant refusé à des soldats une somme d'argent qu'il n'avait pas, un laboureur fut attaché par les pieds au plus fougueux de ses chevaux; les membres de cet infortuné, disloqués en peu d'instants, furent trouvés épars dans la plaine : les pieds seuls restèrent attachés à la queue du cheval.

Détournons nos regards de cet horrible tableau et visitons le principal logis de Béthisy-Saint-Pierre, ancien séjour des châtelains de la forteresse appelée le château ou le grand hôtel de la Douye.

La portion de ce grand hôtel, qui se voit encore dans la cour du château, faisait partie d'un manoir élevé, dit-on, par le chancelier de Jean-le-Bon, et paraît être aujourd'hui, à Béthisy, le seul monument contemporain du règne de ce prince infortuné.

On y remarque deux tours polygones à pyramides et à crochets sur les angles, deux portes ogivales à rentrants et à colonnettes, ainsi que des fenêtres à meneaux croisés et à frontons dentelés.

Le château du Hazoy ou Hazoir, bâti au xiie siècle sur la montagne entre Champlieu et Saint-Sauveur, par Richard II de Béthisy, gruyer de la forêt de Cuise, était le siége ordinaire de la juridiction de la gruerie de Béthisy, charge que possédèrent quelquefois les capitaines de la forteresse et qui fut abolie par Philippe VI lors de l'institution des trois maîtrises pour la juridiction des forêts du Valois.

Le gruyer ou verdier de la forêt de Cuise, dont l'un des priviléges était de guider le roi quand il chassait dans cette forêt, possédait comme fief inhérent à sa charge le domaine du Hazoy (autrement dit de la Haie), nom que lui aurait imposé l'usage où l'on était jadis de chasser à la haie, c'est-à-dire de former une enceinte, *une haie pour la chasse*, au centre de laquelle on poussait le gros gibier pour s'en emparer (*).

Le fief du Hazoy, vendu en 1729, tombait déjà en ruines; quelques années après, il fut remplacé par une ferme. De ce point la vue s'étend au loin sur la campagne, et l'on aperçoit la tour de Montépilloy et le clocher de la cathédrale de Senlis.

(*) De là est venu le nom d'Halate, *Haya lata,* la large Haie, que porte la forêt située près de Senlis; celui de Herneuse, *la haie neuve*, les Ageux, près Verberie (*La Chasse à la Haie,* par M. Peigné-Delacourt).

La commune de Saint-Pierre de Béthisy, dont le nom latin, *Bistisiacum, Bethisiacum*, signifie, dit-on, lieu de pâturage, renferme environ de quinze à seize cents âmes. Ce lieu, jadis célèbre par les prouesses de ses chevaliers et par la force de son château, ne possède même pas aujourd'hui une brigade de gendarmerie ; mais il peut justement se glorifier d'avoir vu naître le savant auteur du *Valois royal*, Nicolas Bergeron, avocat au Parlement de Paris en 1563, et dont le père avait été capitaine de la forteresse.

La reine Marguerite de Valois, sœur de François I", admettait Bergeron au nombre des hommes de lettres dont elle aimait à s'entourer ; et le célèbre Pierre Ramus, égorgé à la Saint-Barthélemy, lui avait donné une preuve de sa haute estime en le nommant son exécuteur testamentaire.

XIII

SAINTINES.

> Je suis ferme sur ce vieux pont.
> HENRI IV.

SAINT-SAUVEUR. — SAINTINES. — SAINT-VAAST-DE-LONGMONT.

Un sentiment tout patriotique nous fait un devoir de visiter le village de Saint-Sauveur, dont le nom glorieux rappelle une victoire remportée, au XIVe siècle, sur les Anglais et les Navarrois.

Bérolde, ou Giraud, évêque de Soissons au XIe siècle, possédait en ce lieu quelques terres et un logis ou *mesnil*, qui furent les commencements de ce village, nommé d'abord Géromesnil.

Nous avons vu dans le chapitre précédent comment le général anglais avait échoué dans son entreprise contre le château de Béthisy. Furieux de sa défaite, il avait juré d'en tirer vengeance en l'attaquant de nouveau à la tête de troupes plus nombreuses et mieux choisies que les premières. Mais le capitaine Hugues de Sezanne, qui commandait cette forteresse, devinant les intentions de l'ennemi et se confiant dans son premier succès, ne voulut point l'attendre dans une place déjà fort endommagée, et sortit avec la plus grande partie de ses troupes pour venir à sa rencontre.

Après avoir établi son quartier-général dans la plaine de Géromesnil, il fit vœu à Dieu et à saint Hugues son patron, de relever l'église du lieu, qui tombait en ruine, si par leur intervention il obtenait la victoire.

L'armée anglaise ayant défilé le long de l'Oise, entre cette rivière et celle d'Automne, entre les fermes d'Herneuse et la forêt, le capitaine français fit ses dispositions pour la recevoir vigoureusement.

De part et d'autre on se battit avec un égal acharnement; mais avec la protection de saint Hugues, l'issue du combat pouvait-elle être douteuse? Les Anglais furent vaincus. On rapporte que le bruit confus de la mêlée, le désordre et le tumulte des ennemis dans leur retraite, les gémissements des mourants, les cris des blessés, l'aspect terrible du champ de bataille, firent donner à ce lieu le nom de *Champ dolent,* que la mémoire du peuple lui a conservé (*).

Le capitaine français, fidèle à sa promesse, fit entreprendre la réédification de l'église précédemment dédiée à saint Michel ; seulement il en changea la dédicace, et la plaça sous le vocable de la sainte Trinité, ou de *Dieu sauveur,* parce qu'il avait battu les Anglais le jour de la fête de ce saint mystère.

Le valeureux saint Michel n'occupa plus que le second rang dans le patronage de cette église, qui donna son nouveau nom au village, connu désormais sous celui de Saint-Sauveur-de-Géromesnil.

Depuis cet important changement, les redevances se payèrent devant le portail de l'église le jour de la Trinité. On voit par un titre du XV° siècle, qu'un tenancier de Saint-Sauveur était dans l'obligation, chaque année, d'y présenter au seigneur du lieu un bouquet de fleurs avec six deniers *d'or volant,* une pinte de vin vermeil et une brioche ou un petit pain ; agréable tribut qui fut religieusement payé jusqu'en 1788.

La commune de Saint-Sauveur, qui dépend du canton de Compiègne et renferme environ deux cent-cinquante feux, est jointe à celle de Saintines par le Champ-Dolent, qui fait toute son illustration.

Le domaine de Saintines comprenait ancienne-

(*) En construisant la route de Verberie à Compiègne, au XVIII° siècle, on retrouva les fosses où on avait entassé les morts après cette action meurtrière.

ment une partie des terres de Néry, de Noé-Saint-Martin, de Villeneuve et de Saint-Sauveur; c'était un morcellement de l'immense territoire de Verberie. La situation de son château, dans une île formée par les eaux de la rivière d'Automne, lui fit donner le nom de château de l'Isle, qu'il porte dans les anciens titres. On écrivait originairement Saine-Isle, puis Saintives et Sainct-Inès, et maintenant on écrit Saintines.

Le premier manoir de ce nom fut bâti au commencement du xie siècle, lors de la décadence du palais de Verberie, par un des fils d'un comte de Senlis, nommé Thibaud Ier, à qui le roi Robert avait fait présent du territoire, en récompense de ses services.

Adam son fils, surnommé de L'Isle, fit construire un donjon sur l'emplacement duquel s'élève celui que nous allons visiter.

Le château et la terre de Saintines relevaient de deux juridictions différentes. L'origine de cette distinction venait de ce que les rois avaient abandonné en toute propriété, aux successeurs de Thibaud Ier, l'île où se trouvait leur château, tandis qu'ils s'étaient réservé la suzeraineté immédiate des annexes afin d'en pouvoir détacher dans l'occasion les *livrées* de terre qu'ils étaient dans l'usage d'accorder aux chevaliers gardiens des forteresses.

En 1235, Réginald de Nanteuil, chanoine, puis évêque de Beauvais, eut en partage une portion de la terre de Saintines, comme héritier de Philippe de Néry, son grand-père. En 1251, il donna à la cathédrale de Beauvais tout ce qu'il possédait à Saintines, un *manoir* et son *pourpris*, avec ses jardins, prés, vergers, canaux, vignes, la dixme de Géromesnil et quelques rentes. Ainsi l'église allait toujours s'enrichissant, et ce que les rois donnaient aux seigneurs en reconnaissance de leurs services ne restait souvent entre leurs mains que comme un dépôt destiné à être tôt ou tard absorbé par elle.

Ce Réginald de Nanteuil assista comme pair du royaume au couronnement de Philippe-le-Hardi, et fut le premier évêque qui officia dans le magnifique chœur de la cathédrale de Beauvais, qui venait d'être achevée.

Au mois de novembre 1311, Guillaume de Cuignières, que les chartes qualifient *vir nobilis et miles*, homme noble et chevalier, acquit du chapitre de Beauvais le château et une grande partie de la terre de Saintines, en échange des biens qu'il possédait à Lieuvillé. A sa mort, son frère, Pierre de Cuignières, qui d'abord se destinait à l'Église, lui succéda dans la plus grande partie de ses biens, entra en possession de la terre de Saintines et prit le titre de chevalier ; jusque-là il n'avait porté que celui de professeur ès-lois.

Dès lors Pierre de Cuignières fut employé dans les affaires importantes et admis au conseil de Philippe-le-Bel. Il conserva son crédit sous les règnes suivants, mais ce fut sous celui de Philippe de Valois que sa faveur fut portée au plus haut degré.

Cet homme, déjà justement célèbre, rendit son

nom à jamais mémorable en prenant en 1329 la défense de l'autorité temporelle contre Roger, archevêque de Sens, qui fut pape sous le nom de Clément VI, et contre Bertrandi, évêque d'Autun. Cette défense, présentée devant le roi, accompagné des pairs et des barons du royaume, donna naissance *à l'appel comme d'abus*, qui dès lors devint une partie essentielle de notre jurisprudence (*).

La haine du clergé se déchaîna contre Pierre de Cuignières avec fureur. Tous les moyens parurent bons pour le tourmenter, et l'arme puissante du ridicule fut dirigée contre celui qu'on n'avait pu vaincre par la raison.

Les chanoines de Notre-Dame de Paris affectèrent de méconnaître le nom de leur adversaire et ne l'appelèrent plus que *maître Pierre du Cognet*, nom d'une petite figure grimaçante qui faisait partie d'une représentation de l'enfer ; c'était dans les larges narines de cette grotesque figure que les familiers de l'église éteignaient leurs cierges, par mépris pour Pierre de Cuignières, qui eut la faiblesse d'être sensible à cette grossière injure, dont il conserva un vif ressentiment. La haine et les reproches qu'il s'était attirés, dit Bergeron, ne nuisirent pas à la bonté de

---

(*) Le passage suivant se faisait remarquer dans la harangue de l'archevêque de Sens :

    Sers Dieu dévotement,
    Baille-lui largement,
    Révère sa gent dûment,
    Rends-lui le sien entièrement.

sa cause, *n'étant pas le premier*, ajoute-t-il, *qui ait été lapidé pour une bonne œuvre.*

Pierre de Cuignières mourut à son château de Saintines vers 1356, et fut inhumé dans l'église paroissiale de ce village.

Les prérogatives qui lui avaient été accordées par Philippe de Valois furent maintenues en faveur de son fils Jean, qui mourut sans postérité.

Le château de Saintines, chef-lieu d'une des quatre baronnies du Valois, était au Moyen-Age une forteresse importante. Rebâti au xive siècle par Pierre de Cuignières, il résista facilement à la Jacquerie de 1358 et aux Bourguignons pendant les premières années du xve siècle; mais, après la capitulation de Pierrefonds, en 1420, il se rendit au roi d'Angleterre.

On voit qu'en 1422 de gros canons de cuivre fournis de pierres et de poudre furent envoyés de Paris au gouverneur de Senlis pour *siéger le chastel de Sainctines.*

Pris et repris plusieurs fois pendant les guerres du xve siècle, ce château fut honoré, en 1429, par la présence de la Pucelle, qui accompagnait le roi Charles VII.

Retombée quelques mois après au pouvoir des Anglais, la forteresse de Saintines ne fut définitivement reprise que l'année suivante par les troupes du maréchal de Boussac.

Tour à tour victime du canon anglais et du canon du roi de France, ce château avait tellement souffert des divers assauts qu'il avait essuyés, que Louis Devaux, baron de Saintines, fut obligé de le faire réparer à grands frais en 1513.

Il rétablit les *inondations*, rebâtit plusieurs corps de logis et fit construire le donjon qui se voit aujourd'hui sur les ruines de l'ancien, dont il reste encore des arcades ogives bouchées à colonnettes et la base d'un tour polygone. Une jolie tourelle hexagone contient l'escalier. La porte carrée et garnie de pilastres était autrefois décorée de la devise seigneuriale : *Je suis ferme sur ce vieux pont.*

Henri IV, passant un jour par Saintines et apprenant que le seigneur de cette terre était Jean II de Vieux-Pont, l'un de ses plus vaillants capitaines, entra au château pour le visiter et surtout pour faire honneur au maître du logis.

Le sire de Vieux-Pont reconduisit bientôt le roi, et comme il le faisait passer sur un pont-levis dont les planches, disjointes et mal assurées, offraient du danger, il lui recommanda de prendre garde où il poserait le pied; mais le bon Béarnais, appuyant familièrement sa main sur l'épaule du brave gouverneur de Dreux, répartit : *Je suis ferme sur ce vieux pont.* Ce jeu de mots fut aussitôt adopté pour devise par le seigneur de Saintines, qui le fit broder sur tous ses meubles et graver au-dessus des portes de son manoir.

Au XVIIIe siècle, la seigneurie de Saintines appartenait au marquis de Vatan, tué à la tête de son régiment à l'attaque de Brunswick. Son beau-frère, le marquis de Janson, lui succéda dans la possession de ce domaine.

Comme tous les lieux habités du royaume, la seigneurie de Saintines avait eu sa part des calamités qui, deux siècles durant, désolèrent le beau pays de France, lorsque Louis Devaux entreprit de restaurer son manoir.

L'église, en but aux dévastations qui signalèrent ces temps malheureux, n'avait pas été épargnée. La chapelle de Saint-Jean-Baptiste, lieu de sépulture des seigneurs, ayant été entièrement détruite, Louis Devaux la fit relever et fit faire à l'église de nombreuses réparations. Ses armes se voient encore sur quelques vitraux de ce monument, d'ailleurs peu remarquable.

Derrière le banc-d'œuvre de cette église est placé un curieux rétable en bois sculpté à fond rouge et or représentant l'histoire de saint Jean-Baptiste.

On remarque aussi dans le chœur une pierre sépulcrale avec une longue inscription énumérant les titres de *Messire Alexandre de Vieupont*, enfant d'honneur de Louis XIV, et de son fils *Henry de Vieupont*, colonel du régiment de Bourbon, tué devant Saluces en Savoie en 1605.

Cette inscription se termine par ces deux lignes :

Passant regrette les ils le méritte Bien
Priez Dieu pour leurs ames.

Un ancien pèlerinage, institué à Saintines en l'honneur de saint Jean-Baptiste, et renouvelé en 1531 par une bulle de Clément VII, attirait en ce lieu un concours extraordinaire de dévots la veille et le jour de la fête de ce saint précurseur du Christ.

Les eaux bienfaisantes d'une fontaine placée sous son patronage guérissaient de beaucoup de maux incurables, et plus particulièrement de l'épilepsie. Il suffisait pour cela de se plonger deux ou trois fois dans cette piscine merveilleuse. Lorsqu'on pouvait en même temps se faire réciter sur la tête une couple d'évangiles, cela augmentait prodigieusement l'efficacité du remède.

Mais souvent le désordre se mêlait à ces nombreuses réunions, où l'on voyait pêle-mêle garçons et filles attendre dans l'église ou dans le cimetière l'heure de la messe qui se disait à minuit. Un écrivain, tant soit peu misanthrope, dit en parlant de ce pèlerinage : « Ils n'y vont que pour grenouiller, gourmander, rire avec les filles et autres insolences...; vont s'esbattre pendant les vêpres, se couchent dans les blés, non pour folâtrer, gâtent et extravaguent tout. Bref, ils y commettent beaucoup de malices. »

En 1648, l'évêque de Senlis, voulant mettre un frein à ces malices, ordonna qu'à l'avenir les portes de l'église resteraient fermées jusqu'au moment de la célébration de la messe, qu'il fixa à deux heures, et défendit les bains en commun à cause du spectacle indécent qu'ils offraient.

Les marguilliers obéirent d'assez mauvaise grâce

à cette sage mesure, et eurent recours aux miracles pour la combattre. L'année suivante, à l'heure accoutumée, la grande porte s'ouvrit d'elle-même et sans aucun secours humain, et les dévots de se précipiter en foule dans la nef et de crier au prodige. Enhardis par ce succès, les marguilliers eurent l'effronterie d'en appeler comme d'abus au Parlement qui, du reste, les condamna, le 28 février 1650, à une amende de douze livres tournois.

Cette réforme diminua bien un peu le crédit de Saint-Jean de Saintines; néanmoins il jouit encore d'une renommée assez passable pour le XIX° siècle. L'affluence des jeunes gens des deux sexes y est toujours considérable; ils y viennent boire de l'eau de la fontaine, s'en font verser sur les mains, en emportent même si bon leur semble, ainsi que de la braise éteinte du feu de Saint-Jean, préservatif assuré contre la foudre, mais non contre les tentations du malin esprit, qui fait souvent de belles moissons dans ces pélerinages.

Le manoir de Saintines, entouré de fossés remplis d'eau vive, et son pittoresque donjon à demi caché dans un massif d'arbres séculaires, présentent à l'extérieur l'aspect d'une demeure féodale dans toute sa pureté; mais, vu intérieurement, le bâtiment d'habitation, qui paraît avoir été restauré au siècle dernier, ne ressemble pas mal à un joli presbytère.

Le petit village de Saint-Vaast-de-Longmont, que

nous traverserons en allant à Verberie, dont il fut jadis un faubourg, possède l'une des plus anciennes églises du Valois. Élevée au x° ou au xi° siècle à la mémoire de l'apôtre de la Flandre qui donna son nom à ce village, elle conserve en grande partie le caractère de l'époque de sa fondation. Son portail de style roman pur est fort remarquable.

Non contente de cette origine, la tradition locale veut que la petite abside à gauche du chœur ait été bâtie dès le viii° siècle. Quoi qu'il en soit, l'ensemble de cette église présente un beau caractère d'antiquité.

Dans le cimetière contigu à l'église se voit une vieille croix en pierre très ornée où on remarque un groupe représentant le corps de Notre Seigneur sur les genoux d'une des saintes femmes.

Aussi bien que Saintines, la commune de Saint-Vaast eut son pélerinage (*), mais elle eut surtout un pélerin dont le nom est resté célèbre dans les fastes du canton.

Ce personnage cosmopolite, nommé Antoine Herbel, s'était déjà acquis une fort jolie réputation par ses courses lointaines à Rome, à Saint-Jacques-de-Compostelle et à Cologne, lorsqu'il entreprit le voyage de Jérusalem. Il reçut le bourdon de la main du curé de Saint-Vaast, et dit en embrassant ses amis : « Si au bout de deux années je ne suis pas de retour, ne comptez plus sur moi. »

(*) On attribuait à saint Vaast la guérison des enfants qui marchaient difficilement.

Deux années se passèrent, Herbel ne revint pas. Ses héritiers inconsolables, ne doutant plus de sa mort, s'empressent de lui faire célébrer un beau service commémoratif. Mais à peine l'office est-il commencé, qu'un homme à la barbe épaisse et au teint cuivré apparaît sur la montagne voisine et demande à une bonne vieille la cause de ce bruit de cloches. « Les parents d'un pauvre pèlerin mort en Palestine, lui répondit-elle, sont réunis au temple pour prier à son intention. »

Aussitôt il s'empresse de se rendre à l'église, s'assure de la vérité, et jouit de la douce satisfaction de prier, lui vivant, pour le repos de son âme. Puis, suivant lestement ses héritiers, il entre avec eux dans sa maison, y trouve, suivant l'usage, une table bien servie, et sans leur donner le temps de boire à sa mémoire, il se fait connaître et les chasse pleins de confusion. Pour leur ôter tout souci à l'avenir, il abandonna tout son bien aux pauvres. Mort en 1633, après un dernier voyage à Rome, Herbel fut inhumé dans le cimetière de Saint-Vaast, suivant sa volonté dernière, acte d'humilité qui ne l'avait pas empêché de léguer une somme d'argent pour l'orateur qui ferait son éloge.

Pour compléter l'histoire de cette petite commune, à peine peuplée de trois cents habitants, nous mentionnerons quelques écarts qui lui appartiennent et qui faisaient jadis partie du domaine royal de Verberie.

Tels sont le fief du Grand-Cappy, métamorphosé

aujourd'hui en une habitation moderne située dans une position charmante;

La ferme de Francourt (*Francorum Curtis*), le chapitre et une autre ferme nommée la Boissière, située dans la plaine;

Un hôtel entouré de fortifications, dont on ne voit maintenant aucune trace, s'élevait en ce lieu au xv° siècle. Cet hôtel, qui soutint avec succès plusieurs siéges contre les Anglais, sous le règne de Charles VI, fut occupé par eux sous le règne suivant et définitivement repris en 1430.

PETIT-CAPPY (Verberie).

XIV

VERBERIE

> En matière d'étymologie, les mots sont comme les cloches, auxquelles on fait dire ce qu'on veut.
>
> SARRASIN.

LES PIERRES DRUIDIQUES. — VERBERIE.

On assure que du temps des Gaulois, une ville ou une bourgade du nom de Verberie s'élevait sur la montagne qui s'étend depuis Rhuys jusqu'à Fay; mais cette existence est tellement enveloppée d'incertitude, qu'il nous faut attendre la venue de Grégoire de Tours pour apprendre qu'au vi° siècle il y avait près de la rivière d'Oise une ferme du fisc et un palatium qu'il nomme *Vernbria* et *Verbria*, où les rois francs faisaient souvent leur résidence.

Toutefois, il est certain que, pendant fort longtemps, on a recueilli le long de cette montagne des monnaies, des vases de fer et divers ustensiles de forme singulière ; des puits, des acqueducs et quelques fondations profondes ont aussi été découverts dans cette direction.

Il existe dans la plaine de Rhuys, sur la rive gauche de l'Oise, plusieurs *men-hirs* ou pierres debout d'inégale grandeur. La plus grande de ces pierres nommées dans le pays *les Pierres de Rhuys*, a trois mètres trente-deux centimètres d'élévation hors de terre. On suppose que les Druides avaient établi dans cette plaine et au pied de la montagne un champ des sépultures, et que le nom du village (*) lui est venu de la dénomination de ces monuments celtiques.

Vers le sud-ouest de ces monolithes, au pied du mont Catillon, butte conique terminée par un belvédère, se trouvent encore des tombeaux dont on ignore l'origine.

La présence de cette butte, qui à diverses époques a fourni un ample tribut de haches de silex, d'épées et de médailles gauloises et romaines, est attribuée

---

(*) On remarque dans l'église du petit village de Rhuys, une Passion en terre cuite. Cette église, fort riche en reliques, possède un morceau *de la pierre de quoi monsieur Sainct Etienne feust lapidé*, dit la légende.

par la tradition populaire à *Gargantua qui l'aurait apportée dans sa hotte.*

Comme la plupart des noms dont l'étymologie est douteuse, celui de Verberie est celtique. Les doctes ne sont d'accord que sur ce point; car ceux qui le nomment *Wurembria* le font venir de *veren*, eau salée, et *bry*, fontaine, assurant que les Celtes appelaient ce lieu *le bourg aux eaux salées;* tandis que les autres, qui le distinguent sous le nom de *Verbria* et *Vernbria*, prétendent qu'ils se compose de *ver*, grand, long, et *bria*, tout ce que vous voudrez, tantôt une montagne, tantôt un lieu situé sur un fleuve; ceux-ci sont les plus accommodants : aussi leur version paraît-elle l'avoir emporté, puisque les titres du xiiie siècle l'appellent *longus mons in valle, longus mons in colle*, d'où l'on a fait le nom de Longmont que porte le village de Saint-Vaast.

Le palatium des Clotaire et des Chilpéric, où Charles-Martel était venu se reposer de ses fatigues après la défaite des Sarrazins, et où il reçut les légats de Grégoire III, qui lui apportèrent en présent les clés du sépulcre de saint Pierre et les chaînes, un peu rouillées sans doute, dont cet apôtre avait été chargé dans sa prison, était un lieu de prédilection pour ce héros. Son fils Pépin y fit aussi plusieurs voyages et y convoqua, en 752, une assemblée générale de la nation, connue sous le nom de premier concile de Verberie, l'un des plus célèbres qui aient été tenus en France.

Charlemagne fit entièrement reconstruire ce palais, qui était situé entre l'église actuelle, nommée autrefois chapelle de Charlemagne, et le fief d'Aramont, sur les bords de l'Oise. Tout cet intervalle était couvert de nombreux bâtiments, parmi lesquels se voyait un immense corps de logis où se tenaient les assemblées générales et les conciles. Les jardins s'étendaient le long de l'Oise et se prolongeaient, parallèlement au palais, jusqu'au parc, qui n'était séparé de la forêt de Cuise que par le château d'Herneuse (*).

Trois ponts établis sur l'Oise donnaient un accès facile vers l'autre rive. L'un d'eux, nommé pont du Palais, communiquait avec les jardins. Il en est fait mention dans une ordonnance de Charles-le-Simple et dans un titre de 1449.

De nombreuses dépendances augmentaient encore l'importance de ce séjour royal. Tels étaient le *prœdium* ou la tour, occupé par le gouverneur du palais, qui prenait le titre de comte, de juge ou de châtelain; l'hôtel de Fay, chef-lieu des établissements agricoles connus alors sous les noms de La Borde, de Francourt et de la Boissière; Herneuse, ou Hez-Neuve, *Haia nova*, qui renfermait dans son enceinte les prisons de la juridiction royale, et où logeait le vintre, *vinctor*, gardien de ces prisons, charge inféodée dans la suite, et conférant de tels avantages, que

---

(*) Un souterrain formé d'un long boyau garni de chambres latérales qu'on dit être un reste de l'ancien château, se voyait encore il y a quelques années à la ferme du Chat, au port de Verberie.

le duc de Valois l'acheta pour lui-même à beaux deniers comptants. Il devint par cet arrangement le geôlier en titre des prisons de son duché. Enfin, le petit palais de Bois-d'Ageux, situé sur la rive droite de l'Oise, et où Charlemagne s'était plu à prodiguer les marbres et les mosaïques, faisait également partie de ce domaine. En 1740, lors de la réédification de la ferme assise sur ses ruines, on a retrouvé de nombreux fragments de ces précieux objets.

Des canaux et des étangs entretenus continuellement par le bras de l'Oise, qui commençait à la Croix-Saint-Ouen et finissait au-dessous de Verberie, ajoutaient aux charmes de ce manoir royal, qui avait aussi son siége de justice, un parc pour les bêtes fauves et un sénéchal pour gouverneur.

La Borde et Bois-d'Ageux marquaient les deux limites opposées des dépendances du gigantesque palais de Charlemagne (*).

L'impératrice Judith, seconde femme de Louis-le-Débonnaire, fut renfermée dans ce palais par Pépin, son beau-fils; le malheureux époux conçut dès lors une invincible aversion pour ce séjour qu'il avait si souvent habité.

Le mariage du saxon Edilulf, roi d'Ouessex, en Angleterre, avec la fille de Charles-le-Chauve, fut

(*) Dom Carlier, qui peut être suspecté de quelque partialité pour l'illustration de Verberie, sa patrie, donne de ce palais une pompeuse description, où nous avons emprunté les lignes qui précèdent; toutefois plusieurs écrivains qui lui ont succédé n'hésitent pas à la qualifier d'exagération.

célébré, en 856, au palais de Verberie, qui alors était dans toute sa splendeur. Ce roi franc y convoqua divers conciles désignés par les chroniqueurs sous le nom de Plaids de Verberie. Dans celui de 863, il fit condamner à une détention perpétuelle deux religieux de Saint-Médard de Soissons convaincus d'avoir délivré de prison le jeune Pépin, son compétiteur.

L'histoire a justement flétri les moyens employés par ce roi pour préserver du pillage son palais de Verberie, dont la célébrité ne pouvait manquer d'exciter la cupidité des incorrigibles Normands. L'énorme somme d'argent qu'il jeta au chef de ces barbares, en recevant son serment de fidélité, ne l'empêcha pas de revenir l'année suivante à la tête d'une horde plus nombreuse, et de saccager entièrement ce riche domaine, qui ne tarda pas à tomber en décadence.

Charles-le-Chauve donna d'abord aux moines de Saint-Corneille de Compiègne le palais de Bois-d'Ageux, dont ils firent une maison de plaisance (*). Le roi Charles-le-Simple démembra ensuite celui de Verberie en faveur de la collégiale de Saint-Clément de Compiègne, et lui fit présent des jardins et du pont du palais. Enfin le bon roi Robert détacha le *prædium* et ses annexes pour l'offrir à l'abbaye de Saint-Corneille, à quoi la reine Constance ajouta quatre moulins, cinquante-trois hommes, et des cens

---

(*) En 1420, les Anglais détruisirent cette maison, que remplaça plus tard la ferme de l'abbaye.

qualifiés *exactions légitimes*. Le *prædium* prit alors le nom de Tour de Saint-Corneille, que porte encore l'établissement industriel qui l'a remplacé, lequel possède une source d'eaux minérales ferrugineuses.

Ce domaine royal, si étendu sous les premiers rois carlovingiens, était réduit, à la fin du xii° siècle, aux principaux bâtiments du palais, et son territoire, divisé en trois parties, les terres de Saintines, de Fay et de Longmont, appartenait à divers seigneurs. Le siége de la juridiction, transféré au château de Béthisy, avait été remplacé par un prévôt.

En 1206, le roi Philippe-Auguste ayant fondé à Verberie une ministrerie de Mathurins Trinitaires, donna à cette communauté la direction de l'hôpital qui avait succédé à une léproserie placée en 1135 sous la protection de sainte Madeleine; il fit aussi bâtir pour ces frères-hospitaliers une église qu'ils dédièrent à saint Nicolas, patron de leur premier ministre. Cette utile institution s'est maintenue à Verberie jusqu'en 1792. Le savant chroniqueur Robert Gaguin fut dans sa jeunesse prieur de Saint-Nicolas de Verberie. Devenu supérieur général de l'ordre des Trinitaires après avoir été employé à d'importantes négociations sous les rois Louis XI, Charles VIII et Louis XII, il mourut à Paris en 1501, laissant plusieurs ouvrages estimés.

La reine Blanche, à qui le peuple attribue, concurremment avec la belle Gabrielle, la possession de tous les vieux manoirs dont il ignore l'origine ou la destination première, avait fait présent à un habitant de Verberie nommé Simon Jourdain, d'un logis qu'elle possédait sur la rive droite de l'Oise, au lieu nommé le Port-Salut, à la condition expresse qu'en avançant alternativement de trois pas et en reculant aussitôt de deux il ferait le voyage de Jérusalem. La maison si chèrement acquise par cet intrépide piéton a, dit-on, été remplacée par celle qui porte aujourd'hui, gravé sur un écusson, le millésime de 1654.

Les rois de la troisième race venaient rarement habiter le vieux palais de Charlemagne; cependant, Philippe-le-Bel, Philippe-le-Long, le roi Jean et son fils Charles V y firent plusieurs voyages et y rendirent diverses ordonnances. Une charte de 1309 nous apprend qu'à cette époque Verberie se composait de quatre quartiers, le Château, la Ville, le Bourget et le Bourg. La Ville comprenait le Haut-Court, le long de la montagne, presque jusqu'à Francourt. Vers cette montagne était une porte et un vieux logis que les titres nomment *la maison de la clef de la porte de la ville*. Le Bourget commençait à la grosse tour de Saint-Corneille, et le Bourg, qui forme la principale partie de la commune, était situé sur le même emplacement qu'aujourd'hui. Trois églises, Saint-Vaast, Saint-Germain, qui n'existe plus, et Saint-Pierre, paroisse actuelle, ne suffisaient sans doute pas à l'affluence des fidèles, puisque Pierre de Verberie, secrétaire de Philippe de Valois, fit construire au Haut-Court une chapelle qu'il plaça sous l'invocation de Notre-Dame, et dont il confia la desserte aux Mathurins, après toutefois l'avoir grassement et magnifiquement dotée.

Ce Pierre de Verberie, ou Pierre Coquerel, dont les ancêtres guerroyaient pour la défense des châteaux et des monastères, fut inhumé au milieu de la chapelle qu'il avait fondée. Son tombeau, surmonté de sa statue et de celle de Péronnelle d'Hangest, sa femme, était entouré d'une longue et pompeuse inscription qui se terminait ainsi :

LA MORT QUI VOUS MEST SOUS SA PLANTE
L'A MIS FORS CE MONDE L'AN .M.CCC.VII. ET QUARANTE
EN IUING. DIEU LI BAILLE MERCI.
AMEN.

Un reste du manoir de Pierre de Verberie, qui, à la vérité, ne donne pas une haute idée de l'habitation de ce secrétaire royal, se voit encore dans la grande rue près de l'ancienne chapelle Notre-Dame. Cette masure, nommée tantôt le Petit-Cappy, parce qu'elle dépendait du fief de ce nom, tantôt l'Hôtel Saint-Jacques, à cause de l'auberge qui s'y était installée sous ce patronage, conserve encore quelques fragments d'une construction du Moyen-Age. Ses caves ou salles souterraines, voûtées en ogive, ont pour soutien des colonnes presque enfouies aujourd'hui par les remblais successifs de la route.

Les Anglais et les Navarrois, qui ravagèrent le

Valois pendant le xiv° siècle, brûlèrent une partie de la ville et du palais de Verberie ; l'incendie dura plusieurs jours. Les murs du palais, calcinés par l'action du feu, demeurèrent en ruine jusqu'à l'époque où Charles V le fit réparer en y ajoutant quelques constructions nouvelles.

En 1430, les Anglais se présentèrent de nouveau devant Verberie, qui paraissait leur promettre une conquête facile, puisque, ainsi que son château, il était ouvert de toutes parts. Mais un citoyen nommé Jean de Dours s'étant retranché, avec un certain nombre de ses compatriotes, dans le cimetière de la paroisse, s'opposa énergiquement à leurs projets. Sommé par le général Hundington de se rendre avec ses gens, l'intrépide Dours répondit qu'il défendrait tant qu'il le pourrait le domaine du roi de France. Toutefois, après quelques avantages, il fut débusqué par l'artillerie ennemie et contraint de se retirer dans la tour de l'église, qui fut bientôt foudroyée par le canon anglais. Poursuivis jusque dans ce dernier refuge, Jean de Dours et ses braves concitoyens se rendirent à discrétion. Le général anglais, abusant cruellement de sa victoire, fit pendre cet homme de cœur et dépouilla de leurs biens les autres bourgeois, qu'il retint prisonniers jusqu'à ce qu'ils eussent payé une forte rançon.

Ce ne fut que cent ans plus tard qu'on s'avisa de mettre le bourg de Verberie à couvert d'une surprise derrière une enceinte de palissades et de murailles percées de cinq portes bastionnées.

Le clocher de l'église paroissiale de Saint-Pierre s'étant écroulé en 1333, avait été relevé par les soins des habitants, lorsqu'au siècle suivant il devint victime de la rage et de l'acharnement des Anglais contre l'héroïque Jean de Dours. Vers l'année 1520, il fut rétabli avec les débris du palais donnés par François Ier à la commune de Verberie.

L'église de Saint-Pierre, détruite en partie avec le palais, dont elle était la chapelle, lors des invasions des Normands aux IXe et Xe siècles, a subi bien des vicissitudes depuis sa fondation. Cette église, où l'on remarque de nombreuses pierres sépulcrales, possède un bel autel en marbre et un orgue fort ancien.

La fondation de sa chapelle de la Vierge remonte à 1309, cette chapelle ayant été érigée pour le repos de l'âme de la reine Jeanne, femme de Philippe-le-Bel.

Le territoire de Verberie avait acquis au XVIe siècle une effroyable réputation par les réunions cabalistiques des sabbatiers ou *chevaucheurs d'escouvettes* (*), qui tenaient leurs séances nocturnes au pont la Reine, à la cavée de Noé-Saint-Martin et au bois d'Ageux. Ces séances, qui avaient lieu sous la présidence du Diable ou de l'un de ses substituts, commençaient à la nuit close et duraient jusqu'au chant du coq.

Le Diable en personne, si l'on en croit une tra-

(*) Escouvette, vieux mot picard qui signifie *balai*.

gique histoire racontée par le *démonomane* Bodin, eut pendant près de quarante ans son quartier-général à Verberie.

A peine âgée de douze ans, une jeune fille de cette ville, nommée Jeanne Harvilliers, avait été livrée corps et âme par sa mère, dame experte dans l'art des maléfices, à un cavalier mystérieux qui s'était un beau jour subitement présenté à elle. Ce cavalier, c'était le Diable! Depuis ce moment, et pendant un grand nombre d'années que dura ce commerce satanique, Jeanne voyait chaque soir, à la nuit close, arriver son infernal amant tout vêtu de noir et monté sur un cheval de même couleur; une longue et fine épée pendait à sa ceinture.

Docile aux leçons de magie blanche et noire que lui donnait Satan, elle posséda bientôt mille gentils moyens de punir ses ennemis en les faisant lestement passer de vie à trépas. Son humeur, passablement querelleuse, la poussait de temps en temps à faire de petites expériences, qui toujours étaient couronnées d'un effrayant succès. Mais un jour, jour affreux! voulant tirer vengeance d'un outrage fait à sa fille, car elle avait une fille qu'elle chérissait tendrement, Jeanne plaça sur le passage de son ennemi un *sort* destiné à lui faire contracter un mal aigu et à le conduire promptement au tombeau. Le hasard, ou peut-être le Diable, entraîna la belle enfant vers ce chemin, et la pauvre innocente reçut le coup réservé à l'ennemi de sa mère.

Désespérée, Jeanne prodigua d'inutiles secours à

sa fille, qui le lendemain rendit son ame à Dieu. La pauvre magicienne, éperdue, maudissant et Belzébuth et ses présents funestes, trahit sa criminelle conduite au milieu de ses lamentations, et fut jetée dans un cachot. Bodin, l'un des commissaires chargés de prononcer sa condamnation, soutint qu'elle devait être brûlée comme sorcière ; d'autres prétendirent qu'il y avait plus de folie et de libertinage dans sa conduite que de sorcellerie, et que le supplice de la corde était bien suffisant. Mais cet avis avait à peine transpiré, que le peuple, s'assemblant en foule autour du tribunal, menaça les juges de leur enlever la magicienne et de la brûler s'ils ne la condamnait qu'à la potence, parce que, disait-il, on avait vu des sorcières survivre à ce dernier supplice par le moyen de leurs enchantements. Jeanne fut donc condamnée au feu et brûlée vive le dernier jour d'avril 1577. Quant au Diable ou à son compère, il ne fut nullement inquiété.

La croyance générale à la sorcellerie, qui est loin d'être complétement déracinée, était alors favorisée par une reine superstitieuse, Catherine de Médicis, qui entretenait dans le Valois plus de six cents magiciens, astrologues ou devins (*).

Le château d'Aramont, bâti sur les ruines de l'ancien palais par Nicolas de Lancy, trésorier général des guerres sous Henri IV, est aujourd'hui,

(*) Le curé de Rhuys, aumônier de Catherine de Médicis, jouissait d'une grande renommée comme nécromancien.

avec le domaine de Saint-Corneille, la seule habitation remarquable de Verberie, que jadis les rois nommaient leur bonne ville.

Les illustrations de Verberie se résument dans quelques théologiens, parmi lesquels on cite le cardinal Pierre Oriol, successeur de Jean Scot à l'une des chaires de l'Université de Paris. Il fut élevé à la dignité d'archevêque d'Aix en 1321 et mourut en 1345.

On donnait à ce célèbre docteur, dont on voit un beau portrait dans la salle de la mairie de Verberie, le nom de Pierre de Verberie, que portèrent aussi avec éclat un grand dialectitien, moine de Royal-Lieu au xiv° siècle, et Pierre Coquerel, fondateur de la chapelle de Notre-Dame-du-Haut-Court.

Mais c'est surtout à Claude Carlier que Verberie s'honore d'avoir donné naissance; son *Histoire du Valois* et ses savantes recherches sur les sciences naturelles lui assignent un rang distingué parmi les historiens et les économistes. Il naquit à Verberie en 1725 et mourut prieur d'Andresy dans le courant de l'année 1787.

Le tableau magnifique et varié qui se déploie aux yeux du voyageur en arrivant au sommet de la montagne de Verberie, n'est pas la seule cause de la célébrité de cette montagne. Les *Sautriaux*, dont le surnom est resté aux habitants du bourg, peuvent à bon droit en revendiquer leur part. Le mérite de ces *jeunes galants*, comme les appelle

Duchesne, consiste à s'entrelacer les bras et les jambes de manière à former une boule, à se laisser ainsi rouler du haut de la montagne, et à se trouver sur les pieds en arrivant en bas. Ce charmant casse-cou s'exécute quelquefois à deux parties. Chaque exécutant place alors sa tête entre les jambes de son partner, puis, entrelaçant mutuellement leurs jambes et leurs bras, ils se précipitent dans le ravin nommé le *Tomboire*. Cette savante corporation, qui envoyait des professeurs jusque dans la Provence, existait déjà du temps de Charles VI, grace à son frère Louis d'Orléans, qui se divertissait tellement à la vue de ces exercices, qu'il avait fait inscrire sur la liste des *ébaudissements royaux*, sous le titre de *Confrérie des Sautriaux du Roy*, cette troupe sautante et dégringolante, qu'on retrouve mentionnée sur l'état des menus-plaisirs du roi Henri IV. Chaque fois que, se rendant à Compiègne, ce prince descendait la montagne, une somme était délivrée à la joyeuse Confrérie, à titre de gratification.

A l'époque du sacre de Louis XV, la Compagnie des *Sautriaux* de Verberie étant allée s'établir sur le chemin de Reims, dans un lieu propre à faire briller ses talents, et en ayant été chassée par les habitants d'un village voisin, le prévôt de l'hôtel, instruit de cette atteinte à leurs prérogatives, s'empressa de rétablir les *Sautriaux* sur le théâtre qu'ils s'étaient choisi, *comme usant de leur ancien privilége de récréer les rois à leur passage.*

Mais, hélas! cette illustre Confrérie a vu son industrie décroître sensiblement et sa renommée s'obscurcir par l'établissement du chemin de fer, qui a fait de la grande route une solitude.

Les *jeunes galants*, si fiers de leurs anciens priviléges, ont aujourd'hui tout loisir de donner carrière à leur agilité en travaillant dans les nombreuses usines qui enrichissent leur ville natale.

N'oublions pas de mentionner le camp formé à Verberie lorsque, en 1792, les Prussiens franchirent nos frontières. Là, pleins d'enthousiasme pour la liberté, accoururent ces braves enfants de Paris, dont les noms ne tardèrent pas à être inscrits dans les fastes de la gloire.

Moins heureuse en 1815, Verberie vit son territoire envahi par les armées prussiennes et anglaises, qui y commirent de grands dégâts.

La petite ville de Verberie, désignée par certains auteurs comme l'une des douze villes dont le royaume de Soissons était originairement composé, renferme environ quatorze cents habitants, et fait partie du canton de Pont-Sainte-Maxence.

XV

RIVECOURT

> Dans son château le chevalier rentra ;
> Le premier mur fit peu de résistance,
> Et l'ennemi bientôt s'en empara,
> Mais le second fit meilleure défense,
> PERCY.
> (*Anciennes Poésies.*)

LA CROIX SAINT-OUEN. — MERCIÈRE-AU-BOIS. — ROYAL-LIEU.

Quelques centaines de mètres et un pont à franchir nous séparent à peine de la patrie du grand Ferret, ce héros populaire dont les incroyables prouesses sont encore aujourd'hui dans toutes les bouches.

Né vers le commencement du XIV° siècle, au petit

village de Rivecourt, situé sur la rive gauche de l'Oise, près Verberie, le grand Ferret s'était chaudement signalé dans la grande insurrection connue sous le nom de la *Jacquerie*, lorsqu'il embrassa avec ardeur le parti opposé aux Anglais et aux Navarrois.

Doué d'une force de corps que la renommée a rendue fabuleuse, il avait pour seule arme une hache qu'on pouvait à peine soulever à deux mains, et qu'il maniait cependant avec une rare dextérité. La terreur que sa présence causait aux soldats anglais était telle que, si l'on en croit Jean de Venette, son contemporain, pendant tout le temps qu'il séjourna à Rivecourt, ils n'approchaient de ce village qu'en tremblant.

Choisi en 1358 par le capitaine Guillaume Allaud ou l'Allouette (*) pour être son second dans le commandement du château de Longueil-Sainte-Marie, le grand Ferret eut bientôt l'occasion de donner de nouvelles preuves de son courage et de sa vigueur surnaturelle. Les Anglais s'étant emparés à l'improviste d'une brèche faite aux remparts de ce château, étaient déjà parvenus jusque dans la cour intérieure de la place, lorsque notre héros, réunissant à la hâte quelques soldats, se jette avec impétuosité sur les assaillants, et, jouant de sa hache avec son agilité ordinaire, tue et abat tout ce qu'il rencontre sur son

---

(*) Le capitaine l'Allouette était un fermier de la contrée intrépide au combat, ancien *Jacquier* sans doute, chez lequel Ferret, son lieutenant, était valet de ferme.

passage. Dans le même instant, le capitaine Allaud, moins heureux que lui, payait de sa vie l'empressement qu'il avait mis à repousser les Anglais. Enflammé de rage à la vue du corps inanimé de son commandant, le Grand Ferret redouble d'ardeur : d'un coup de son arme redoutable il pourfend le casque et la tête d'un officier qui se présente pour l'attaquer, fait subir le même sort à dix-huit officiers ou soldats et en culbute quarante-cinq autres dans les fossés. Le commandant anglais, épouvanté de cette déconfiture, tente vainement de se retirer, avec ce qui lui reste de soldats, vers l'endroit par lequel il s'est introduit; Ferret le devine, et, le gagnant de vitesse, se place seul sur la brèche, précipite par-dessus les remparts la bannière ennemie dont il s'est emparé, et la fait suivre de quarante Anglais qu'il terrasse à chaque coup de sa hache.

Ceux qui échappèrent à sa fureur se réfugièrent dans les caves et dans les escaliers du château, où les paysans, accourus à la première alerte, les tuèrent à coups de fléaux et de fourches.

Un nouveau détachement s'étant présenté le surlendemain pour laver cet affront, éprouva le même sort.

Épuisé par deux jours de combats successifs, Ferret revint dans sa maison de Rivecourt. Là, tandis qu'il était en proie à une fièvre ardente, sa femme vint lui annoncer que douze Anglais s'avançaient rapidement vers sa demeure; saisissant aussitôt sa bonne hache placée près de son lit, il marche intrépidement à la rencontre des soldats ennemis en leur criant : « Ah! larrons! vous croyez me prendre dans mon lit, mais vous ne me tenez pas encore! » Puis aussitôt il se retranche dans l'angle d'une muraille, tue cinq Anglais et force les sept autres à chercher leur salut dans la fuite. Ce fut son dernier exploit : la mort l'enleva peu d'heures après.

La commune de Rivecourt, si fière d'avoir donné le jour au Grand Ferret, a commencé par une seule maison servant d'hôtel au péager général de l'Oise. Cet hôtel, détaché du domaine de Verberie en 697 et donné, avec d'autres terres, par Childebert III, à l'abbaye de Fontenille en Normandie, fut remplacé par une église dédiée à saint Vandrille, patron de cette abbaye, qui dès lors reçut à Rivecourt un culte particulier. Un prieuré peuplé de douze moines y fut établi pour le service de cette église.

Après avoir subi diverses restaurations, l'église de Rivecourt fut entièrement réédifiée sous le règne de Louis XII. On y reconnaît le genre d'architecture qui succéda dès cette époque à l'architecture gothique tertiaire. De belles peintures à fresque décoraient autrefois l'intérieur de cette église.

Dagobert, étant un jour en chasse dans la forêt de Cuise, aperçut tout-à-coup dans l'air *une croix lumineuse dont la blancheur surpassait l'éclat de la neige.* « Qu'est ceci? — Sire roi, lui répond le saint homme,

Dieu vous commande par ce signe de rendre hommage à l'instrument de notre rédemption, en lui élevant une église sous le titre de la Sainte-Croix, au lieu même de sa miraculeuse apparition. »

Dagobert, qui affectionnait les fondations pieuses, ordonna tout aussitôt l'édification d'une église et d'un monastère, qu'Odoénus, que nous nommons saint Ouen, soumit à la règle de Saint-Médard de Soissons, où il avait été élevé.

Insensiblement un village se forma autour de cette abbaye, et les moines, en mémoire de leur second bienfaiteur, ayant placé leur couvent sous sa protection, lui donnèrent le titre de la Croix-Saint-Ouen.

L'abbaye de la Croix est mentionnée dans un diplôme du roi Eudes parmi les nombreuses dépendances de Saint-Médard de Soissons. Déjà à cette époque elle avait été réduite en prieuré simple par suite des ravages exercés par les Normands dans toute la contrée.

Le village fut entièrement détruit en 1350, en même temps que le palais de Verberie. Les anciens bâtiments abbatiaux ne furent pas rétablis.

En 1792, le prieuré de la Croix fut remplacé par une ferme.

Les gens atteints de surdité avaient en saint Ouen une confiance sans bornes et venaient à la Croix réclamer son intercession d'une façon singulière. Ils descendaient dans un caveau de l'église, passaient leur tête dans une niche de pierre, et, dans cette agréable posture, ils s'entretenaient avec le saint, qui toujours les renvoyait guéris. Le rapport qui existe entre les mots *Ouen* et *ouïe* était le seul fondement de cette naïve croyance, qui s'est perpétuée de nos jours.

Le pèlerinage qui commence le 28 août, jour de la fête patronale, et dure huit jours, est toujours très fréquenté, et le saint continue, comme il le faisait jadis, à donner audience aux sourds à la manière accoutumée.

Le point précis où l'on assure qu'eut lieu la vision de Dagobert, situé sur la route, à la limite de Compiègne, se nomme la Croix-aux-OEufs ou la Croix-Rouge; on y vient processionnellement le jour des Rogations; mais les assistants n'y reçoivent plus comme autrefois, de la part du prieur, deux œufs et un morceau de pain.

Le village de la Croix-Saint-Ouen, situé sur la route de Compiègne, entre la rivière d'Oise et la forêt, presque en face Rivecourt, compte une population de onze à douze cents habitants, en y comprenant toutefois les domaines isolés et le pauvre hameau de Mercière-au-Bois, qui fait sonner bien haut son importance déchue. Les pierres taillées, les tuiles romaines et les décombres qui se trouvent en grand nombre dans les terres en culture de ce hameau, ne sont certainement pas faits pour détruire ses prétentions.

La maison de Royal-Lieu, située sur les limites du territoire de Compiègne, n'était, au XII° siècle, qu'un simple repos de chasse nommé *Bellum villare*, dont on crut devoir faire Beaulieu.

Autour de cette maison vinrent se grouper successivement quelques habitations qui formèrent un hameau appelé la Neuville-au-Bois, dont le nom a disparu.

En recevant la nouvelle de la canonisation de Louis IX son aïeul, Philippe-le-Bel fit bâtir en ce lieu la première église qui ait été dédiée sous l'invocation de ce saint roi, et lui donna le nom de Saint-Louis de Royal-Lieu, à cause de son voisinage de Compiègne, lieu royal par excellence.

Ce roi plaça dans les bâtiments de la Vénerie de Beaulieu vingt profès de l'ordre du Val-des-Écoliers, qu'il honora du titre de ses chapelains et qu'il combla de présents, munificence qu'imitèrent à l'envi ses successeurs.

Le roi Jean séjourna à Royal-Lieu à son retour d'Angleterre, et y rendit une ordonnance datée du 16 juin 1361, par laquelle il fixait la somme que devait payer la ville de Lille pour sa rançon royale.

Lors du siége de Compiègne, le dauphin Louis, fils de Charles VI, établit ses quartiers dans le monastère de Royal-Lieu. Son étendard, planté devant la porte principale de cette maison, portait un de ces rébus si goûtés à cette époque. Le prince y avait fait broder le chiffre de sa maîtresse, la belle Cassignelle, figuré par un cygne précédé d'un K et suivi d'un L.

En 1634, ainsi que nous l'avons vu, une permutation eut lieu entre les religieuses de Saint-Jean-au-Bois et les Génovéfains, successeurs depuis un demi-siècle des chapelains institués par Philippe-le-Bel. Le couvent de Royal-Lieu devint donc, par ce changement, le séjour des reliques de sainte Euphrosine, qui, dit-on, n'abandonnèrent pas leur agreste demeure sans un vif déplaisir et sans une longue résistance.

Une pieuse abbesse, Henriette de Gouffier, ayant pris en 1673 la direction de cette riche abbaye, y fonda une chapelle toute spéciale où furent honorées ces saintes reliques jusqu'à la suppression des communautés religieuses.

L'église de Royal-Lieu, transformée en ambulance en 1792, fut démolie quelques années après, ainsi qu'une grande partie du monastère. Les bâtiments qui sont restés debout ont été appropriés à une habitation particulière.

OURSCAMP.

XVI

OURSCAMP

> Noble et dernier débris d'un temple qui n'est plus.
> LAMARTINE.

Les belles ruines de l'abbaye d'Ourscamp rivalisent aujourd'hui avec les importantes murailles de Pierrefonds, comme but des explorations des archéologues, des artistes et des simples curieux.

Soit que nous suivions avec une de leurs joyeuses caravanes la jolie route de Noyon ou la fraîche vallée que la rivière d'Oise sillonne en coulant vers Compiègne, soit que nous prenions la voie ferrée, la plus prosaïque, mais aussi la plus rapide des voies, nous rencontrerons bientôt le lieu agreste où saint Éloi s'était bâti un modeste oratoire, que remplaça cinq siècles plus tard la puissante abbaye d'Ourscamp.

Selon les *Annales de l'église de Noyon*, le nom latin de cette abbaye, *Ursi Campus*, lui aurait été donné à cause de la multitude d'ours qui hantaient ces parages, et surtout à cause d'un événement miraculeux advenu au grand saint Éloi lors de la fondation de sa pieuse retraite. Ce digne évêque se faisait aider par un bœuf qui lui apportait tous les matériaux nécessaires à ses travaux. Un jour, s'étant jeté tout à coup sur ce digne serviteur, un ours énorme l'étrangla et le dévora en un clin-d'œil; mais saint Éloi lui commanda aussitôt d'endosser le harnois du défunt et de le remplacer dans son pénible travail, ce que l'animal *féroce* fit avec une rare docilité.

Ce qui était expressément relaté dans un manuscrit de l'abbaye où se lisaient quatre vers latins confirmant cette légende (*).

Eh bien! cette merveilleuse origine n'en a pas moins été combattue par Flodoard qui donne tout

---

(*) Voici ces vers :
    Eligii sancti bos dentibus interit ursis,
    Ad cujus jussum trahit ursus pro bove plaustrum,
    Et templum domino parat ursus saxa trahendo,
    Hinc ursi campus, ursi velut antea campus.

simplement à cette solitude le nom de *Urbs Campus*, « lieu bâti dans la campagne. » Que conclure en présence d'une semblable contradiction ?

L'abbaye d'Ourscamp, fondée en 1129 par Simon de Vermandois, évêque de Noyon, selon la règle de saint Bernard, et qu'en 1132 on nomme *la jeune abbaye d'Ourscamp*, s'accrut rapidement par les donations pieuses que la fureur des croisades mit à la mode.

« Ce monastère si petit en son pepin, dit Jacques-
« le-Vasseur, chanoine de l'église de Noyon, fit avec
« le temps un tel progrès en zèle et en charité, en
« réputation de saincteté épandue partout, que nul
« autre, après Clervaux sa mère, ne put prétendre
« le dessus. »

En peu d'années le nombre de ses religieux s'éleva tellement qu'il fallut songer à construire une seconde église pour remplacer celle devenue trop petite, que l'évêque Simon avait mise sous le patronage de saint Antoine, lors de l'installation des douze moines envoyés par saint Bernard, sous la conduite de Walcran de Baudimont, premier abbé.

La piété d'une noble châtelaine, Adélaïs de Roye, fit les frais de ce beau monument dont nous admirons les restes. Dédié sous l'invocation de Notre-Dame en l'année 1201, il ne fut terminé que cinquante ans plus tard.

La possession paisible des richesses de cette abbaye, qui s'augmentaient chaque jour, fut bien quelquefois troublée par les prétentions, sans doute injustes, de ses voisins.

On rapporte qu'une vive contestation s'étant élevée en 1365, entre le prieur d'Ourscamp, comme seigneur temporel de Sempigny, et un manant de Parviller, au sujet de quelque usurpation de terrain, celui-ci osa s'en rapporter au *jugement de Dieu*.

Le gage jeté et relevé, le jour fut pris, et l'avoué des moines, comme champion d'une noble et sainte maison, se présenta dans la lice armé de toutes pièces, l'écu pendu au cou, la visière baissée, et portant, suivant l'usage, dans sa main l'image de saint Antoine, l'un des patrons de l'abbaye.

De son côté, le rustre, assisté de deux conseillers, et simplement armé d'un bâton, seul droit accordé à son rang obscur, mais se confiant sans doute dans la bonté de sa cause, entra en lice sans hésiter. A peine le maréchal du camp avait-il proféré trois fois les mots : « Laissez aller ! » que notre vilain se rua sur son adversaire avec une telle vigueur, qu'un instant on pensa qu'il le renverserait ; mais ce triomphe dura peu, et quelques minutes après le pauvre manant fut terrassé, foulé aux pieds du cheval et incontinent pendu sans pitié, sort auquel échappait rarement le vaincu, noble ou roturier, à l'issue des combats judiciaires.

Gouvernée pendant près de quatre cents ans par des abbés réguliers nommés à la majorité des suffrages, l'abbaye de Notre-Dame d'Ourscamp passa, au xvi⁰ siècle, dans les mains d'un commendataire qui prélevait le tiers de ses revenus, mais n'avait sur les religieux aucun pouvoir, et ne pouvait même prétendre à une place distinguée dans le chœur s'il n'était cardinal.

Divers personnages illustres figurent au nombre de ces commendataires, le cardinal de Bourbon, roi de la Ligue sous le nom de Charles X; Louis de Lorraine, cardinal de Guise, qui, en 1590, présida à Ourscamp une assemblée de Ligueurs où ces factieux jurèrent de prendre les armes et de ne les point quitter, par quelque ordre que ce fût, avant que d'avoir détruit ou chassé de France les hérétiques jusqu'au dernier. Enfin l'archevêque de Reims, neveu de cet audacieux prélat, et un autre cardinal de Bourbon (*), furent aussi abbés séculiers de ce riche monastère, possesseur paisible, au xvi⁰ siècle, d'un revenu de trente mille livres, qui au xviii⁰ s'était élevé jusqu'à deux cent mille.

Malgré leur extrême tendresse pour les biens temporels, les moines refusaient pourtant quelquefois les dons qu'on voulait leur faire : certain baron du voisinage, ayant vainement proposé deux de ses plus belles fermes à l'évêque et au chapitre d'Amiens puis aux religieux d'Humblières, trouva

---

(*) Parmi les abbés commendataires d'Ourscamp, figurent encore les noms du cardinal Mazarin, du comte de Clermont, fils du prince de Condé, etc., etc. — Le dernier abbé fut M. de Marbœuf, en 1784.

enfin meilleure composition auprès de nos bons Bernardius, qui toutefois ne cédèrent à ses désirs qu'après de vives instances. L'acte de donation, écrit sur un bout de parchemin, était conçu en ces termes : « Moy et Jehanne ma femme donnons nos fermes d'Hereuse et de Wuarnavillers à ces bons pères d'Ourscamp, pour prier Dieu qu'il garde nos ames. Témoing mon wuan (gant). » Lequel était en effet attaché à cet acte par un bout de lacet.

Enchanté d'avoir aussi bien placé ses deux fermes (*) le seigneur de Wuarnavillers s'en retournait tout joyeux, lorsque rencontrant un sien neveu qui chassait dans la plaine, il lui dit : « Beau neveu! ai donné mes fermes de Wuarnavillers et d'Hereuse à l'abbaye d'Ourscamp en retour de ses prières. — Bien fait, bel oncle; » et, lui lâchant en même temps un coup d'arquebuse, il ajouta : « Dès à présent ils peuvent commencer à prier pour vous. » Le beau neveu fut rompu vif à Montdidier.

Vers la fin du XVIIIe siècle, dom Lagot, prieur d'Ourscamp, fit réédifier les bâtiments de cette abbaye, à l'exception de sa gracieuse église, qu'il eut le bon esprit de respecter et dont il ne changea que le portail, lequel fait regretter vivement celui du XIIIe siècle. Il fit aussi construire un pont sur l'Oise et, malgré ces travaux considérables, laissa après sa mort une somme de 70,000 livres en espèces.

(*) Ces deux fermes rapportaient, au moment de la suppression de l'abbaye, 32,000 livres de rente.

Une superbe grille acculée jadis de deux ours en pierre, armes parlantes de l'abbaye, et protégée par deux fossés dans lesquels les moines nourrissaient, dit-on, quelques-uns de ces aimables animaux, comme le font encore les magistrats de Berne, donne accès dans la cour d'honneur, au fond de laquelle se voit la magnifique façade dont l'église occupe ou plutôt occupait le centre, car il n'en reste plus de ce côté que le portail, décoré sur son fronton d'un ours en relief d'une grandeur colossale (*). Le cloître, la nef, ainsi qu'une partie du chœur de ce temple majestueux où furent inhumés plusieurs évêques, notamment le fondateur de l'abbaye, Simon de Vermandois, ont été victimes de la rapacité de quelques *Welches contemporains*, qui, dans ces colonnes mauresques si hardies, dans ces arceaux mystérieux où l'ogive incessante se multipliait sous les formes les plus variées, ne virent pendant longtemps qu'une riche carrière d'une facile exploitation.

La belle portion du chœur épargnée par le pic de ces Vandales excite chaque jour l'admiration des connaisseurs, et fait bien vivement regretter ce qu'ils ont anéanti. A la gauche de l'église se voit l'ancien palais abbatial, et à sa droite l'habitation du prieur et des hôtes. Sur une autre cour donnaient le logement du gardien, la lingerie, la boulangerie, les boutiques des ouvriers; puis sur une troisième nommée la procure, les dortoirs, les ré-

---

(*) Suivant M. de Graves, cet ours monstrueux n'aurait été sculpté ur le fronton principal que vers la fin du siècle dernier.

fectoires, les cuisines, l'habitation du procureur et la bibliothèque, qui renfermait un grand nombre de manuscrits, ouvrages des studieux Bernardins d'Ourscamp.

Les jardins particuliers des moines, arrosés par un petit ruisseau nommé la Dordonne, le grand jardin et plusieurs autres dépendances étaient renfermés dans l'immense enceinte, jadis fortifiée, de ce monastère.

Près de l'église se voit un édifice d'un grand intérêt monumental connu sous la dénomination de *salle des morts* et qui en réalité n'était autre que la salle capitulaire.

Le nom lugubre resté à ce monument lui vient sans doute de ce qu'il servit plusieurs fois d'infirmerie supplémentaire.

Cette vaste construction ogivale parfaitement conservée est formée de trois nefs dont l'intermédiaire est plus large. Seize colonnes élancées soutenant des voûtes d'une hardiesse et d'une légèreté admirables séparent ces trois nefs éclairées par des trèfles, des fenêtres ogives et un grand nombre d'ouvertures de caractères différents.

Depuis quelques années, une belle et vaste chapelle a été établie dans une partie de cette immense salle longtemps utilisée comme magasin.

A droite et à gauche de la grille s'élevaient deux fermes, les habitations des employés laïques, une belle prison où les moines logeaient de temps en temps quelques vilains, en leur qualité de seigneurs hauts-justiciers de Sempigny, de Bailly, de Pimpré, de la baronnie de Gruny et autres lieux. Le fief de Gruny rapportait seul dix-sept cents septiers de blé aux Bernardins d'Ourscamp, qui possédaient en outre douze fermes, quinze cents arpents de bois, des prés, des menses, des nominations à diverses cures, et le véritable chef de sainte Anne, qui attirait un si grand nombre de pélerins, que leurs offrandes suffisaient pour nourrir les nombreux commensaux du monastère, peuplé, au xviie siècle, de cinq cents moines, prêtres, frères de chœur et frères convers.

Enlevée de Constantinople par les croisés au xiiie siècle, la relique de sainte Anne léguée au monastère d'Ourscamp par Mathieu III, seigneur de Roye, ne fut remise définitivement aux Bernardins qu'en vertu d'un arrêt du Parlement de Paris en 1486, ayant été retenue injustement par les héritiers du donateur.

Le 18 juillet 1756, la reine Marie Leckzinska vint à Ourscamp solliciter des religieux gardiens de la sainte relique la faveur d'en obtenir un fragment, faveur qui lui fut accordée.

Recueilli par une famille pieuse à l'époque de la Révolution, le chef de sainte Anne, transféré à l'église de Chiry lors du rétablissement du culte, figure aujourd'hui comme le principal joyau du trésor de cette paroisse que protége la vierge Marie sa patronne.

La commune de Chiry, autrefois tributaire d'Ourscamp, compte aujourd'hui cette ancienne abbaye parmi ses contribuables (*).

Un vieux castel, le fort château de Mauconseil, situé jadis sur la colline qui domine Chiry, acquit au xiv° siècle une triste célébrité aux dépens de l'abbaye d'Ourscamp et des lieux d'alentour lorsqu'en 1358, les Anglais s'en furent rendus maîtres.

« Y ceulx, dit Froissart, couroient et pilloient tout le pays d'environ Noyon, et séstoyent racheptées toutes les grosses villes non fermées, à payer une quantité de florins la semaine, et aussy les abbayes, autrement ils eusent été tous ars et destruys, car ils étaient trop cruels pour leurs ennemis.... Cette précaution n'empêcha pas « ceulx de Mauconseil « d'arder et violer la plus grande partie de la « bonne abbaye d'Ourcams dont moult despleut au « capitaine de la forteresse quant il le sceut. » (*Chronique de Froissart*).

Le mémoire des pertes, griefs et dommages soufferts par cette abbaye en 1358 fait connaître de quelle importance étaient alors ses nombreux domaines. Suivant un extrait de son cartulaire, « la dicte « abbaye fit perte de quatre cens et vingt-trois che- « vaux sans les juments et poulains, qui bien mon-

---

(*) Cette commune, qui appartient au canton de Ribécourt, compte aujourd'hui plus de treize cents habitants, sa population ayant doublé depuis l'établissement d'une filature dans les immenses bâtiments de l'ancienne abbaye.

« taient à deux cens pièces et plus ; cinq cens cin-
« quante-deux bestes à cornes ; huit mille bestes
« portant laine, huit cens pourceaux, etc. »

Les pauvres Bernardins, comptant sans doute sur la foi de leurs dangereux voisins, s'attendaient si peu à cette dévastation, qu'ils étaient au chœur au nombre de cent-quatre-vingts et chantaient les louanges du Très-Haut, lorsque les Anglais, les interrompant violemment, les expulsèrent du temple, incendièrent une partie des bâtiments, pillèrent le trésor, les vases sacrés l'argenterie et jusqu'aux saintes reliques.

L'année suivante, les habitants de Noyon, d'accord sans doute avec les moines d'Ourscamp, rachetèrent, suivant l'usage du temps, cette ferté redoutable, et la rasèrent de fond en comble. Aucun vestige n'apparaît aujourd'hui des murailles du fort château de Mauconseil, dont l'enceinte avait embrassé près de deux cents arpents.

Des monnaies, des débris d'armures, recueillis dans cette enceinte ; un puits, un abreuvoir et quelques anciens souterrains sont les seules traces de l'existence de cet épouvantail de la contrée au XIVe siècle.

En 1793 l'abbaye d'Ourscamp déjà veuve de ses habitants fut vendue comme propriété nationale.

Une filature ne tarda pas à envahir ses dortoirs, ses réfectoires immenses, la belle habitation de son prieur et jusqu'à son majestueux palais abbatial, que ne protégait plus l'orgueilleux blason sculpté sur son frontispice.

Près de six cents ouvriers dont un grand nombre sont logés avec leurs familles dans les bâtiments annexés à la filature, contribuent par leur travail à la prospérité de ce bel établissement, l'un des plus importants de la France industrielle. L'airain ne mêle plus sa voix solennelle à l'hymne de la vierge céleste qui jadis sanctifiait ce monastère. Le récitatif des métiers et des machines a remplacé les psalmodies religieuses ; une population laborieuse a succédé aux reclus, le travail à la vie contemplative.

TABLE DES CHAPITRES

Pages.

Chap. I. **LA CHAUSSÉE DE BRUNEHAUT.** — Introduction. — La Chaussée de Brunehaut. — Rivières : l'Aisne, l'Oise, l'Automne . . . , ... 1

Chap. II. **LA FORÊT.** — Saint-Corneille-au-Bois. — La Muette. — La Faisanderie 13

Chap. III. **COMPIÈGNE.** — Première partie 93

Chap. IV. **COMPIÈGNE.** — Deuxième partie 65

Chap. V. **LE MONT GANELON.** — Venette. — Clairoix. — Le Mont Ganelon. — Choisy-au-Bac. — Les Bons-Hommes. — Le Plessis-Brion. — Offémont. — Sainte-Croix. — Saint-Crépin-au-Bois . . 111

Chap. VI. **LE MONT SAINT-MARC.** — Le Mont Saint-Marc. — L'Ermitage. — Trosly. — Rethondes. — Sainte-Claire. — Berneuil. — Vieux-Moulin. — Saint-Pierre 129

Chap. VII. **SAINT-JEAN-AU-BOIS.** — Sainte-Perrine. — Saint-Nicolas-de-Courson. — Le Four-d'En-Haut. 149

Chap. VIII. **PIERREFONDS.** — Pierrefonds : premier Château ; deuxième Château. — Les Bains. — Fontenoy. — Les Cascades. — Anciens fiefs. — La Folie. 161

		Pages.
Chap. IX.	**MORIENVAL.** — Saint-Étienne. — Martimont. — Chelles. — Bérogne. — Le Chêne Herbelot. — Morienval. — Le Château de Vez	199
Chap. X.	**CRÉPY**	219
Chap. XI.	**CHAMPLIEU.** — Champlieu. — Orrouy. — La Mothe	241
Chap. XII.	**BÉTHISY.** — Béthisy-Saint-Martin. — Béthisy-Saint-Pierre. — Le Pâté du roi Jean. — La Douye. — Le Hazoy	259
Chap. XIII.	**SAINTINES.** — Saint-Sauveur. — Saintines. — Saint-Vaast-de-Longmont	273
Chap. XIV.	**VERBERIE.** — Les Pierres druidiques. — Verberie	287
Chap. XV.	**RIVECOURT.** — Rivecourt. — La Croix Saint-Ouen. — Mercière-au-Bois. — Royal-Lieu	303
Chap. XVI.	**OURSCAMP.** — Ourscamp. — Chiry	311

FIN

www.ingramcontent.com/pod-product-compliance
Lightning Source LLC
Chambersburg PA
CBHW060634170426
43199CB00012B/1553